• 高 等 学 校 教 材 •

创业管理：理论、案例与实训

主 编 陈奎庆 彭 伟

高等教育出版社 · 北京

内容提要

本书构建了集理论、案例、实训于一体的三大篇章，紧紧围绕创业者（创业团队）、创业机会、创业资源等创业要素展开了详细的讨论。此外，本书还基于资源观、网络观、制度观等主流的理论视角，就创业企业成长问题展开了深入的讨论。本书在理论上具有一定高度，有助于读者深入认识创业活动背后的规律；在案例上具有一定深度，有助于读者培养综合应用理论知识来分析创业活动的能力；在实训上具有一定厚度，有助于读者体验创业活动的全过程，形成更加直接的感知。本书既可作为普通高等院校创业管理课程的教材，也可供创业者阅读参考。

图书在版编目（CIP）数据

创业管理：理论、案例与实训 / 陈奎庆，彭伟主编. -- 北京 ：高等教育出版社，2017.9（2022.8重印）

ISBN 978-7-04-048491-5

Ⅰ.①创… Ⅱ.①陈… ②彭… Ⅲ.①企业管理-研究 Ⅳ.①F272

中国版本图书馆 CIP 数据核字（2017）第 211938 号

创业管理：理论、案例与实训
Chuangye Guanli Lilun Anli yu Shixun

策划编辑 汪 鹏　　责任编辑 汪 鹏　　封面设计 姜 磊　　版式设计 马敬茹
插图绘制 黄云燕　　责任校对 李大鹏　　责任印制 朱 琦

出版发行	高等教育出版社	网　址	http://www.hep.edu.cn
社　址	北京市西城区德外大街 4 号		http://www.hep.com.cn
邮政编码	100120	网上订购	http://www.hepmall.com.cn
印　刷	三河市华骏印务包装有限公司		http://www.hepmall.com
开　本	787 mm× 960mm 1/16		http://www.hepmall.cn
印　张	13		
字　数	230 千字	版　次	2017 年 9 月第 1 版
购书热线	010-58581118	印　次	2022 年 8 月第 5 次印刷
咨询电话	400-810-0598	定　价	23.80 元

本书如有缺页、倒页、脱页等质量问题，请到所购图书销售部门联系调换

物 料 号 48491-00

前　言

“大众创业、万众创新”已经成为新常态下经济发展的新引擎，我国创业活动的主体正逐渐由“小众”走向“大众”。其中，以90后大学生为代表的青年日益成为创业活动的重要生力军。在这种时代背景下，大力加强创新创业教育，着力培养富有创新意识和创业精神的人才已经成为我国高等教育领域供给侧结构性改革的重要抓手。

当今，我国各类高校，无论是研究型大学还是地方应用性院校，都加大了对创业教育的投入力度。创业教育是一个系统的体系，开设创业课程教学是创业教育体系的一个重要组成部分，而编写创业课程教材又是成功开设创业课程教学的重要前提。

目前，国内高校创业领域的任课教师已经编写了多种创业管理方面的教材，这些教材呈现出不同的特征，有的重视创业的基本理论，有的重视创业的实践操作，有的重视创业的案例教学……这些教材有力地推动了我国创业教育的蓬勃开展。然而，目前尚缺乏兼具“理论高度、案例深度、实训厚度”的创业管理教材。在理论上具有一定高度，有助于学生深入认识创业活动背后的规律；在案例上具有一定深度，有助于学生培养综合应用理论知识来分析创业活动的能力；在实训上具有一定厚度，有助于学生体验创业活动的全过程，形成更加直观的感知。我们近几年在承担创业管理的课程教学过程中，一直在构思编写这样一本可以有效融合理论、案例与实训的创业管理教材。

近年来，国内外创业领域的重要期刊《Entrepreneurship Theory and Practice》《Journal of Business Venturing》《Strategic Entrepreneurship Journal》《外国经济与管理》等杂志刊发了大量创业管理领域的经典文章。考虑到创业管理研究领域的多样性与复杂性，我们想介绍一些最基础的创业理论，以便学生能较好地理解创业活动背后的规律。因此，我们引用了创业领域知名学者Timmons的创业要素模型，着重从创业者（创业团队）、创业机会、创业资源等方面来展开本教材理论篇的编写工作，这三大要素构成了本教材第二至第五章的核心内容。考虑到创业企业成长问题无论是在理论研究上还是在实践应用上都具有重要的价值，因此我们在第六章就创业企业成长这一主题展开了详细的论述。此外，第一章我们主要介绍了创业的基本内涵以及创业过程模型，以便统领全书的理论篇章。为了突显每一章内容的理论高度，我们主要查阅了国内外相关的经典理论文献，在文献研读的基础上，梳理整合相关内容来进行编写。

鉴于创业是一种实践性很强的活动，绝大多数创业管理教材都会编写相应的案例。然而，现有的大多数教材是将遴选的案例直接融入每一章节的理论内容中去。这样的案例在聚焦某一个或几个知识点上具有明显的优势，然而却很难让学生从整体上去探究复杂的创业活动背后的规律。基于此，我们决定借鉴国外商科案例教学的做法，编写篇幅较长的综合性案例，突出案例的深度，以便培养学生综合应用创业理论来分析复杂创业实践活动的能力。具体来说，我们采用陈述创业史的方法，编写了三个综合性案例，分别描述中国近代史上的杰出创业者刘国钧、70后技术天才型创业者李一男以及80后女性社会创业者乔婉珊的创业活动。这三个案例跨越了不同年代、不同性别、不同领域，具有一定的典型性与代表性。

无论是创业理论还是创业案例的教学，学生都是间接接受知识以及能力的培养，仍然缺乏对创业活动的深度感知。因此，本教材还编写了实训篇，通过组织学生参与几次实训环节，来体验创业活动的过程。具体来说，我们依次编写了“采访创业者”“创业心理测试”“商业模式画布”和“创业计划书撰写”4个实训内容，循序递进，以求让学生能对创业活动形成更直观的感受与认识。

本教材适合在高年级本科生以及研究生的创业管理课程中使用。如果学生修读《创业基础》课程后，再使用本教材，效果会更佳。本教材对创业者也具有重要的启示意义。

本书的框架设计、统稿工作由陈奎庆和彭伟共同完成，研究生于小进、唐康丹、郑庆龄参与了相关章节初稿的编写工作。其中，第一章、案例2、实训1和实训2的编写工作由彭伟、郑庆龄合作完成；第二章、第四章和案例3的编写工作由彭伟、唐康丹合作完成；第三章、第五章、第六章、案例1、实训3和实训4的编写工作由彭伟、于小进合作完成。

由于时间紧迫以及能力所限，本书的内容仍有很多方面不尽如人意，疏漏之处在所难免。衷心希望广大读者能够给予批评和指正，及时反馈意见，以督促我们不断修改完善。

陈奎庆　彭伟

2017年仲夏

目　录

理论篇

第一章　创业概述 …… 3

［学习目标］ …… 3

第一节　创业的内涵 …… 3

第二节　创业要素 …… 8

第三节　创业过程模型 …… 10

［本章要点］ …… 19

［能力拓展］ …… 19

［参考文献］ …… 19

第二章　创业者 …… 22

［学习目标］ …… 22

第一节　创业者的内涵 …… 22

第二节　创业者人力资本 …… 25

第三节　创业者社会资本 …… 29

第四节　创业者心理资本 …… 32

［本章要点］ …… 34

［能力拓展］ …… 34

［参考文献］ …… 35

第三章　创业团队 …… 40

［学习目标］ …… 40

第一节　创业团队的内涵 …… 40

第二节　创业团队的类型与特征 …… 43

第三节　创业团队的演进 …… 46

第四节　创业团队的管理 …… 52

［本章要点］ …… 57

［能力拓展］ …… 58

[参考文献] …… 58
第四章 创业机会 …… 61
[学习目标] …… 61
第一节 创业机会的内涵 …… 61
第二节 创业机会识别 …… 65
第三节 创业机会评价 …… 69
第四节 创业机会开发 …… 75
[本章要点] …… 79
[能力拓展] …… 80
[参考文献] …… 80
第五章 创业资源 …… 83
[学习目标] …… 83
第一节 创业资源的内涵 …… 83
第二节 创业资源获取 …… 87
第三节 创业资源整合 …… 91
第四节 创业资源拼凑 …… 97
[本章要点] …… 104
[能力拓展] …… 105
[参考文献] …… 105
第六章 创业企业成长 …… 109
[学习目标] …… 109
第一节 创业企业成长概述 …… 109
第二节 资源观视角下的创业企业成长 …… 112
第三节 网络观视角下的创业企业成长 …… 115
第四节 制度观视角下的创业企业成长 …… 119
[本章要点] …… 123
[能力拓展] …… 124
[参考文献] …… 124

案例篇

案例 1 刘国钧：中国近代纺织业的创业巨子 …… 131
引言 …… 131

一、生于没落……131
二、闯荡江南……132
三、初露锋芒……135
四、王者大成……137
五、逆境求生……144
六、昙花一现……147
尾声……148
参考文献……148
附录……149
案例 2 李一男：技术天才的创业人生 ……152
引言……152
一、传奇天才，扬名华为……152
二、而立之年，自立门户……153
三、好马回头，再入华为……157
四、再别华为，身份转型……158
五、沉寂多年，再度出山……160
尾声……162
参考文献……162
附录……163
案例 3 乔琬珊：社会创业领域的“半边天” ……165
引言……165
一、成长于创业世家……165
二、求学于美国……166
三、困难重重的创业初期……168
四、稳健的创业成长……171
尾声……174
参考文献……175
附录……175

实训篇

实训 1 采访创业者 ……179
［实训任务］……179

［实训目的］ …… 180
［实训技巧］ …… 180
实训 2 创业心理测试 …… 182
［实训任务］ …… 182
［实训目的］ …… 186
［实训解读］ …… 187
实训 3 商业模式画布 …… 190
［实训任务］ …… 190
［实训目的］ …… 192
［实训示例］ …… 192
实训 4 创业计划书的撰写 …… 194
［实训任务］ …… 194
［实训目的］ …… 195
［实训技巧］ …… 195

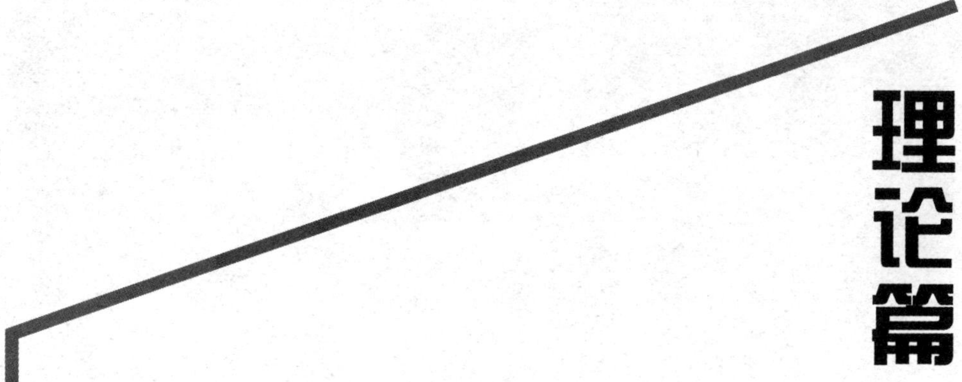

理论篇

第一章 创业概述

1. 了解创业的定义，掌握创业活动的特征；
2. 了解创业的类型；
3. 理解创业的要素；
4. 了解创业过程的含义；
5. 掌握经典的创业过程模型。

第一节 创业的内涵

一、创业的定义

国内外学者对创业的定义进行过较多的探讨。法国经济学家 Richard Cantillon[1] 在《商业概述》一书中将创业与风险承担联系起来。Morris[2] 总结了欧美地区创业核心期刊文章和主要教科书中出现的 77 个创业的定义，发现出现频率最高的关键词分别有：开创新事业、创建新组织、创造资源的新组合、创新、捕捉机会、风险承担、价值创造。国内学者朱仁宏[3] 比较分析了国外学者具有代表性的创业定义，认为创业可以从识别机会的能力、创业家个性与心理特质、获取机会、创建新组织与开展新业务 4 个方面进行把握。

部分学者从识别机会的角度来定义创业，如 Knight[4] 提出创业的核心内涵就是创业者需要承担不确定性，也就是要具备成功预测未来的能力。Kirzner[5] 则认为创业活动是市场局部不均衡或不完善时出现的套利机会的追逐行为。Leibenstein[6] 侧重于分析如何在动态的环境中发现和利用机会，并认为创业者比竞争对手更具备发现机会的能力。Stevenson 等[7] 指出驱动创业活动的是创业者对创业机会的洞察，而不是他们已控制的资源，强调了创业机会识别在创业活动中的重要性。Shane 和 Venkataraman[8] 认为创业就是发现、评估和利用机会的过程。Hisrich 等[9] 同样认为创业是识别和利用创业机会动态的财富创造过程。

部分学者从创业者个性与心理特质的角度来认识创业活动，如Bygrave[10]认为创业者的个性和心理特质也是创业概念的重要内容，并指出创业者应具有首创精神，富有创造性、灵活性和想象力等；Conner[11]指出有效的创业投入需要创业者的远见和直觉。还有部分学者从创办新企业的角度来定义创业，如Schumpeter[12]认为创业就是创办新企业的过程，创业者通过新的组合来实现创业目标，新的组合包括新产品、新技术、新市场、新的原材料以及新的组织形式。Cole[13]认为创业是以开展利润为导向的有目的的业务活动；Vesper[14]则更加强调创业就是新组织的创建。Kao等[15]将创业概括为孕育、创建和管理新企业的全过程。部分学者比较认同将创业视为一个过程，如Garnter[16]认为创业活动是新组织的演进过程；Bruyat和Julien[17]认为创业是一个充满变化、新生者随时出现、充满创造力的过程，这一过程不仅创造了新的价值，而且改变和创造了创业个体。

总的来说，虽然目前学界对创业仍未形成统一的认识，但已在以下四个方面达成共识：一是强调创业过程中创业者的作用；二是创业涉及新业务的开展或新组织的创新；三是创业是对机会的识别和利用的创新活动；四是创业是一个有风险的价值创造过程。

二、创业活动的特征

创业活动的复杂性是导致创业研究难以就基本的定义和问题达成共识的主要原因。具体而言，创业活动具有如下特征[18][19]：

（一）创业活动的主体多元化

创业现象不同于高管团队，虽然不同的高管团队在行业、组织、制度、文化等方面存在着差异，但有一点可以肯定，那就是高管团队是由组织的最高决策者构成的团体。因此，高管团队比较容易识别，也便于展开研究。而创业现象则不同，如果按照创业的主体来划分，就有个体创业、团队创业、家族创业、公司创业、社会创业等类型。

（二）创业活动较强地依赖于创业者及其团队的能力

管理学科主要的研究对象是组织的活动，公司或者相对规范的经营活动都是靠组织的力量来完成的。然而创业活动不同于管理活动，尤其是在初期的创业活动中更多依靠的是个人的力量和智慧。通过对于创业案例的梳理我们也印证了这一事实，如柳传志之于联想、比尔·盖茨之于微软等，这些企业的成功都主要取决于创业者的个人禀赋。尽管基于个人禀赋的创业会给企业的发展带来一些问题，但创业者对创业活动的重要性甚至是决定作用都是客观存在的，并且在今后的很长一段时间内仍然如此。

（三）创业活动具有高度的情境依赖性

不同的情境会导致创业活动过程和结果呈现出差异性[20]。创业活动的情境条件包括历史、制度、时间、空间和社会等多个方面，他们共同决定创业者与机会的互动方式以及行动有效性的边界条件，识别情境因素是认识创业活动为何、何时以及如何发生的关键所在[21]。

（四）创业活动是创业者在资源高度约束的条件下开展的活动

大多数的创业者都经历了白手起家的过程。如果拥有丰富的资源，一个人也许就失去创业的动力了。创业常常是变不可能为可能，大家都认为不可能的话，自然也就不愿意提供资源给创业者，个人和单一的组织所拥有的资源总是有限的，创业者在创业初期能够筹集到的资源也是有限的，故而不得不白手起家。由于资源的限制和约束常常会给创业者带来两种不同的结果：有的创业者由于资源的约束干脆形成了自力更生的个性和习惯，长期不向银行贷款并引以为豪，这样做极大地约束了事业的发展；还有一些创业者为了摆脱资源约束的困境，积极地去寻求资源获取渠道和积极地整合资源，探索出创造性整合资源的新机制，从而确保了企业的顺利发展。

（五）创业活动是在高度不确定性的环境中开展的活动

在不确定的环境中开展活动也是创业活动最突出的特点。这是因为创业者所面对的环境是高度不确定的。例如，“谁是顾客”“顾客认为什么有价值”“顾客是否认可我们的产品”等都是未知数，因此，难以按照明确的目标有计划地开展创业活动。创业活动的这些特征使得创业者的决策并不同于企业中的管理者的决策。既有企业的市场是已经存在的，并且有现成的资源、网络和顾客，而创业者在这些方面几乎都要从零做起。创业者的异质性、环境不确定性以及创建新组织等三因素的交互作用导致创业过程不可能像一般企业活动（如现存企业的新产品开发活动）那样，通过某种可参考程序来应对不确定因素，构成了创业过程天然具备的动态性与复杂性的基础[22]。

三、创业的类型

创业活动涉及面广。基于不同的视角，可以对创业进行不同的分类。

根据创业动机的不同，创业可以分为生存型创业和机会型创业。生存型创业，也称为被迫型创业，指创业者为了生计而相对被动进行的创业。其主要特征为：创业者受生活所迫，物质资源贫乏，在现有市场中捕捉机会，从事低成本、低门槛、低风险、低利润的创业。这一类型的创业主体为下岗职工、失地农民、找不到工作的大学生和转业军人等。这一群体在知识储备、资金支持、心理倾向等方面的短板使得他们无法应对社会变革的激荡发展，还在解决温饱的低水平创业阶段徘徊，不能成为中国创业的真正发展方向。

机会型创业指创业者为了追求商业机会，谋求更多发展而从事的创业活动，如李彦宏创办百度公司、比尔·盖茨创建微软公司显然都是机会型创业。机会型创业和生存型创业不是创业者的主观选择结果，而是由创业者面临的环境和能力决定的。

表 1-1-1　生存型创业与机会型创业的主要区别

	生存型创业	机会型创业
创业者的个人特征	知识储备低	知识储备高
创业人投资回报预期	低风险低收益	高风险高收益
创业壁垒	通常回避技术壁垒较高的行业	关注市场机会，选择有一定壁垒的行业
创业资金的来源	个人和家庭自筹	贷款、政府政策及创业基金
拉动就业	解决自己的就业问题	不仅解决自己的就业问题，还可以解决更多人的就业问题
政府和社会的关注	少	多

创业者往往是在资源匮乏的情况下开展创业活动，研究创业活动的初始条件对于分析创业活动的特点，预测创业活动的发展演变规律，具有十分重要的意义。Bhide[23]强调创业并不单纯指企业家或创业团队创建新的企业，大企业同样有创业行为。他将创业划分为边缘创业、风险型创业、与风险投资融合的创业、大公司的内部创业和革命性的创业 5 种类型。

表 1-1-2　不同创业类型的特征比较

类型	不确定性	所需投资	利润
边缘创业	低	少	低
风险型创业	高	少	一般
与风险投资融合的创业	中等	中等	较高
大公司的内部创业	低	高	很高
革命性的创业	高	高	高

表 1-1-3　不同创业类型的要素比较

因素	冒险型创业	与风险投资融合的创业	大公司的内部创业	革命性的创业
创业的有利因素	创业的机会成本低；技术进步等因素使得创业机会增多	有竞争力的管理团队；清晰地创业计划	拥有大量的资金；创新绩效直接影响晋升；市场调研能力强；对 R&D 的大量投资	无与伦比的创业计划；财富与创业精神集于一身
创业的不利因素	缺乏信用，难以从外部筹措资金；缺乏技术管理和创业经验	尽力避免不确定性又追求短期快速成长，市场机会有限；资源的限制	企业的控制系统不鼓励创新精神；缺乏对不确定性机会的识别和把握能力	大量的资金需求；大量的前期投资
获取资源	固定成本低；竞争不是很激烈	个人的信誉；股权及多样化的激励措施	良好的信誉和承诺；资源提供者的转移成本低	富有野心的创业计划
吸引顾客的途径	上门销售和服务；了解顾客的真正需求	目标市场清晰	信誉、广告宣传；关于质量服务等多方面的承诺	集中全力吸引少数大的顾客
成功基本因素	企业家及其团队的智慧；面对面的销售技巧	企业家团队的创业计划和专业化管理能力	组织能力，跨部门的协调及团队精神	创业者的超强能力；确保成功的创业计划
创业的特点	关注不确定性程度高但投资需求少的市场机会	关注不确定性程度低、广阔而且发展快速的市场和新的产品或技术	关注少量的经过认真评估的有丰厚利润的市场机会，回避不确定性程度大市场利基	技术或生产经营过程方面实现巨大创新，向顾客提供超额价值的产品或服务

资料来源：Bhidé A V. The origin and evolution of new businesses [M]. Oxford: Oxford University Press, 2003.

根据创业目的的不同，可以将创业划分为经济性创业、知识性创业、社会性创业以及政治性创业等类型[24]。经济性创业指的就是传统概念里面的创业，符合利润最大化的思想约束。事实上，经济型创业也是所有的创业活动中占的比例最大的一部分。知识性创业指以提高经济体的生产力水平、知识性水平为目标的创业活动，如教育机构、研究所等。知识性创业着眼的是人类的长期经济发展，而不是短期的利润。社会性创业也是一类不以追求经济利润为主要目的的创业活动，主要解决的是社会问题，如保护环境、传播民族文化等。虽然说社会性创业活动并不以利润为主要的目标，但是这也不意味着社会性创业的企业不能盈利。社会性创业与国家的社会保障体制形成互补，在国家政策难以覆盖的领域，社会性创业企业可以发挥出灵活的作用，更好地解决社会问题。政治性创业指在某一领域创建一个政治利益团体、项目、政党的活动。如果一个企业追求政府给予的补贴、进入壁垒等政治利益，那么它也算是政治性创业的一种体现。

Chirstian 等[25]依据创业对市场和个人的影响程度，将创业划分为复制型创业、模仿型创业、安家型创业和冒险型创业 4 种类型。还有学者基于创业起点不同来分类可以分为创建新企业和企业内创业；基于创业者数量不同来分类可以分为独立创业和合伙创业；基于创业项目性质的不同可以划分为传统技能型创业、高新技术型创业和知识服务型创业等。

第二节　创 业 要 素

创业是一项复杂的系统工程，创业者必须面对各种各样的困难和挑战，如果想要创业成功，创业者不仅需要具备一定的素质和能力，同样重要的是把握好创业的几个要素。学术界对于创业要素的界定并没有达成共识，各个学者意见不一，如 Timmons[26]提出的创业模型中认为创业有创业机会、创业团队和创业资源 3 个要素；Gartner[16]从个人、组织、环境和过程 4 个方面构建了创业要素模型；Wickham[27]将学习引入到创业模型中，并认为创业就是一个不断学习有效处理各要素之间关系的过程。众多的要素模型中，Timmons[26]提出的要素模型受到的关注度和认可度最高。

一、创业机会

创业机会是指有吸引力的、较为持久的和及时的一种商务活动的空间，是一种满足未满足的有效需求的可能性，最终表现在能够为消费者或客户创造价值或者增加价值的产品或服务之中[28]。有效需求指的是需求还没有被满足或是仅是部分满足，有待于激发和再组织。

Timmons[26]认为，创业机会是创业过程的核心要素，创业的核心是发现和开发创业机会。机会是创业活动开始之际最重要的一个步骤，一个机会只有在证明了其自身对其目标群体能够增加价值的情况下，才可以被认定为有效。对于一个有效的机会而言，剩余的商业计划、融资计划都是水到渠成的事情，而对于一个无效的机会而言，即使其他步骤包装得再好，也会失去意义。

二、创业团队

团队就是由两个或者两个以上的，相互作用、相互依赖的个体，为了特定目标而按照一定规则结合在一起的组织。创业离不开创业团队，创业团队是在创业过程中发现和开发机会、整合资源的主体，是实现创业这个目标的关键组织要素。当创业者完成机会识别的过程之后，就要开始着手搭建创业团队。根据不同的企业规模与业务性质，团队的大小与构成也会相应地有所区别。创业团队的作用主要体现在两个方面，一是去除创业机会中的不确定性与模糊元素；二是指导内部资源和外部资源的合理利用，以高效发挥资源的作用。一个团队的潜力上限往往是由领导者来决定的，优秀的团队一般也会需要优秀的教练来进行培养，才有可能发挥出团队的协同作用，减轻内部消耗。

三、创业资源

依据资源基础理论的观点，企业是一组异质性资源的组合。资源是企业在向社会提供产品或服务的过程中，所拥有的或者所能够支配的用以实现自己目标的各种要素以及要素组合。资源是创业过程不可或缺的支撑要素，是创业者开发机会、谋求收益的基础。创业初期，资源在创业要素中占有的地位相对来说不如机会和团队，这是因为大部分的初创企业均为小微企业，对于小微企业而言，其所占有的和能够支配的资源都非常的有限。根据创业要素理论的观点来说，应鼓励初创企业只利用必需的资源进行初试运营，也鼓励靠自力更生的方式来获取企业发展所需要的资源。对于初创企业而言，这样做可以降低市场成本，保持企业组织的有效性，在有限的资源中，更好地发挥出创新性的想法。对于小微企业而言，可利用的资源往往是受到机会、团队的影响，因此对于初创企业而言，更应该着重于机会的识别和团队的建设。然而从整个创业过程来看，不论是机会还是团队或是资源，都没有好与差之分，重要的是匹配和平衡[18]。

在整个创业活动中，创业者本身所发挥的作用也是至关重要的。如何在合适的时间、合适的场合下将机会、团队、资源匹配在一起，是体现创业者能力的重要地方。从现实案例中来看，能够完成这三者的合适匹配的企业非常少，这也是初创企业失败率较高的重要原因之一。Timmons[26]模型中机会、资源与团队三个要素的内涵如表 1-2-1 所示。

表 1-2-1 创业三要素的内涵

机会	资源	团队
市场需求 • 顾客是可以接触的 • 顾客偿款期少于一年 • 市场占有率及成长率20%的年成长率	外部人力资源 • 品牌经理 • 代理人律师 • 银行家及其他借贷者 • 会计师、顾问	创业的领导者 • 学习是快速、优良的 • 处理困境是有弹性的 • 团队健全、可靠、诚实 • 建立创业的文化与组织
市场结构与规模 • 新兴的与分散的 • 现有规模及潜在规模 • 财产上的进入障碍	财务资源 • 分析财务需求及未来取得的方式	团队的质量方面 • 相关经验与过去记录 • 过人的动机 • 承诺、决心、坚持 • 容忍风险、模棱两可与疑惑的能力 • 富有控制力 • 控制团队焦点 • 可塑性 • 机会追求 • 领导与沟通
利润分析 • 低成本提供 • 高毛利 • 低的资本需求与竞争 • 在 1~2 年之内损益平衡 • 附加价值增加大于组织本益比	工厂及设备 • 拥有实体工厂 • 营运所需及其设备 营运计划	

资料来源：Timmons，J. A.，New Venture Creation，5 ed.，Singapore：McGrawHill，1999.

第三节 创业过程模型

一、创业过程的界定

创业过程是一个极其复杂的过程，对于什么是创业过程，学者们从不同的角度给出了不同的界定。早期的研究主要从活动角度描述创业过程，常把创业过程与组织这一要素紧密相连，如 Gartner[16] 认为创业过程是新组织的创建过程；Garter 等[29] 认为创业过程包括商业计划成为现实企业组织过程中的所有事件。Katz 和 Gartner[30] 对组织的创建过程做了细致的分析，提出了组织创建的四个必要条件，分别是为了创建组织而收集的信息、进入壁垒、必要的财务资源以及与外部供应商和消费者的联系。

此外，也有学者探讨了创业过程的内容及特征，如 Timmons[26] 认为创业是一种思考、推理和行为过程，这种行为过程是机会驱动、注重方法和与领导相平衡；Bhave[31] 认为创业过程是一个理性的、非线性的、反复修正的实际过程，包括了最初的机会识别、产品生产线的建设、组织的创建、市场上的交易以及顾客的反馈等；Vesper[14]认为创业过程是技术知识、产品和服务创意、人际关系、实体资源和顾客订单这五大关键要素的集合体。唐靖和姜彦福[32]整合机会观和资源观，认为创业过程包括从最初的构思到最后形成一个新的经济组织，创业者通过一系列的决策使得创业机会和创业资源得到满意的利用。

总的来说，创业过程表现为创业者主导下的高度综合的复杂管理活动，包括创业者从产生创业想法到创建新企业或开创新事业并获取回报，涉及识别机会、组建团队、寻求融资等一系列活动组成的流程。

二、经典的创业过程模型

在以往对创业过程的研究中，学者主要集中研究的核心要素包括创业者或者创业团队、资源、机会、环境等。基于此，学者们构建了一系列创业模型试图来说明各要素之间的关系以及创业的过程[33]，具体如下表 1-3-1 所示。

表 1-3-1　创业过程模型的分类

划分依据	划分类型	常见的模型
按照理论划分	简单的线性模型	Galbraith 模型
	复杂的线性模型	Churchill-Lewis 模型
	动态调整模型	Timmons 模型
按照要素划分	要素均衡模型	Timmons 模型，Gartner 模型，Sahlman 模型
	要素主导模型	Wickham 模型，Christian-Julien 模型，Zahra-George 模型
按照特征划分	基于特质批判论模型	Gartner 模型
	多要素创业模型	Wickham 模型，Sahlman 模型，Timmons 模型
	以机会为主线模型	Shane-Venkataraman 模型
	效果逻辑模型	
按照过程特点划分	侧重复杂性模型	Gartner 模型，William 模型
	侧重动态性模型	Holt 模型，Olive 模型
	动态性与复杂性相融合模型	Timmons 模型，Christian 模型

按照要素来划分，可以将创业模型划分为要素均衡模型和要素主导模型两类。要素均衡模型指的是模型中的各个要素相互协调、均衡发展并发挥作用，主要包括了 Timmons、Gartner、Sahlman 等学者所构建的创业模型。而要素主导模型中的各个要素不再是协调均衡的关系，而是以某一要素为主导来协调其

他要素之间的关系，即一种主要因素的存在影响另一些因素的存在和相互作用，最终影响创业结果。Wickham、Christian 和 Julien 等学者所构建的创业模型就属于这一类。

（一）Timmons 模型

Timmons 于 1999 年在《New Venture Creation》一书中提出了一个影响深远的创业过程模型（如图 1-3-1）。在这个模型中，机会的识别与评估是创业过程的起点，决定对资源在种类和数量上的需求以及与之相适配的组织形式。资源是开发创业机会不可或缺的支撑要素。由于当今创业大多都是团队创业，因此，用创业团队取代了创业者，把创业团队看作是实现创业目标的另一关键组织要素，创业团队必须具备一定的特质、柔性和韧性才能够适应市场环境的变化[34]。在该模型中，这三个要素被视为创业过程中最重要的核心驱动力，而创业则被看作是一个在三要素之间实现动态平衡的过程。

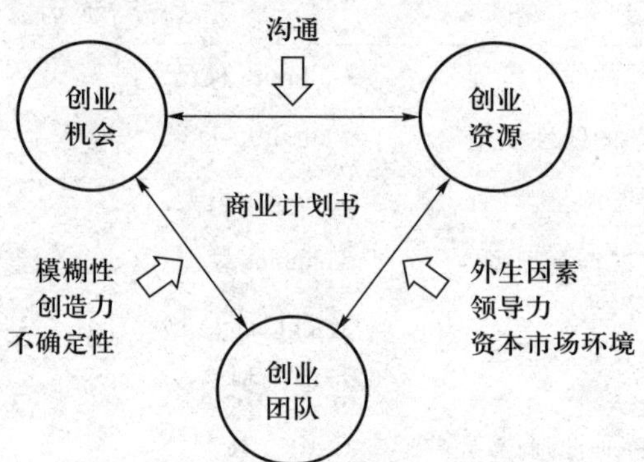

图 1-3-1 Timmons 创业过程模型

Timmons 认为，成功的创业活动必须对创业机会、创业团队和资源三者进行最适当的匹配，并且还要随着事业的发展而不断地进行动态平衡。在创业的不同阶段，创业者的工作重心也有所不同。创业前期机会挖掘与选择是关键，创业团队的决策重心在于迅速整合资源以抓住创业机会；随着新企业的创立与成长，企业面临更为复杂的竞争环境与市场环境，如机会的模糊性、市场的不确定性、对资源的需求逐渐增加以及外在环境的变迁经常冲击创业活动，使得创业过程充满了风险，必须要依靠创业家的领导、创造力与沟通能力来发现问题，掌握关键要素，弹性地调整机会、资源、团队三个构面的搭配组合，此时创业团队的决策重心转向合理配置资源以提高资源使用效率，构建规范管理体系以抵抗外部竞争与不确定性等活动。

如何把上述的三个核心要素有机地组合在一起，Timmons 模型强调的是一种适合和平衡的概念。在 Timmons 模型中，机会、资源和创业团队这三个创业的核心要素构成一个倒立的三角形，创业团队位于这个倒立三角形的顶部。在创业过程中，创业领导者及创业团队的任务就是反复探求更大的商机，资源的合理运用，使整个三角形保持平衡，从而使得新企业稳健良性成长。因此，Timmons 的创业框架重点不仅仅在于强调创业过程存在哪些关键要素，更重要的是指出这些要素之间的均衡关系。当然，Timmons 的创业框架也存在着缺点，主要是不同元素之间的关系仍然稍微显得有些简单化，这种要素均衡的思想显然可以作为创业活动的目标。但如何实现这一均衡目标，Timmons 的创业模型并没有作出太多的阐释。

（二）Gartner 模型

Gartner 于 1985 年提出了一个描述新企业创建过程的概念框架，构建了颇具特点的创业模型，如图 1-3-2 所示。在该模型中，明晰了新创企业在创立过程中的四个维度，分别是创办新企业的个人、所创办的组织、新企业面对的环境、创办新企业的过程。在创业者维度上考察的变量为成就感、冒险性，以及先前经验等特质。在组织维度上主要包括内部机构和战略选择等变量，环境主要包括的变量有供应商、技术、大学等，在创业过程维度则主要有识别商业机会、获取资源、建立组织，以及对社会和政府作出回应等。Gartner 认为任何企业的创办都有这四个要素的相互作用。

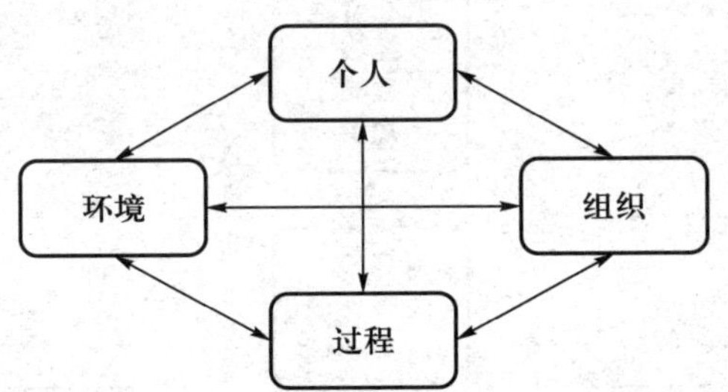

图 1-3-2 Gartner 创业过程模型

与早期创业研究主要探讨创业者与其公司与非创业者及其公司的区别有所不同，Gartner 认为，创业研究的目标不是理清这些差异，也不是将不同的个体放在一起提炼出创业者的典型特质，而是识别出新企业在被创办过程中的特殊变量。创立新企业是多维的复杂现象，每一个构面只能描述这些现象的一个方面，它们不能被孤立起来。创业者与非创业者固然不同，他们所采取的行动和行动的环境也存在着差异，只有将这些要素错综复杂地交织在一起，才能形成创立新企业的完整研究画面。

Gartner 模型突破了尝试识别创业者特殊人格特质研究的局限，率先从创业过程的复杂性来解释创业过程，比较全面地概括创业过程的构成要素，为后续的创业过程理论模型提供雏形。该模型的不足之处在于只对一系列的构成要素进行集合，模型显得非常复杂，未能清晰阐述各要素之间的相互作用关系。此外，该模型缺乏针对性，如果将“个人”理解为企业管理者，将“创立过程”理解为管理过程，那么该模型对描述一般企业管理活动仍然有效。

（三）Sahlman 模型

Sahlma 在《关于商业计划——创业风险事业的若干思考》一书中提出了一个新的创业模型（如图 1-3-3）。Sahlman[35]认为，在创业过程中，为了更好地开发商业机会和创建新企业，创业者必须把握人（people）、机会（opportunity）、外部环境（external context）和其自身的交易行为（deal）4 个关键要素。这里的“人”指为创业提供服务或者资源的人，包括经理、雇员、律师、会计师、资金提供者、零件供应商以及与新创企业直接或间接相关的其他人；“机会”指任何需要投入资源的活动，不但包括亟待企业开发的技术、市场，而且还包括创业过程中所有需要创业者投入资源的事务；“外部环境”指无法通过管理来直接控制的因素，如资本市场利率水平、相关的政策法规、宏观经济形式以及行业内的进入威胁等；“创业者的交易行为”指创业者与资源供应者之间的直接或间接关系。

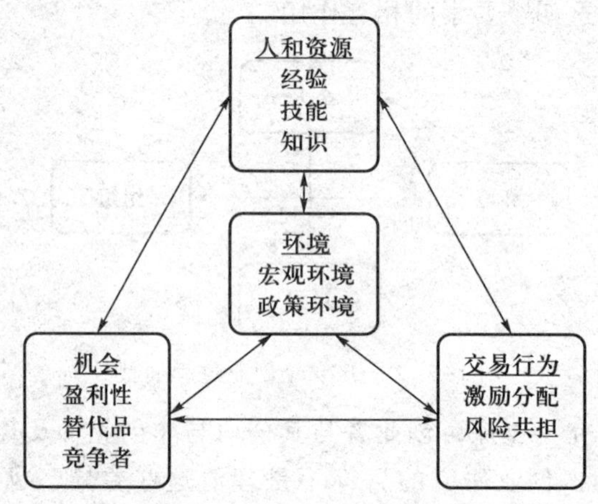

图 1-3-3　Sahlman 创业过程模型

在 Sahlman 模型中，创业过程是四个关键要素相互协调、相互促进的过程。该创业模型十分强调环境的重要性，认为其他三个创业因素都受到环境的影响，并且反过来也会影响环境。考虑交易行为因素也是这个模型的一个重要特点。如前所述，“交易行为”指创业者与资源供应者之间的直接或间接关系，即与利益相关者之间的关系。所以说，Sahlman 的创业模型明确指出了社会网络对创业的重要性。Sahlman 模型的核心思想就是要素之间的协调性，也就是人、机会、交易行为与外部环境必须相互协调，才能共同促进创业成功。同时，该模型扩大了创业要素的外延，更具有实践指导意义，同时为创业过程研究开辟了新的视野。

（四）Wickham 模型

如图 1-3-4 所示，Wickham 在其构建的创业模型中把创业者视为调节机会、资源、组织等创业要素间关系的核心要素，创业者处于创业活动的中心地位。创业者在识别和确认创业机会以后，通过管理和整合资源、组织和带领创业团队来实施创业活动。该模型揭示了资源、机会和组织三要素之间的相互关系。资本、人力和技术等资源应该用来开发和利用机会；通过整合资源来创建组织，包括组织的资本结构、组织结构、程序和制度以及组织文化等；组织的资产、结构、程序和文化等应该构成一个有机的整体，以适应要开发的机会，为此，组织必须根据机会的变化不断进行调整。

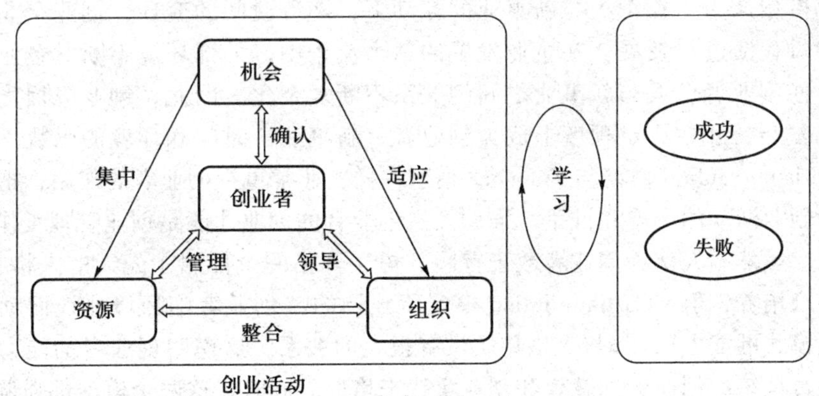

图 1-3-4　Wickham 模型

这个模型把创业型组织看作是学习型组织，也就是说，组织必须通过不断学习来对机会和挑战做出及时的反应，还应该根据现时反应的结构来调整和修正未来的反应，即组织的资产、结构、程序和文化等随着组织的发展而不断完善，组织在不断的成功与失败中得到学习与锻炼，从而获得更大的成功并且发展壮大。

Wickham 模型的特点主要在于把创业者作为调节其他创业要素之间关系的中枢，承担着确认机会、管理资源和带领团队实施创业活动的职能。在这个过程中，组织不断学习，而创业者根据机会来动员所需的资源，领导组织适应机会的变化，最终取得创业成功。

（五）Christian-Julien 模型

Christian 等[36]综合了众多研究者的研究结果，提出个人、所创办的组织、环境和过程四个创业要素。他们认为创业管理应该聚焦于创业者与新事业之间的互动，并以此为核心来开展创业活动。在该模型（如图 1-3-5）中，创业者与新事业是两个主要的元素，双向箭头表示两者之间存在着相互作用的关系，共同形成一个不可分割的系统。这个系统具备学习和创造的能力，同时也具有内在的目标。

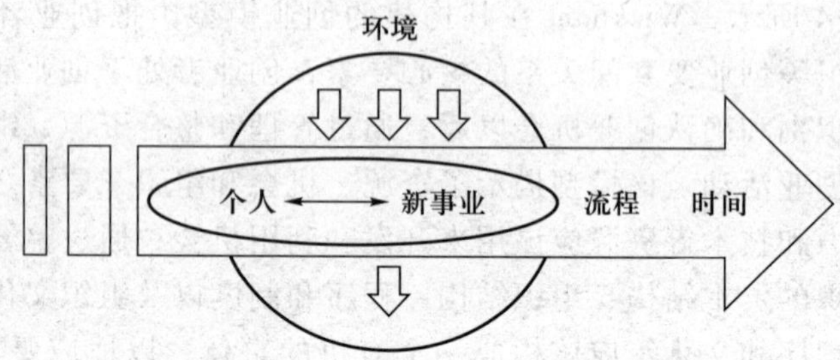

图 1-3-5　Christian-Julien 模型

此模型认为，在个人与新事业的互动下，随着时间的变迁，创业企业根据一定的过程演进与发展。在企业发展的整个流程中，外部环境不断对企业产生影响，使创业者个人与新事业之间的关系不断复杂化。因此，创业流程管理也会日趋复杂，并在一定程度上成为创业者、新事业、时间和环境的函数。

Christian-Julien 模型与 Timmons 模型一样，非常重视创业者的作用，把创业者视为创业活动的灵魂和推手，强调发展创业者的创业才能是创业管理工作的一大重点。虽然有人认为创业者敢于冒险、勇于开拓的个性属于先天的人格特质，后天很难培养，但 Christian-Julien 模型所强调的“创业者随环境变迁而动态调整创业模式的能力”，都与人格特质没有很大的关系，这说明创业者的能力确实可以通过系统的创业管理教育和创业实践来培养。同时，这两个模型都强调外部环境的重要性，强调创业者在创业过程中经由协调创业机会与资源的平衡关系或创业者与新企业互动的创业过程管理来实现新企业与外部环境的妥协[37]。

要素均衡模型和要素主导模型都揭示了影响创业过程的最重要因素，因此，无论是对创业实践者还是对研究人员都具有重要的指导意义。但是，在应用范围内，两者存在明显的差异[38]。要素均衡模型强调各创业要素之间的协调均衡发展关系，基本上选择了目前创业研究者认为是最重要的要素，而所谓的均衡只是一种短期、动态的均衡关系。创业者或者创业团队的主要工作就是不断了解各种要素的配置情况，并通过各种渠道获取创业必需的资源，为开发商业机会而动态维持要素之间的均衡。因此，在各种创业要素之间并不存在长期的均衡关系。要素主导模型则反映一种要素的主导作用及其与其他要素的相互影响关系。其实，这种关系常常是一种相对长期的稳定均衡关系。各模型从创业的三要素——资源、机会和环境的角度来进行对比，如表 1-3-2 所示。

表 1-3-2　创业模型资源、机会和环境三维度比较

创业模型维度	资源	机会	环境	综合比较
Timmons 模型	资源的整合源于团队的形成和团队对机会的把握。由团队来实现机会和资源之间的互动	创业源于对机会的识别，机会是创业过程的关键因素	强调环境的不确定性，以及资本市场环境对领导力的影响，环境不确定性是模型动态变化的前提	强调弹性与动态平衡；认为创业活动因时空而变，机会、团队和资源三要素会因其相对重要性变化而出现失衡现象。三要素随时空变化和动态平衡是这个模型的核心
Gartner 模型	人力资源是创业的主要资源，创业者通过整合内外部环境资源来实现创业	无	环境主要是指商务环境，而并非环境特性	模型中的四个因素相互影响，构成网状结构，用以解释基本创业过程；创业者在创业过程中必须对这四个因素进行协调
Sahlman 模型	区分人力资本和其他资源，探讨资源与机会和交易行为之间的互动关系	从产品盈利性、替代品和竞争对手三方面来阐释机会的内涵，根据市场机会整合资源，决定实施何种交易行为	强调环境的核心作用，其他三要素均以环境为核心相互调节，同时对环境产生反作用	强调要素间的适应性和匹配性，并扩展要素的外延，从组织行为学的角度研究创业活动

续表

创业模型维度	资源	机会	环境	综合比较
Wickham 模型	资源是核心三角中的一角，源于对机会的识别和把握，创业者通过管理资源、领导组织来实施创业	与 Timmons 模型一样，强调机会的关键作用。机会既能够集中资源，又能够协调组织，是创业的直接诱因	强调组织适应环境和不断学习的重要性；应该不断从环境中获得和吸收知识，并善加利用	以创业者为核心，带领团队发现机会、组织资源，同时为适应外部环境而不断学习；动态学习过程是决定创业能否成功的关键
Christian-Julien 模型	无	无	强调环境随时间而变化，环境影响整个创业过程	强调个人能力随环境的变化和创业过程的演进而不断动态调整；新企业的创建是创业者创业能力动态变化的结果

资料来源：董保宝，葛宝山. 经典创业模型回顾与比较［J］. 外国经济与管理，2008，30（3）：19-28.

本章要点

1. 创业活动具有主体多元化、较强地依赖于创业者及其团队的能力、高度的情景依赖性、资源高度约束的条件、高度不确定性的环境等特征。

2. 根据创业动机的不同，创业可以分为生存型创业和机会型创业；根据初始条件的不同，创业可以划分为边缘创业、风险型创业、与风险投资融合的创业、大公司的内部创业和革命性的创业；根据创业目的的不同，创业可以划分为经济性创业、知识性创业、社会性创业以及政治性创业等类型。

3. 经典的 Timmons 模型将创业机会、创业资源、创业者（或创业团队）作为创业活动的三个核心要素。

4. 创业过程表现为创业者主导下的高度综合的复杂管理活动，包括创业者从产生创业想法到创建新企业或开创新事业并获取回报，涉及识别机会、组建团队、寻求融资等一系列活动组成的流程。

5. 创业的要素均衡模型强调各个要素相互协调、均衡发展并发挥作用，主要包括 Timmons、Gartner 等学者构建的创业模型。创业的要素主导模型认为各个要素不再是协调均衡的关系，而是以某一要素为主导来协调其他要素之间的关系，即一种主要因素的存在影响另一些因素的存在和相互作用，最终影响创业结果，主要包括 Wickham、Christian 和 Julien 等学者构建的创业模型。

能力拓展

请认真观看电影《中国合伙人》《梦想合伙人》，思考回答如下问题：

1. 这两部影片中的创业活动分别属于哪种类型的创业活动？

2. 请用 Timmons 的创业要素模型对这两部影片展现出的创业活动进行描述与解读。

3. 请用 Sahlman 的创业模型对这两部影片展现出的创业活动进行描述与解读。

参考文献

[1] Cantillon R. Essai sur la nature du commerce en général [M]. Pairs: INEd, 1952.

[2] Morris M H. Entrepreneurial intensity: Sustainable advantages for individuals, organizations, and societies [M]. Westport. CT: Greenwood Publishing Group, 1998.

[3] 朱仁宏. 创业研究前沿理论探讨——定义、概念框架与研究边界 [J]. 管理科学, 2004, 17 (4).

[4] Knight F. Risk, Uncertainty, and Profit [M]. Boston: Houghton Mifflin, 1921.

[5] Kirzner I. M. Competition and Entrepreneurship [M]. Chicago: The University of Chicago Press, 1973.

[6] Leibenstein H. General X-efficiency and Economic Development [M]. New York: Oxford University Press, 1978.

[7] Stevenson H. H., Robert M. J., Grousback H. I.. New Business Ventures & the Entrepreneur [M]. Homewood. IL: Irwin, 1985.

[8] Shane S., Ventakaraman S. The promise of entrepreneurship as a field of research [J]. Academy of Management Review, 2000, 25 (1): 139-161.

[9] Hisrich, R. D.. Robert. M. P., &Shepherd. D. A. Entrepreneurship [M]. New York: McGraw-Hill Irwin. 2005.

[10] Bygrave W. D. The entrepreneurship paradigm (I) and (II) [J]. Entrepreneurship Theory and Practice, 1989, (14).

[11] Conner K R. A historical comparison of resource-based theory and five schools of thought within industrial organization economics: do we have a new theory of the firm? [J]. Journal of Management, 1991, 17 (1).

[12] Schumpeter J. A. The theory of economic development [M]. Cambridge. MA: Harvard University Press, 1934.

[13] Cole A. H. Meso-economics: A contribution from entrepreneurial history [J]. Explorations in Entreprenurial History, 1968, 6 (1).

[14] Vesper K. H. Entrepreneurship and national policy [M]. Pittsburgh. PA: Carnegie-Mellon University, 1983.

[15] Kao, R. W. Y., Kao, K. R., & Kao. R. R. Entrepreneurism: a philosophy and a sensible alternative for the market economy [M]. London: Imperial College Press, 2002.

[16] Gartner W. B. A conceptual framework for describing the phenomenon of new venture creation [J]. Academy of Management Review, 1985, 10 (4).

[17] Bruyat C, Julien P A. Defining the field of research in entrepreneurship [J]. Journal of Business Venturing, 2001, 16 (2).

[18] 张玉利. 创业管理（第四版）[M]. 北京：机械工业出版社，2016.

[19] 杨俊. 新世纪创业研究进展与启示探析 [J]. 外国经济与管理，2013，35 (1).

[20] Aldrich H E, Martinez M A. Many are called, but few are chosen: An evolutionary perspective for the study of entrepreneurship [J]. Entrepreneurship Theory and Practice, 2001, 25 (4).

[21] Welter F. Contextualizing entrepreneurship: conceptual challenges and ways forward [J]. Entrepreneurship Theory and Practice, 2011, 35 (1).

[22] 杨俊. 创业过程研究及其发展动态 [J]. 外国经济与管理，2004，26 (9).

[23] Bhidé A V. The origin and evolution of new businesses [M]. Oxford: Oxford University Press, 2003.

[24] 江凯涛. 青年创业的金融支持研究 [D]. 长春：吉林大学，2016.

[25] Chirstian, B., and P. A. Julien. Defining the Field of Research in Entrepreneurship [J]. Journal of Business Venturing, 2000 (16).

[26] Timmons, J A. New venture creation [M]. Singapore: McGraw-Hill, 1999.

[27] Wickham P A. Strategic entrepreneurship [M]. New York: Pitm an Publishing, 1998.

[28] 刘志阳. 创业管理（第一版）[M]. 上海：上海人民出版社，2012.

[29] Carter N M, Gartner W B, Reynolds P D. Exploring start-up event sequences [J]. Journal of Business Venturing, 1996, 11 (3).

[30] Katz J, Gartner W B. Properties of emerging organizations [J]. Academy of Management Review, 1988, 13 (3).

[31] Bhave M. P. A process model of entrepreneurial venture creation [J]. Journal of Business Venturing, 1994, 9 (3).

[32] 唐靖，姜彦福. 创业过程三阶段模型的探索性研究 [J]. 经济师，2008 (6).

[33] 苏晓华，郑晨，李新春. 经典创业理论模型比较分析与演进脉络梳理 [J]. 外国经济与管理，2012 (11).

[34] Timmons J A and Spinelli S. New venture creation: Entrepreneurship for the 21st century with power web and new business mentor CD [M]. Singapore: Irwin McGraw-Hill, 2003.

[35] Sahlman, W A. Some thoughts on business plan: The entrepreneurial venture [M]. New York: HBS publication, 1999.

[36] Christian B, Julien P A. Defining the field of research in entrepreneurship [J]. Journal of Business Review, 2000, 16.

[37] 郑馨，崔毅. 创业研究概念框架的演进分析 [J]. 科技进步与对策，2007, 24 (9).

[38] 董保宝，葛宝山. 经典创业模型回顾与比较 [J]. 外国经济与管理，2008, 30 (3).

第二章　创　业　者

1. 了解创业者的内涵，理解创业者与管理者的区别；
2. 了解创业者人力资本的内涵；
3. 了解创业者经验的内涵、测量及类型，理解创业者经验的功效；
4. 了解创业能力的内涵及构成，理解创业能力的功效；
5. 了解创业者社会资本的内涵，理解创业者社会资本的功效；
6. 了解创业者心理资本的内涵，理解创业者心理资本的功效。

第一节　创业者的内涵

一、创业者的界定

1775年，法国经济学家Cantillon首次将“创业者”一词引入经济学和管理学领域，指出“创业者”是通过承担一定风险进而获取利润的人。随后，国内外学者对创业者这一词语进行了相关探讨与界定。Schumpeter[1]认为创业者是指一些通过采取某种新的发明或者新技术生产出新产品，或者发明新的方法生产已有的产品的个体；Brockhaus[2]认为创业者是指那些具有强烈的愿望和进取心的人，他们能够把握现有的市场机会，愿意承担风险，组织创业团队建立新企业；Carland[3]则强调创业者主要以盈利和建立、管理业务为职责，主要特征是创新性行为；Timmons[4]指出创业者是由强烈承诺与坚强毅力所驱使的人；Shapero[5]认为创业者是具有一组行为特征的人群，包括首创精神、组织或重建社会的或经济的机制以将资源转化为可获得的利益、承担风险或失败等行为特征。此外，还有学者认为创业者是能够在不均衡的市场中识别和把握机会，进而从中获取利润的人，他们能够运用警觉性正确预测将来市场非均衡的出现[6]。从价值创造的角度来看，创业者就是创造新价值的人[7]；也是能够积极洞察市场机会，以此达到资本积累的目的，最终促进企业成长的人[8]。

国内学者对创业者的定义也进行了相关研究。丁栋虹[9]指出创业者是拥有异质性人力资本的人；姜彦福和白洁[10]认为创业者有广义和狭义之分，广义上指所有参与创业活动的相关人员，狭义上指在创业活动中发挥核心作用的人员。总体而言，创业者是善于观察且较易发现市场机会并及时采取行动创办新企业，勇于承担风险进而创造收益的个体[11]。

表 2-1-1 国内外学者对创业者的界定

学者（年份）	定义
Schumpeter（1934）	创业者是指一些通过采取某种新的发明或者新技术生产出新产品或者发明新的方法生产已有的产品的个体
Shapero（1975）	创业者是指具有一组行为特征的人群，这些包括首创精神、组织或重建社会的或经济的机制以将资源转化为可获得的利益、承担风险或失败等行为特征
Brockhaus（1980）	创业者是指那些具有强烈的愿望和进取心的人，他们能够把握现有的市场机会，愿意承担风险，组织创业团队建立新企业
Carland（1984）	创业者主要以盈利和建立、管理业务为职责，主要特征是创新性行为
Kirzner（1993）	创业者是能够在不均衡的市场中识别和把握机会，进而从中获取利润的人，他们能够运用警觉性正确预测将来市场非均衡的出现
Timmons（1999）	创业者是由强烈承诺与毅力耐性所驱使的人
Bruyat（2000）	创业者就是创造新价值的人
Allinson（2000）	创业者是指那些积极洞察市场机会，以此达到资本积累的目的，最终促进企业成长的人
丁栋虹（2000）	创业者是拥有异质性人力资本的人
姜彦福 & 白洁（2005）	广义的创业者是指所有参与创业活动的相关人员，狭义的创业是指在创业活动中发挥核心作用的人员
王玉帅（2009）	创业者是那些洞悉到市场机会，通过建立新企业，承担风险，最终获得机会收益的人

二、创业者的人格特质

人格特质可以被视为独特的个人特征，反映个体在观察、行动和感知等一系列生理和心理方面所表现出来的稳定行为模式[12]。创业者的人格特质一直以来都是创业领域的重要研究主题[13]。作为发现、评价和利用创业机会的主体，创业者的人格特质被认为是影响创业成功的关键要素。成功的创业者并非一定是发现他人未发现的机会，很大程度上取决于其是否具备完成他人能看见但并不能做到的事情所需的意志力、决心和素质等[14]。

大五人格模型是人格特质研究的最基本分析框架，具体包括外向性、神经质、宜人性、严谨性以及经验开放性 5 个维度。创业领域的学者也运用大五人格模型区分创业者以及非创业者的人格特质。Zhao 等[15]认为风险承担能很好地与创业活动的特征相匹配，在该维度上能够显著地与非创业者加以区分，故将其看作是独立于五维度外的第六个特质。基于这六个维度，可以将创业者的人格特征总结如表 2-1-2 所示。

表 2-1-2　创业者的人格特质

维度	描述	特征	包含的部分具体特质
外向性	反映的是个体乐于与他人相处而不是独自待着，具有外向性的个体表现出乐观以及社会化导向（外向、合群）	社会活动能力强、善于社交、自信、有雄心、积极和健谈	外向性、自力更生-、乐观、社交性、社会参与性、内向性、友好等
神经质	反映的是个体缺乏积极的心理调整和情绪的稳定性，这种性格的人较易出现情绪波动和低落	沮丧、焦虑、容易愤怒、担心和缺乏安全感	控制源（内控性-、外控性）、情感的稳定性-、自信-、焦虑、一般性、自我效能感等
宜人性	反映出一种合作倾向，信任和关怀他人，表现出和善、开朗和温柔可爱，容易相处并得到他人喜爱	总是彬彬有礼、灵活、脾气好、愿意合作、宽厚仁慈	宜人性、独立性-、警惕性-、宽容、侵略性等
严谨性	这种类型的个体倾向于符合规则与规矩，具有较强的目标导向、可靠性和有序性（计划性和组织性）	可靠的、谨慎的、负责任的、勤劳和坚持不懈	尽责性、成就需求、目标导向、规范导向、完美主义、计划性等
经验开放性	经验开放的个体常常是智慧的，并且具备非常规的思维，倾向自由，乐于用创新的方式解决问题	充满想象力、好奇心和原创力，心胸宽广并且对艺术敏感	经验开放性、敏感性、创造性、创新性、变革意愿、直觉力等
风险承担	反映个体愿意冒险、乐意从事有风险的行为	对感知到的风险积极、乐观	风险承担

注：-表示对创业行为产生负向影响。

三、创业者与管理者的区别

创业者与管理者在人格特质方面也存在一定的差异。Zhao 和 Seibert[16]的元分析结果表明，创业者的严谨性与经验开放性要明显强于管理者，神经质、宜人性则相对较弱，而外向性并没有显著差异。在创新性方面，创业者是组织的创造者，发现并创造新机会，也是组织创新的驱动力量，表现为自我雇佣，而一般管理者则注重管理与协调资源、按照约定来管理组织，创新性较弱[17]。在自主性方面，创业者的行为体现出自我依赖和自我导向，愿意接受风险、有能力领导并打破组织的已有行为惯例；而一般管理者往往会受组织结构与程序的制约，缺乏自主性[16]。

第二节　创业者人力资本

随着知识经济时代的到来，创业者自身的人力资本成为创业企业发展的第一资源要素，也是创业企业核心竞争力的重要源泉。创业者的相关经验及自身能力是其中最为主要的人力资本资源，对于所创办企业能否顺利成长发展具有无可替代的作用。

一、人力资本的内涵

最早提出人力资本概念的是舒尔茨，他于 1960 年在《人力资本投资》中明确指出人力资本是促进经济增长的重要因素，并且认为人力资本是通过人的知识、技能、资历、经验和熟练程度等形式表现出来的。经济学家贝克尔于 1970 年进一步指出人力资本是一种人格化的资本形式，是以人的能力和素质来表现的。国内学者大多认可舒尔茨关于人力资本的定义，并在此基础上进行了更加深入的探讨。周坤[18]将人力资本分为初级和高级两个阶段，初级人力资本指人的健康状态、先前经验以及拥有的知识技能等；高级人力资本包括个体潜在的天赋和智慧。李建民[19]认为人力资本是指存在于个体身上，通过后天的学习和锻炼而掌握的知识、技术、能力和健康的体力等。郭东杰[20]认为人力资本是指个体通过参加教育和培训，进而掌握知识和技能等特定的生产性资本储备，并且这种资本的价值大小与其在市场上能够获得的报酬数量成正比。

二、创业者人力资本的内涵

创业者人力资本是创业者拥有能力的资本化，是高层次的人力资本。创业者人力资本作为特殊的人力资本，首先具备同质性人力资本所具有的一般性特点，但同时又具有异质性，这种异质性主要体现在创业者能力的异质性上。

国外学者对创业者人力资本进行了一定的研究，其中 Pizza[21]认为创业者人力资本是指创业者能够自由支配的个人能力，这种能力是机会识别能力、投机能力、经营能力、创新能力以及承担风险能力等能力的综合。Wright等[22]研究发现创业能力较高的创业者通常具有一些相似的特征，如可以从看到的某种社会现象或技术的出现中洞悉到其中的商业机会，并进一步对其进行开发利用；能够建立适当的创业团队，并带领团队获取资金，取得客户，与关键资源提供者建立良好的关系等。

国内学者对创业者人力资本的研究相对较晚，魏江等[23]认为创业者人力资本是一种边际报酬递增的异质性人力资本，是一个由创业者的众多要素组成的动态系统，常见的要素包括创业者的描述性知识、流程性知识、能力和社会资本等。程承坪[24]把创业者人力资本分成了三个维度：效率性人力资本、动力性人力资本和交易性人力资本，其中效率性人力资本是指完成一项生产活动所必需的知识、技能、体力和心理素质；动力性人力资本是指影响劳动者能动性发挥程度的因素，包括需要、兴趣、动机、意志和性格等非智力因素；交易性人力资本是指个人的道德因素、声誉和社会交易资本等因素。谢雅萍[25]将创业者人力资本界定为创业者为实现企业经营目标而具有的对市场变动趋势的洞察能力、组织协调能力、经营能力、创新能力的总称，并进一步把创业者人力资本细分为教育型人力资本、实践型人力资本和激励型人力资本。

三、创业者经验

大量研究证实了创业者经验对其创业的积极作用，并且表明创业者的先前经验能够帮助创业者积累独特的人力资本，同时还会对创业者的认知、情感等产生重要的影响[26]。

（一）创业者经验的内涵

创业者先前经验是信息和知识的重要来源，有经验的创业者能够更加迅速地在创业过程中采取有效的行动，抓住稍纵即逝的机会。有学者将创业者经验界定为创业者在先前的经历积累中不断获得的各种技能、知识以及理性情感或感性观念的总和，其主要来源于创业者在创业及工作中对自己或他人经验的反思性学习[27]。也有学者认为创业者先前经验是创业者在先前经历中积累起来的一种内化、缄默的知识[28]；另有学者将创业先前经验定义为基于过去经历积累所形成的知识、技能与经验的总和[29]。

（二）创业者经验的测量与类型

目前，关于创业者经验主要采用客观评价法[30]、主观评价法[26]及整合主客观的综合评价方法。客观评价法通常采取的指标有创业者从事管理工作的年限（管理经验）、已创建企业数量（创业经验）等。主观评价法通常从经验的丰富性、经验的相关性等方面来衡量[31]。

创业者的经验包括多种类型，目前研究较多关注创业者的创业经验、管理经验、职能经验以及特定行业经验[32]。创业经验指创业者在先前的创业活动中积累的经验[33]。基于创业经验所积累的隐性知识有助于创业者在不确定环境和时间压力的情况下做出决策，进而有利于创业者更能识别和开发机会[34]。此外，基于“干中学”的观点，创业经验能够积累特定的帮助创业者克服新生劣势的创业知识[35]。创业者先前积累的管理经验有助于激发创业者的创业意向，并对机会识别过程有促进作用[36]。管理经验所包含的关系网络以及销售、谈判、决策和沟通等方面的知识，对于创业企业应对新生劣势和识别机会是至关重要的。职能经验是指创业者先前在不同职能领域工作所积累的经验，包括在营销、研发、制造、财务和行政等方面，这些经验能够帮助创业者积累与解决顾客、竞争对手、技术、市场等问题有关的知识，提高其识别和利用创业机会的能力。行业经验指创业者先前在相关行业工作所积累的经验，包括如何管理新企业的知识[37]。创业者积累的行业经验能够降低其在运营企业过程中的无知性，能更好地理解和满足市场需求，并且提升创业者对行业趋势的警觉性和预测能力，从而降低创业的不确定性[38]。

（三）创业者经验的功效

第一，创业者经验会通过影响创业企业资源获取进而对创业企业成长产生重要影响。根据人力资本理论，创业者的先前经验，尤其表现为隐性知识的先前经验，是其人力资本的重要来源。不同个体具有不同的信息库，因为信息是通过特定的经验逐渐积累的，并且信息往往是随机分布的。与经验贫乏者相比，工作经验和人生阅历丰富的创业者能获得更加广泛、实用的信息；创业者通过先前经验积累的知识有助于其有效转化外部环境中与机会和资源有关的信息，进而对创业者的机会识别和资源获取产生显著的促进作用。有研究结果表明，具有创业经验的创业者能够积累运营渠道和员工管理方面的隐性知识，从而有利于提升新企业绩效[38]。

第二，根据认知理论，创业者经验会通过影响个体的认知进而对其机会识别和开发行为产生重要影响[30]。相关研究发现，个体所受的教育以及工作经验对其创业可能性和成功率都具有显著的促进作用，并且前者的作用大于后者[39]。创业者所积累的独特经验有利于其构建识别和创造新机会的“知识走廊”，其源于工作、创业等经验的知识会影响其理解、判断和解释新的信息。与初次创业者相比，经验丰富的创业者在制定创业决策时更依赖手段导向逻辑。

第三，根据组织学习理论，创业者经验有助于促进经验学习进而对个体认知和创业行为产生影响[40]。创业学习是创业者基于过去经验不断更新知识库，反复修正创业决策的动态过程[41]。Politis[35]指出创业者的职业经验通过探索式和利用式这两种不同的转化方式来促进创业者不断积累与识别机会和应对新生劣势相关的知识。还有研究发现，失败的教训能够触发创业者进行高层次的双环学习，促使他们反思并重新理解企业运营、战略等问题[42]。那些能从失败中吸取教训的创业者在后续创业活动中往往表现出更高的积极性和更强的创业能力[43]。

第四，从情感角度而言，创业者经验会触发创业者的情感变化，进而对其创业行为产生影响。有研究结果表明，先前的失败教训能够磨炼创业者的意志，有利于其建构应对失败的心理资本，从而减少后续创业失败可能带来的悲伤[44]。由于创业过程具有高复杂性、高动态性等特点，挫折、失败等消极事件所导致的个人情感变化是创业者在创业过程中必须面对的现实问题，消极情绪会刺激个体不断探索、学习和适应[45]。

四、创业能力

创业能力是驱动创业活动顺利开展并取得成功的关键因素，对新企业的创建与成长都发挥着重要的作用[46]。

（一）创业能力的内涵

部分学者从创业者特质视角对创业能力进行界定，认为创业能力是创业者与生俱来的能力，或者把它看作是创业企业的资源禀赋。例如，有学者认为创业能力等同于创业者的个人特质，主要体现在人格特质、技能和知识三个方面，具体包括性格、风险承受能力、毅力、特殊知识、动机、态度、自身形象、社会角色，以及才能等。部分学者基于机会视角，将创业能力界定为创业者发现、识别、利用机会的能力。也有学者认为机会能力是创业能力的一种，包括机会识别能力和机会利用能力[47]。

（二）创业能力的构成

关于创业能力的构成，国内外学者并没有取得统一认识[48]。有学者认为创业能力包括构想能力、人际关系能力、领导能力和创业技能 4 个方面；也有学者认为创业能力由机会开发相关能力和运营管理相关能力两个维度构成[49]；Man 和 Lau[50]指出创业能力包括机会能力、关系能力、概念能力、组织能力、战略能力和承诺能力 6 个维度。

（三）创业能力的功效

一方面，创业能力对机会开发具有重要的促进作用。具体而言，机会识别能力、创业构想能力以及承诺能力均会对机会开发产生显著的影响。机会识别能力可以帮助创业者多途径识别机会，收集多方面的信息；创业构想能力则更有可能影响机会评估这一环节，具有创业构想能力的创业者一般不会被常规所限制，而是根据自身直觉进行创业活动；承诺能力会影响机会利用，创业者通过向上下游企业和风险投资者等利益相关者做出并履行承诺来实现机会的价值。总体而言，创业能力在机会识别、评估和利用等环节都具有重要作用；反过来，机会开发过程也能促进创业能力的形成和发展，创业者和创业企业可以在机会开发过程中积累知识和经验，进而形成和提升创业能力。

另一方面，创业能力对资源开发也具有重要的促进作用。机会识别能力、创业构想能力和承诺能力更利于识别和获取资源。机会识别能力有利于从外界获得更广泛的信息和知识，进而有助于发现关键资源的来源并采取适当的方式获得关键资源。凭借创业构想能力，创业者能够发现他人没有发现的资源，并且以独特的方式获得资源。凭借承诺能力，创业者能够与资源提供商建立良好的合作关系，有效识别潜在的有价值的资源，并采用适当的方式获取资源。此外，在资源开发的过程中，创业者和创业企业能够不断积累相关的知识和信息，为培育和提升创业能力奠定基础。

第三节　创业者社会资本

社会资本存在于社会网络中，反映了个体通过社会关系获取资源的能力。新创企业由于先天不足，在最初成长阶段无法获得所需的资源，创业者利用其社会资本获取信息、资金和技术等各种关键与互补资源就显得尤为重要。越来越多的研究表明，创业者的社会资本能够为创业活动提供重要支撑[51]。

一、社会资本的内涵

法国社会学家 Bourdieu 率先提出社会资本这一重要的概念，并将其界定为个体社会关系网络所嵌入的各种资源。后续研究发现社会资本已成为一个涵盖社会学、经济学、政治学等多学科的跨层次复杂概念。

在微观层面上，社会资本被视为个体通过含自我在内的社会网络调动资源的能力。因此，社会资本和物质资本、人力资本的本质一样，都是现实或者潜在资源的集合体。嵌入在社会结构中的资源、资源的可获得性以及资源的可适用性是微观社会资本的三种构成形式。Coleman[52] 认为，社会资本可以被视为个人拥有的一种资本财产，这种财产以社会结构资源为特征，由构成社会结构的各个要素组成，存在于人际关系结构中，为内部成员提供便利；Portes[53] 则指出，社会资本是个人通过他们的成员身份在网络中获取稀缺资源的能力，并且能够使得个体从社会结构和社会交往中获得经济、政治及社会等回报。

在中观层面上，许多学者从社会网络结构角度探讨了社会资本的形成，

Lin[54]认为资源的可获得性从很大程度上来自个体在社会结构中所处的位置。Burt[55]认为社会资本指个体所在网络结构给个体行动者提供信息及资源的程度，可以通过个体在社会网络结构中所处的位置评估其资源、信息等的能力大小。社会结构中相对缺乏联络的“结构洞”是推动资源流动和获取的关键位置，而处于结构中“桥梁”位置的行动者则可能更具有竞争性优势。

在宏观层面上，社会资本主要关注在政治体制、法律法规以及在制度制定过程中的民主参与问题。美国政治学家普特南在其著作《使民主运作起来》一书中通过对以往经验资料以及历史资料的分析后，指出一个社会的社会资本包括在此社会生活中的社会网络、规范以及信任特征，并且某个社会的社会资本丰富程度不同会严重影响所在地经济发展和民主建设。著名学者福山将社会资本定义为存在于社会中的组织、网络与规范[56]。宏观社会资本不是微观社会资本的简单综合，也无法靠个人有意识地进行增减，它往往取决于一个社会的传统、文化及社会政策[57]。

国内外学者从不同的角度对社会资本进行分类，格兰诺维特将其划分为结构嵌入性维度以及关系嵌入性维度。Kim[58]将社会资本区分为制度型社会资本和关系型社会资本，其中制度型社会资本与准则、程序和组织等机构要素有关，关系型社会资本则涉及态度、准则、信念以及价值观等。Nahapiet 与 Ghoshal[59]认为社会资本包括结构、关系和认知等三个维度，其中结构维度包括结构洞、连接强度以及网络中心性等，关注行动者在网络结构中的位置能够为其带来怎样的优势；关系维度指根植于关系中的资产，包括信任、信用等；认知维度则包含价值观念、共同愿景等。也有学者将企业家的社会资本划分为两个维度，即与供应商、客户、竞争者等建立的商业关系以及与各级政府部门建立的政治关系[60]。

二、创业者社会资本的内涵

社会资本理论在创业管理领域的应用，使创业者社会资本进入创业管理学者的视线。Westlund 和 Bolton[61]认为创业者社会资本是创业者创立新企业并解决创业过程中产生的问题的所有社会资源、关系的集合。张玉利等[62]认为创业者个人社会资本包括网络规模、网络资源和网络密度等维度。章丽萍和刘小丽[63]将创业者社会资本界定为以创业者为中心构成的网络体系，体现了创业者动员内部和外部资源的能力。崔祥民等[64]指出创业者社会资本是嵌入到社会关系之中的关系、信任和规范等。

对于创业者的社会资本的测量，主要有直接测量和间接测量等两种方法。直接测量主要对创业者社会网络中的不同对象进行测量，如对于商业经营关系的测量包括与上游供应商、下游分销商及企业客户、平行的竞争企业、银行等组织的交往状况；对于政治关系则包含企业经营中进行联系的政府部门以及产业组织等；对于社会关系则主要指能够为创业者提供资金、人员、材料等支持和帮助的其他人员，如亲戚、朋友、同学等交往对象。直接测量一般采用的是 Likert 量表对不同交往对象分别进行直接打分测量。而间接测量主要是采用其他数据、指标来反映社会资本的积累情况，如运用维持和构建关系的成本支出、合作伙伴数量等来间接得到。

三、创业者社会资本的功效

一方面，创业者社会资本在机会识别以及开发利用的过程中发挥着十分重要的作用[65]。相关实证研究结果表明，超过半数的创业者通过其社会网络获取信息识别机会，并且社会网络规模较大的创业者与社会关系较少的创业者相比，在机会识别方面有显著差异[66]。社会资源在社会中的分布不是均匀的，而是呈"金字塔"形分布，社会地位越高的人掌握的资源越多，如果创业者社会关系网络中存在较高地位的成员，则有利于接触到高质量的信息，进而有助于其识别创业机会。此外，由于创业机会识别是创业者与外部环境（创业机会源）相互作用的结果，信息因素在创业者与创业机会中间起到连接作用，创业者所嵌入的网络规模越大越有助于接触到丰富多样的信息，从而发现更具有创新性的机会[62]。

社会资本不仅可以帮助创业者更好地识别机会，还可以通过提供信息和资源对创业机会的开发和利用产生积极影响。相同的机会对于不同个体而言表现出来的价值不同，只有具有特殊能力的创业者才能真正利用创业机会，这种能力与创业者的社会资本密切相关[65]。其原因在于创业机会开发要考虑到创业者已有资源、能获得的资源，以及能获得的外部支持程度，这些因素都与创业者的社会资本息息相关。创业者嵌入于社会网络中，能够接触到信息和资源的渠道，不仅能够获得关键资源，还能够接触到异质性知识，进而对创业机会进行更为有效的开发。

另一方面，创业者社会资本对新创企业成长具有重要的促进作用。利用人际关系网络，创业者能够获得创业所需的关键资源，使其顺利投入生产运营并创造价值。相关研究发现创业者在创业之初是利用非正式网络来获取创业所需的原材料、供应商、人员和订单等[67]。创业者的社会资本有利于创业企业获取信息和资源，帮助企业降低交易成本，建立合法性，从而提升企业绩效[68]。相关研究结果表明，对于社会网络资源的依赖是中国新创企业成长的一个共性特征，创业者关系和社会资本对企业成长发挥积极的作用[69]。

第四节 创业者心理资本

心理资本对创业成功具有重要的作用，尤其是在面对高风险和不确定的情况下需要迅速做出有效的战略决策时，创业者的心理资本显得更为重要。虽然心理资本、人力资本与社会资本是共同推动企业成功发展的要素，但从带来竞争优势的资本延伸模型来看，心理资本是最具有竞争优势的前瞻性资本，可以更有效地协同人力资本和社会资本，进而实现创业成功。

一、心理资本的内涵

心理资本最早出现在经济学和社会学等文献中，主要是指个体对自我知觉、工作态度、伦理取向，以及人生信念、价值和认知的综合[70]。随后，学者们基于不同的视角对心理资本展开大量的研究。具体而言，学者们对心理资本的理解存在特质论、状态论和综合论三种视角。

特质论认为心理资本是作为个体的内在特质而存在的。例如，Hosen[71]认为心理资本是个体通过学习等途径进行投资后获得的一种具有耐久性和相对稳定的心理内在基础架构，包括个性平直和倾向、认知能力、自我监控和有效的情绪交流品质等。心理资本特质论试图找出一种本源性的心理特质来解释创业者和非创业者之间的区别，但这种研究假设的前提是创业者的心理特质是稳定不变的。然而创业者的心理特质并非一成不变，从整个创业过程来看，创业者的心理特质也是变化的，这就可以合理解释一些创业现象，如原来比较保守的创业者，在连续几次冒险成功后，也乐于向高风险高回报的领域进行投资；原来倾向于冒险的创业者，在经历了几次失败以后，也变得谨小慎微，投资趋于保守。因此，创业者的心理特质具有相对稳定性，在创业的某个阶段具有稳定性；但是相对于创业的整个过程而言，创业者的心理特质又显示出某种动态性。

状态论认为心理资本是一种特定的积极心理状态。Avolio 等[72]指出心理资本是指那些有助于预测个体高绩效工作和快乐工作指数的积极心理状态的综合，这些积极心理状态能够导致积极的组织行为，使个体勤奋努力地去做正确的事情，并且获得较高的绩效和工作满意度，并且积极的心理状态包括希望、自我效能感、乐观、积极归因、自我恢复力等。

综合论认为心理资本是一种同时具有特质性和状态性的心理素质。Luthans 等[73]指出心理资本并不是简单的一种心理状态或者一种人格特质，而是两者的综合体，心理资本是“类状态（state-like）”的一种积极心理力量，它同时具有特质性（相对比较稳定）和状态性（可以通过干预措施来开发）。目前，越来越多的研究中采用了心理资本“类状态”的观点，即心理资本是一种同时具有特质性和状态性的心理素质。

学术界对心理资本的构成要素至今都没有完全统一的认识。国外多数学者认同心理资本的四维结构模型，即自我效能、希望、乐观和韧性4个维度。但也有学者指出，不像自然科学法则放之四海而皆准，从西方导入组织行为构念必须谨慎查看文化差异所造成的影响。自我效能感和希望更多以自我为基础，而乐观和韧性更多受到他人和外部环境的影响[74]，西方韧性量表中的一些项目不符合集体主义文化下人们的行为方式。根据我国特殊的社会环境，柯江林等[75]研究发现本土心理资本构念具有二阶双因素结构，即事物型心理资本和人际型心理资本，前者包括自信勇敢、乐观希望、奋发进取与坚忍顽强，后者包括谦虚沉稳、包容宽恕、尊敬礼让与感恩奉献。

二、创业者心理资本的内涵

创业者心理资本是对心理资本概念在创业情境下的延伸与拓展。高娜[75]构建了创业心理资本模型，研究发现创业心理资本包括积极成长、主动应对、热情创新、敏锐卓越、自我效能、社交智慧和乐观希望7个维度。其中，积极成长指自我看待生命的方式、目标抉择、执行意识，以及行动能力等；主动应对指坦然应对困难和挫折、善始善终、遇到障碍也要坚持已有计划，持续更新知识结构等；热情创新指充满激情和能量的生活、敢想敢做，过有挑战性的生活，能感觉到自身活力等；敏锐卓越指批判性思维、敏锐的市场识别力、好学、追求卓越；自我效能指对任务处理能力、对挑战能自如应付、自我信念、效能预期；社交智慧指能意识到别人和自己的动机与情绪，知道在不同情境下做出合适的事情，有较强的沟通能力；乐观希望指乐观平和的心态、认识到实现目标的过程需要意志力。该模型基本涵盖了西方的自我效能、乐观、希望以及韧性。这可能是因为无论在何种文化背景下，要完成一件有挑战性的任务，个体都离不开自信、乐观、希望等积极因素。同时，创业心理资本也新增了积极成长、热情创新、敏锐卓越、社交智慧4个维度，这可能与创业活动的复杂性和特殊性有很大关系。因为从创业的准备、初始阶段，到创业的坚持，再到最后创业成功是充满艰辛与困难的，是成败并存的过程，需要多种心理资本的共同参与。此外，中国是一个高度重视人际关系的社会，与他人发生人际关系冲突，不利于创业成功。因此，创业心理资本中包含乐观希望、自我效能、主动应对等事物型心理资本，也考虑了社交智慧等人际型心理资本。

三、创业者心理资本的功效

一方面，创业者心理资本对创业机会的识别具有重要的作用。相关研究结果表明，自我效能感是影响创业机会识别的一个不容忽视的因素，自我效能感能够增强个体对创业机会的感知，拥有自信心的创业者将会越容易识别到机会。创业效能感正向影响个体的机会识别能力。此外，个体的乐观态度也会对创业机会的识别产生积极的影响。

另一方面，创业者心理资本对创业绩效也具有积极的正向影响[76][77]。Baum 和 Locke[78]指出创业效能感在创业过程中起着稳定积极的作用，对创业绩效有着良好的预测作用。Forbes[79]研究发现创业自我效能感正向影响创业绩效。尽管对积极成长、敏锐卓越及社交智慧等维度对创业绩效的影响的研究非常少，但可以在日常经验中找到一些规律：一个有目标且执行和行动能力强（积极成长）、有批判性思维及敏锐的市场识别力和追求卓越（敏锐卓越）、有较强的沟通能力且能意识到别人和自己的动机与情绪并知道在不同情境下做出合适的事情（社交智慧）的人，更能在复杂多变的创业环境中让企业生存和成长得更好更快，具有更高的创业绩效。

本章要点

1. 创业者是善于观察且较易发现市场机会并及时采取行动创办新企业，勇于承担风险进而创造收益的个体。

2. 创业者人力资本作为特殊的人力资本，具备同质性人力资本所具有的一般性特点，同时又具有异质性，这种异质性主要体现在创业者经验及能力的异质性上。

3. 创业者的先前经验能够帮助创业者积累独特的人力资本，同时还会对创业者的认知、情感等产生重要的影响。

4. 创业能力是驱动创业活动顺利开展并取得成功的关键因素，对新企业的创建与成长都发挥着重要的作用。

5. 社会资本不仅可以帮助创业者更好地识别机会，还可以通过提供信息和资源对创业机会的开发和利用产生积极影响。此外，创业者社会资本对新创企业成长具有重要的促进作用。

6. 创业者心理资本是心理资本概念在创业情境下的延伸与拓展，包括积极成长、主动应对、热情创新、敏锐卓越、自我效能、社交智慧和乐观希望 7 个维度。

7. 创业者心理资本对创业机会的识别具有重要的作用，对创业绩效也具有积极的正向影响。

能力拓展

请认真观看电影《中国合伙人》《梦想合伙人》，思考回答如下问题：

1. 这两部影片中创业者分别具有怎样的人格特质？

2. 详细分析这两部影片中创业者的人力资本特征，在此基础上回答人力资本对创业过程产生了怎样的影响？

3. 详细分析这两部影片中创业者的社会资本特征，在此基础上回答社会资本对创业过程产生了怎样的影响？

4. 详细分析这两部影片中创业者的心理资本特征，在此基础上回答心理资本对创业过程产生了怎样的影响？

5. 通过这两部影片，你认为人力资本、社会资本、心理资本这三种资本，哪种资本对创业活动的影响最大？

参考文献

[1] Schumpeter J. The theory of economic development [M]. Cambridge M A: Harvard University Press, 1934.

[2] Brockhaus R H. Risk taking propensity of entrepreneurs [J]. Academy of Management Journal, 1980, 23 (3).

[3] Carland J W, Hoy F, Boulton W R, et al. Differentiating entrepreneurs from small business owners: A conceptualization [J]. Academy of Management Review, 1984, 9 (2).

[4] Timmons J A, Spinelli S. New venture creation: Entrepreneurship for the 21st century [M]. Burr Ridge. IL: Irwin. 1999.

[5] Shapero A. The displaced, uncomfortable entrepreneur [J]. Entrepreneurship: Critical Perspectives on Business and Management, 2002, 2.

[6] Kirzner I M. Entrepreneurial discovery and the competitive market process: An Austrian Approach [J]. Journal of economic Literature, 1997, 35 (1).

[7] Bruyat C, Julien P A. Defining the field of research in entrepreneurship [J]. Journal of Business Venturing, 2001, 16 (2).

[8] Allinson C W, Chell E, Hayes J. Intuition and entrepreneurial behaviour [J]. European Journal of Work and Organizational Psychology, 2000, 9 (1).

[9] 丁栋虹. 论企业性质的异质型人力资本模式——兼论科斯交易费用模式的内在悖论性 [J]. 财经研究, 2000 (5).

[10] 姜彦福, 白洁. 创业机会识别过程中经济因素的评价 [J]. 技术经济, 2005 (5): 1-5.

[11] 王玉帅, 尹继东. 创业者: 定义的演化和重新界定 [J]. 科技进步与对策, 2009, 26 (10).

[12] Brandstätter H. Personality aspects of entrepreneurship: A look at five meta-analyses [J]. Personality & Individual Differences, 2011, 51 (3).

[13] Miller D. A downside to the entrepreneurial personality? [J]. Entrepreneurship Theory

and Practice, 2015, 39 (1).

[14] Kirzner I M. The alert and creative entrepreneur: a clarification [J]. Small Business Economics, 2009, 32 (2).

[15] Zhao H, Seibert S E, Lumpkin G T. The relationship of personality to entrepreneurial intentions and performance: A meta-analytic review [J]. Journal of Management, 2010, 36 (2).

[16] Zhao H, Seibert S E. The big five personality dimensions and entrepreneurial status: a meta-analytical review [J]. Journal of Applied Psychology, 2006, 91 (2).

[17] Cuervo A. Individual and environmental determinants of entrepreneurship [J]. International Entrepreneurship and Management Journal, 2005, 1 (3).

[18] 周坤. 论人力资本的特征及其价值实现 [J]. 中国科技论坛, 1997 (3).

[19] 李建民. 人力资本与经济持续增长 [J]. 南开经济研究, 1999 (4).

[20] 郭东杰. 分配制度变迁中人力资本价值的实现形式 [J]. 经济体制改革, 2002 (1).

[21] Piazza-Georgi B. The role of human and social capital in growth: extending our understanding [J]. Cambridge Journal of Economics, 2002, 26 (4).

[22] Wright M, Hmieleski K M, Siegel D S, et al. The role of human capital in technological entrepreneurship [J]. Entrepreneurship Theory and Practice, 2007, 31 (6).

[23] 魏江, 陈志辉, 周江华. 基于知识观的企业家人力资本系统研究 [J]. 科学学研究, 2003, 21 (1).

[24] 程承坪. 企业家人力资本开发及其与企业绩效关系研究 [D]. 武汉理工大学, 2002.

[25] 谢雅萍. 企业家人力资本与企业绩效关系的实证研究 [J]. 广西大学学报 (哲学社会科学版), 2008, 30 (1).

[26] Zheng Y. Unlocking founding team prior shared experience: A transactive memory system perspective [J]. Journal of Business Venturing, 2012, 27 (5).

[27] Holcomb T R, Ireland R D, Holmes Jr R M, et al. Architecture of entrepreneurial learning: Exploring the link among heuristics, knowledge, and action [J]. Entrepreneurship Theory and Practice, 2009, 33 (1).

[28] 安宁, 王宏起. 创业者先前经验、学习模式与新技术企业绩效—基于初始条件视角的实证研究 [J]. 商业经济与管理, 2011, 1 (9).

[29] 郭红东, 周惠珺. 先前经验、创业警觉与农民创业机会识别——一个中介效应模型及其启示 [J]. 浙江大学学报 (人文社会科学版), 2013, 43 (4).

[30] Farmer S M, Yao X, Kung-Mcintyre K. The behavioral impact of entrepreneur identity aspiration and prior entrepreneurial experience [J]. Entrepreneurship Theory and Practice, 2011, 35 (2).

[31] 杨俊, 薛红志, 牛芳. 先前工作经验、创业机会与新技术企业绩效——一个交互效应模型及启示 [J]. 管理学报, 2011, 08 (1).

[32] 汤淑琴，蔡莉，陈彪. 创业者经验研究回顾与展望［J］. 外国经济与管理，2014，36（1）.

[33] Zhang J. The advantage of experienced start-up founders in venture capital acquisition: evidence from serial entrepreneurs [J]. Small Business Economics, 2011, 36 (2).

[34] Sarasvathy S D. Causation and Effectuation: Toward a Theoretical Shift from Economic Inevitability to Entrepreneurial Contingency [J]. Academy of Management Review, 2001, 26 (2).

[35] Politis D. The Process of Entrepreneurial Learning: A Conceptual Framework [J]. Entrepreneurship Theory and Practice, 2005, 29 (4).

[36] Davidsson P, Honig B. The role of social and human capital among nascent entrepreneurs [J]. Journal of Business Venturing, 2003, 18 (3).

[37] Colombo M G, Grilli L. Founders' human capital and the growth of new technology-based firms: A competence-based view [J]. Research Policy, 2005, 34 (6).

[38] Rerup C. Learning from past experience: Footnotes on mindfulness and habitual entrepreneurship [J]. Scandinavian Journal of Management, 2005, 21 (4).

[39] Robinson P B, Sexton E A. The effect of education and experience on self-employment success [J]. Journal of Business Venturing, 1994, 9 (2).

[40] 李泽卉. 创业者先前经验、创业学习与创业机会识别关系研究［D］. 吉林大学，2016.

[41] Minniti M, Bygrave W. A dynamic model of entrepreneurial learning [J]. Entrepreneurship: Theory and Practice, 2001, 25 (3).

[42] Cope J. Entrepreneurial learning from failure: An interpretative phenomenological analysis [J]. Journal of Business Venturing, 2011, 26 (6).

[43] Stokes D, Blackburn R. Learning the hard way: the lessons of owner-managers who have closed their businesses [J]. Journal of Small Business & Enterprise Development, 2002, 9 (1).

[44] Beasley M, Thompson T, Davidson J. Resilience in responses to life stress: The effects of coping style and cognitive hardiness. [J]. Personality & Individual Differences, 2003, 34 (1).

[45] Shepherd D A. Learning from business failure: propositions of grief recovery for the self-employed [J]. Academy of Management Review, 2003, 28 (2).

[46] Rasmussen E, Mosey S, Wright M. The Evolution of Entrepreneurial Competencies: A Longitudinal Study of University Spin-Off Venture Emergence [J]. Journal of Management Studies, 2011, 48 (6).

[47] 梅德强，龙勇. 不确定性环境下创业能力与创新类型关系研究［J］. 科学学研究，2010，28（9）.

[48] 尹苗苗，蔡莉. 创业能力研究现状探析与未来展望［J］. 外国经济与管理，

2012 (12).

[49] 张玉利，王晓文. 先前经验、学习风格与创业能力的实证研究 [J]. 管理科学，2011，24 (3).

[50] Man T W Y, Lau T, Chan K F. The competitiveness of small and medium enterprises: A conceptualization with focus on entrepreneurial competencies [J]. Journal of Business Venturing, 2002, 17 (2).

[51] 张梦琪. 创业者社会资本、创业机会开发与新创企业成长关系研究 [D]. 吉林大学，2015.

[52] Coleman J. Foundations of Social Theory [M]. Cambridge: The Belknap Press, 1990.

[53] Portes A. Social capital: Its origins and applications in modern sociology [J]. Annual Review of Sociology, 1998, 24 (1).

[54] Lin N. Building a network theory of social capital [J]. Connections, 1999, 22 (1).

[55] Burt R. Structural holes: The social structure of competition [M]. Cambridge: Harvard University Press, 1992.

[56] Fukuyama F. The social virtues and the creation of prosperity [M]. New York: Free Press, 1995.

[57] 赵延东. 社会资本理论的新进展 [J]. 国外社会科学，2003 (3).

[58] Kim P H, Aldrich H E. Social capital and entrepreneurship [J]. Foundations and Trends in Entrepreneurship, 2005, 1 (2).

[59] Nahapiet W, Ghoshal S. Social capital and value creation: The role of intrafirm networks [J]. Academy of Management Journal, 1998, 41 (4).

[60] Peng M W, Luo Y. Managerial ties and firm performance in a transition economy: The nature of a micro-macro link [J]. Academy of Management Journal, 2000, 43 (3).

[61] Westlund H, Bolton R. Local Social Capital and Entrepreneurship [J]. Small Business Economics, 2003, 21 (2).

[62] 张玉利，杨俊，任兵. 社会资本、先前经验与创业机会——一个交互效应模型及其启示 [J]. 管理世界，2008 (7).

[63] 章丽萍，刘小丽. 创业者社会资本对创业活动的作用机理 [J]. 中外企业家，2008 (12).

[64] 崔祥民，梅强. 产业集群内创业者社会资本对创业机会价值影响研究 [J]. 软科学，2011，25 (12).

[65] 刘兴国，沈志渔，周小虎. 社会资本对我国民营企业创业行为的影响 [J]. 经济管理，2009 (6).

[66] Hills G E, Lumpkin G T, Singh R P. Opportunity recognition: Perceptions and behaviors of entrepreneurs [J]. Frontiers of Entrepreneurship Research, 1997, 17 (4).

[67] Brush C G, Vanderwerf P A. A comparison of methods and sources for obtaining esti-

mates of new venture performance [J]. Journal of Business Venturing, 1992, 7 (2).

[68] 王栋，陈永广. 企业家社会资本对创业企业成功的影响分析 [J]. 科学管理研究，2010，28 (2).

[69] 付宏. 中国新创企业成长轨迹的实证研究 [D]. 武汉大学，2011.

[70] Goldsmith A H, Veum J R, Darity W. The impact of psychological and human capital on wages [J]. Economic Inquiry, 1997, 35 (4).

[71] Hosen R, Stern L, Solovey-Hosen D. Proactive risk-taking promotes happiness [J]. Psychology and Education: An Interdisciplinary Journal, 2004, 41 (1).

[72] Avolio B J, Zhu W, Koh W, et al. Transformational leadership and organizational commitment: Mediating role of psychological empowerment and moderating role of structural distance [J]. Journal of Organizational Behavior, 2004, 25 (8).

[73] Luthans F, Youssef C M, Avolio B J. Psychological capital: Developing the human competitive edge [M]. Oxford: Oxford University Press, 2007.

[74] Youssef C M, Luthans F. Positive organizational behavior in the workplace: The impact of hope, optimism, and resilience [J]. Journal of Management, 2007, 33 (5).

[75] 高娜. 创业心理资本模型的构建及开发策略研究 [D]. 苏州大学，2011.

[76] 牛芳，张玉利，田莉. 创业者的自信、乐观与新企业绩效——基于145家新企业的实证研究 [J]. 经济管理，2012 (1).

[77] 刘欣. 创业心理资本、创业机会能力及创业绩效的关系研究 [D]. 苏州大学，2013.

[78] Baum J R, Locke E A. The relationship of entrepreneurial traits, skill, and motivation to subsequent venture growth. [J]. Journal of Applied Psychology, 2004, 89 (4).

[79] Forbes D P. Are some entrepreneurs more overconfident than others? [J]. Journal of Business Venturing, 2005, 20 (5).

第三章 创业团队

学习目标

1. 理解创业团队的定义，认识创业团队与一般团队的异同；
2. 了解创业团队的类型，理解创业团队的特征；
3. 理解创业团队组建、发展以及解体的演进过程；
4. 了解有效管理创业团队的策略。

第一节 创业团队的内涵

一、国外学者对创业团队的界定

与个体创业相比，创业活动中团队创业的优势较大，越来越多的学者开始关注团队创业并对此展开大量研究。但至今学术界关于创业团队的定义仍不明晰，创业团队的概念界定存在诸多分歧。虽然在一定程度上说明可以从多视角审视创业团队，但清晰的定义有助于学者对创业团队的进一步研究。

以往国外研究通常从所有权、人员构成以及参与度等视角对创业团队进行界定。例如，Kamm 等[1]将创业团队定义为共同建立公司且分配股权利益的两个或两个以上的个体。Cooper 等[2]提出创业团队并不单纯是一个群体，它要求每个成员都必须投入与承诺，该定义在一定程度上撇开了财务利益，更强调团队对创业活动的参与。Hirata[3]从人员构成角度将创业团队定义为参与且全身心投入企业创立过程、共同克服创业困难和分享创业乐趣的社会组织。从该定义中，可以发现创业团队最明显的特征就是各个成员是独立的个体且具有一定差异性。上述定义是从静态视角对创业团队进行界定，也有部分学者从参与时间角度对创业团队的内涵展开探讨。例如，Chandler 等[4]认为创业团队是在企业创业伊始掌管企业的个体或在运营的前两年加入企业的成员组合，但并不包括没有公司股权的一般员工。

在综述以往研究文献的基础上，Cooney[5]认为创业团队指的是积极参与企业发展且有重大财务利益的两个人或更多人。“重大财务利益相关”强调的是创业团队的关键人物观，因为在创业企业中实际上只有少数合伙人拥有平等的财务利益，这样的定义可以排除一些投资很少的人。“积极参与”则与Cooper 等学者的定义有共通之处，可以排除只投资而不参与管理的“沉默合伙人”，明晰了创业团队的人员构成要素。此外，Cooney 的定义具有较强的灵活性，允许团队成员在创业过程的任一阶段加入或退出。实际上，Cooney 的定义也存在一定的缺陷，即描述简洁但缺乏明确性，如怎么样才算“积极参与”，财务利益具体有什么，以及企业发展包含哪些阶段等。

总的来说，在创业团队的概念界定过程中，主要有如下两个问题：一是定义过于宽泛，创业团队与高管团队当作同一对象进行研究；二是关于创业团队存续时间、新创企业时间界定不一致。为了避免以上问题，有研究者直接略过创业团队的概念，认为创业团队的早期团队就是高管团队或者狭义地将创业团队定义为创业创始人团队。Schjoedt 和 Kraus[6]在整合不同定义的基础上给出了一个较为全面的界定，他们认为创业团队是由具有财务或其他利益，对新创企业做出过承诺且未来能够从新企业中获取利益的两个或两个以上的人构成。该定义就创业团队的规模、目标、财务与其他利益关系、合作方式与职责、合作时间、权力与社会角色都做了具体的界定。

二、国内学者对创业团队的界定

国内学者对创业团队的研究起步较晚，但对创业团队的内涵研究也取得了一些有益的成果，如叶余建[7]提出，创业团队是全身心投入企业创建过程并共享创业困难与乐趣的成员组合，强调责任与风险共担；彭华涛[8]认为，创业团队是富有创业精神，致力创业转换、参与创业决策、拥有创业股权、分享创业收益的创业团体；朱仁宏等[9]基于多学科研究视角，在整合国内外学者相关研究的基础上，将创业团队界定为由两个或两个以上具有共同愿景和目标，共同创办新企业或参与新企业管理，拥有一定股权且直接参与战略决策的人组成的特殊团队。他们拥有可以共享的资源，按照各自角色分工相互依存地一起工作，共同对团队和企业负责，并承受相应的风险与收益。

为了更直观地对创业团队的概念内涵进行分析与探讨，将国内外相关研究中具有代表性的定义整合为一张表，具体描述如表 3-1-1 所示。

表 3-1-1 国内外学者对创业团队的概念界定

作者（年份）	具体描述
Kamm et al.（1990）	两个或两个以上的个人参与企业创立的过程并投入等比例的资金
Cooper&Dailey（1997）	并不单纯是一个群体，它要求每个成员都必须投入与承诺

续表

作者（年份）	具体描述
Chandler et al.（1998）	在企业创业伊始掌管企业的个体或在运营的前两年加入企业的成员组合，但并不包括没有公司股权的一般员工
Hirata（2000）	参与且全身心投入企业创立过程，共同克服创业困难和分享创业乐趣的社会组织
Cooney（2005）	积极参与企业发展且有重大财务利益的两个人或更多人
Schjoedt & Kraus（2009）	由具有财务或其他利益，对新创企业做出过承诺且未来能够从新企业中获取利益的两个或两个以上的人构成
叶余建（2006）	全身心投入企业创建过程并共享创业困难与乐趣的成员组合，强调责任与风险共担
彭华涛（2007）	富有创业精神，致力创业转换、参与创业决策、拥有创业股权、分享创业收益的创业团体
朱仁宏等（2012）	由两个或两个以上具有共同愿景和目标，共同创办新企业或参与新企业管理，拥有一定股权且直接参与战略决策的人组成的特殊团队

综上所述，可以发现虽然各学者都从不同角度定义创业团队，但总的来说，创业团队具有如下 5 个基本要素：① 人数是两个或两个以上；② 具有共同愿景与目标；③ 拥有一定股权和战略决策权；④ 共同创办新企业或参与管理；⑤ 对企业负责，共担责任与风险，共享收益。

三、创业团队与一般团队的比较

纵观上述定义可以发现创业团队是一种有别于一般团队的组织形式，比较分析有助于研究者进一步加深对创业团队内涵的理解。群体与团队相比，群体中成员之间的工作在很大程度上是可以互换的，而团队成员的作用则是互补的。团队是群体的特殊形态，是基于同一目标，协同合作互相依赖而形成的一种正式群体。群体与团队的比较分析如表 3-1-2 所示。

表 3-1-2　群体与团队的比较分析

比较项目	群体	团队
集体责任	对是否完成集体目标只承担个人责任	团队成员对是否完成团队目标一起承担责任并同时承担个人责任

续表

比较项目	群体	团队
绩效评估标准	以群体中个人表现为依据	以团队整体表现为依据
合作程度	合作程度依据个人表现变化，且群体的目标实现不需要成员间的相互依存性	团队的目标实现需要成员间彼此协调且相互依存

资料来源：张玉利等. 创业管理（第四版）[M]. 北京：机械工业出版社，2016.

在创业过程中，一般团队的组建只是为了解决某个或某类特定的问题，与创业团队相比，在角色定位、职位层级以及组织依据等方面存在明显差别，如一般团队的成员绝大多数并不处于企业高层位置，而创业团队成员往往占据企业主导地位；一般团队成员不一定拥有股份，而创业团队成员具有的财务权力是其基本要素之一，具体而言，可以从团队基本性质、功能作用以及管理模式等方面对一般团队与创业团队进行比较，如表 3-1-3 所示。

表 3-1-3　一般团队与创业团队的比较分析

比较项目	一般团队	创业团队
目的	解决某类或某个具体问题	开创新企业或开拓新事业
职位层级	成员不局限于高层管理者职位	成员处于高层管理者职位
权益分享	不一定拥有股份	一般情况下在企业中拥有股份
影响范围	影响局部性、任务性问题	影响组织决策各层面，涉及面广泛
组织依据	基于解决特定问题而临时组建	基于工作原因经常性共事
关注视角	战术性、执行性的问题	战略性的决策问题
领导方式	由公司最高层直接领导与指挥	以高层的自主管理为主
组织承诺度	较低	高
心理契约程度	心理契约关系不正式、影响力弱	心理契约关系十分重要，关系决策

资料来源：陈忠卫. 创业团队企业家精神的动态性研究 [M]. 北京：人民出版社，2007.

第二节　创业团队的类型与特征

一、创业团队的类型

创业团队的优势之一就是能够通过整合团队成员的知识技能、资本以及社会资源以提高企业应对环境不确定性和项目复杂性的能力。创业团队的构建与发展是创业者在发现与开发机会的过程中不断适应环境的结果。对创业团队进行分类有助于加深对创业团队构成特征、成员角色以及成员互动过程的理解。现有研究主要从团队成员关系、资源组合属性以及认知特征等角度对创业团队进行分类。

从团队成员关系看，创业团队可以分为夫妻、家族、长期合作伙伴以及短期合作伙伴 4 种团队组成关系。从夫妻关系到短期合作伙伴关系是一个关系程度逐步减弱的过程，对我们了解创业团队成员间的既有关系对创业决策与冲突管理等的影响具有促进作用，但严格而言，这种分类存在内涵不清的弊端，如家族关系与伙伴关系并不能完全分开，两者既有交叉又有重叠。

从资源组合属性看，创业团队可以分为同质性创业团队和异质性创业团队。但目前对于两者的概念还未形成准确的界定，学者们针对同质性团队和异质性团队对绩效的影响作用也莫衷一是。与同质性创业团队相比，异质性创业团队因其人口统计学特征、认知观念、价值观、经验等差异化表现得到诸多学者的关注。现有研究中关于异质性类别讨论较多，依据个人特征与团队任务的相关性，可以分为低工作相关异质性（性别、年龄等）和高工作相关异质性（教育水平、任职年限等）；依据基本要素可以分为任务相关异质性、关系取向异质性、易观察特质异质性以及深层特质异质性；基于任务相关度可以分为任务相关异质性和非任务相关异质性。已有团队异质性的分类较凌乱，分类标准不明确且具有严重的交叉性，针对这一现状，胡望斌等[10]将创业团队异质性分为社会性异质性和功能性异质性，前者指团队成员在社会地位和社会角色方面的差异，后者指团队成员在所掌握的与工作相关的知识技能、工作背景和工作经验等方面的差异。

从知识协调程度与认知特征看，创业团队可分为罗宾逊或节约型团队（Robbinsian or economizing team）、单成员团队（singleton entrepreneurial team）、混合团队（hybrid entrepreneurial team）以及嵌套团队（nested entrepreneurial team）4 种。罗宾逊或节约型团队是一种极端形式的创业团队，团队成员主要以处理常规事件为主，特点是团队情境稳定性相当高。单成员团队虽然有团队说法，但只有创业者本人，只是在创业过程中各时间点扮演不同角色。混合团队至少包括一名创业者和一名罗宾逊节约者，两者分工明确，前者发现市场目的——手段框架，后者则在框架内监督生产和交易效率。嵌套团队则包含至少两个创业者，一个领头创业者和一个协助创业者，领头创业者为团队确定总体经营思路或愿景，协助创业者则在实施中发挥其先前知识与专业技能的作用。

二、创业团队的特征

（一）创新性

创业团体的目的在于开创新的局面与气象，并非单纯地去完成已经被实现过的目标，这往往意味着开发新的技术、开拓新的市场、应用新的经营管理思想或者创建新的组织形式等。这种开拓性要求创业团队必须具有前瞻性和较强的创新能力，其对于创新氛围培养的重视远高于对规章纪律的重视。

（二）变动性

在创业过程中，创业团队的人员构成和组织架构会经常调整以适应环境的变化。从短期看，组织变动会给创业增加风险。但从长期看，组织变动不可避免，组织变动的过程其实就是适应环境的过程，因此，可能会形成结构更为合理、共同点更多的创业团队。创业过程本质上也是一个创业团队成员磨合的过程。在磨合过程中，可能出现三种结果：一是创业团队成员之间相互了解程度加深，合作大于冲突，重视团队资源和承认团队力量，团队合作的意愿更加强烈，团队文化以合作为主流。在这种磨合过程中，尽管团队成员之间关于企业经营理念、管理模式以及共同利益等方面存在分歧，但共同的价值取向、企业的整体利益在维持团队稳定和发展中起了主要作用。二是团队合作力量和意愿与冲突、矛盾的力量能够相对平衡，抑或是冲突力量分散，形成相互牵制，维持相对稳定的状态。这种团队达成一致的共识时间少，但能够相互妥协，寻求利益共同点，而这种妥协可能以牺牲效率为代价。在发展过程中，这种团队形态可能面临矛盾进一步激化、内耗力量增大平衡难以为继，直至出现第三种结果。三是团队成员经过一段时间磨合，很难形成共同点，团队文化无法建立，团体消除矛盾和冲突的力量和意愿不足，此时团队面临解散的威胁。

（三）相对平等性

创业团队往往都具有高度的平等性，但是这种平等并不意味着股权和各种权力的绝对平等，而是立足于公平基础上的相对平等，即基于团队就各个成员对于团队贡献程度的内部客观评定形成的平等性。大量实践证明绝对的平等不仅不利于企业的发展，反而会阻碍企业的发展，其原因是权力的过分分散会导致企业在运营过程中机会的丧失。团队需要建立以能力和贡献为基准、以实现组织效率为目标的激励政策和薪酬制度，合理的激励政策和薪酬制度是保持团队稳定和团队绩效的基础，也是团队公正性的体现。

（四）全面性

创业团队面临的环境复杂且多变，机遇和风险可能出现于市场环境的各个方面，这就要求创业者具备一定的素质，对机会具有高度的敏感性。因此，创业团队成员的能力应各有所长且相互补充，如科技型中小企业的创业团队成员最好有某些技术领域的专家。

（五）协作性

由于创业团队的风险和机遇可能来自环境的各个方面或者任何时间，这就要求创业团队不可能完全通过事先分工把守的方法来进行工作；同时，也由于创业团队成员个体能力的偏向性以及团队成员总体能力的全面性，更要求创业团队具有高度协作性以应对多种挑战。

（六）高凝聚力和归属感

创业团队能够最大限度地实现个人对自身价值的追求，一旦成功便意义非凡；而团队成员素质高、关系平等密切、合作紧密以及创造氛围浓厚的特征使得创业团队拥有很高的凝聚力，团队成员对创业团队也具有强烈的归属感和认同感。这主要体现在团队成员对团队事物的尽心尽力和全方位的投入上。

第三节 创业团队的演进

在创业研究早期阶段，大部分研究者多关注已经成立的创业团队，甚至用高管团队代替创业团队，致使研究结论存在众多分歧[11]。实际上，创业团队作为一种群体，是有生命周期的。要清楚地描绘创业团队的本质属性，深入剖析创业团队的内在规律，需要探索创业团队的演进过程。

国内外学者就创业团队的演进也开展了相关探索性研究，如 Elrod 和 Tippett[12]基于团队绩效曲线将团队生命周期分为工作群体、伪团体、潜在团队、真团队以及高绩效团队 5 个阶段，这种团队的演进方式以团队绩效作为主线线索，不能有效突出创业团队各阶段的特征，并且忽视了创业团队的群体性本质。Vyakarnam[13]发现创业团队发展大致要经历自发形成、寻求增长、愿景形成和制度化 4 个阶段，这 4 个阶段详细地描绘了创业团队从无到有、从有到优的过程，但对于创业团队形成的探讨比较薄弱。

总的来说，可以将创业团队的演进过程分为组建、发展与解体 3 个阶段。从生命周期的角度看，创业团队的演进过程与新创企业的演进过程并不完全吻合，创业团队组建指的是团队核心的形成，其出现的时间可始于创业点子形成之前或之后或者新创企业创建之前或之后；创业团队的发展是指团队资源构成与协作关系优化过程，包括新成员的加入与部分既有成员的退出、随之而来的团队成员身份与角色变化、成员合作关系的改善，也是创业团队结构优化和整体能力不断提升的过程；创业团队解体是指团队核心成员合作破裂，团队解体会导致新企业分拆、部分成员或某个成员接盘或者破产清算，解体可能发生于新创企业发展的任何一个阶段。

一、创业团队的组建

（一）创业团队的形成原因

创业团队的形成可能是因为资源寻求和人际之间的相互吸引。一方面，创业团队的组建是为了寻求和组合创业所需要的资源。单个创业者所拥有资源是有限的，而创业需要更多的资源，这时他就要寻找能给其带来所缺资源的合作者。另一方面，人际间的相互吸引可以促进创业团队的形成，这种吸引可能是由于他们之间的血缘关系，或者团队成员存在共同的兴趣、爱好、职业等，但并不排除由于个人魅力吸引而聚合在一起。个人的关系在寻找成员时起着重要的作用，但选择新成员的过程要与战略标准保持一致，他们基于同一目标，在共同爱好、性格互补的情境下组建为创业团队。

（二）创业团队的组建逻辑

早期研究尚未关注创业团队的形成逻辑，认为创业团队的组建是一种毫无规律可循的随机决策过程。Ruef 等[14]率先对创业团队的形成机制展开探索，他们提出创业团队形成的 5 种机制，分别是同质性、功能性、地位预期、社会网络机制以及团队平衡考虑。Forbes 等[15]（2006）基于创业团队形成原因，用两个相互独立的逻辑解释创业团队形成的决策本质：一种是以获取资源为目的的工具型组建逻辑（instrumental）；另一种是团队成员相互吸引或社会网络驱动下的人际型组建逻辑（interpersonal）。

目前，学术界的主流观点是将创业团队组建逻辑划分为工具型和人际型。工具型组建逻辑以满足新企业需求为目的，通过组建团队来获取创业活动所必需而自身又不具备的资源、技能、经验和知识，以形成资源互补优势，减少创业不确定性，推动新企业生存与成长的理性决策过程。人际型组建逻辑认为创业团队形成是社会心理需求或社会网络关系驱动下的非理性社会过程，也就是说创业者往往倾向于从社交圈子里选择那些与自己具有相似特征的个体作为团队成员，而并不特别在意对方是否真正给团队带来实质性的价值和贡献。这两种组建逻辑并不互相排斥，但关于创业者采取什么样的逻辑来组建创业团队会受到创业机会特性、创业者经验、创业者社会网络等因素的影响。具体来说，面对创新性较强的机会时，创业者往往会依据理性决策来组建创业团队，所创建的创业团队的规模往往更大且团队构成异质性特征也更加突出；先前经验越丰富的核心创业者往往越倾向于采纳理性逻辑来组建创业团队，所组建创业团队的资源和知识存量往往更加丰富；深入嵌入小世界网络的创业者往往依据非理性社会过程来组建创业团队，而嵌入非均衡网络的创业者可利用的网络资源和信息更加丰富，往往会依据理性决策来选择更加合适的潜在创业伙伴。

（三）创业团队的成员构成

创业团队常被视为组织取得成功和创造知识的基本单位，它能够有效突破个体创业者在能力、经验、资源等方面所受到的限制，通过多个创业者之间的优势互补，来为创业成功奠定基础。大量研究表明，一流的创业团队能够带来大量的知识、经验、技能，并提升对公司的承诺，进而促进创业成功。而团队成员能否做到优势互补，这在很大程度上取决于创业团队成员的选择与组合。

创业团队的成员构成多元化，包括社会属性多元化、信息多元化、价值观多元化、认知风格多元化，以及职能背景多元化[16]。社会属性多元化指的是与工作相关度较低而识别性较高的人口统计属性变量，包括年龄、性别和种族等。由于这些变量具有可渗透性低和难以改变的特点，因此，个体成员很难从一个社会类别转移到另一个社会类别。在这种情况下，人们往往依据某些相同或相异的特征来进行社会比较，即自我归类。自我归类的过程可以淡化个人观念，使个体成为群体的一部分，并且影响规范行为、合作和互助、同理心以及相互影响等团队过程。一般而言，社会属性多元化的创业团队内部互动不如社会属性同质的团队，团队成员间较难进行顺畅的沟通，人际情绪性冲突会有所增加，创业团队的凝聚力也会随之降低，因此，许多学者认为社会属性多元化会对创业团队的创业过程产生负向影响。

信息多元化也属于人口统计学的变量，但与社会属性多元化不同，信息多元化涉及与工作相关度较高、易识别性较低的变量，具体包括年资、职级、职能和受教育背景等。信息多元化通常能反映从业经验、观点、技能与知识多元化，因此，与工作的关联度较高。并且这些变量的可渗透性较高，有利于创业团队成员在不同群体中流动。总的来说，信息多元变量难以识别和观察，而且团队成员容易流动和转移，但其对创业团队多有比较积极的影响，特别是不同职能和受教育背景所造成的知识、技能和观点差异，有可能促使创业团队进行多视角引发的思考，进而引发建设性冲突，对创业产生正面影响。因此，在组建团队的过程中，应该强化职能和受教育背景多元化。

价值观多元化是指创业团队成员在团队使命、目标和任务认知以及承诺上的差异，这种差异往往是影响创业能否成功的最重要的因素之一。价值观多元化对创业团队的影响主要有两个方面，一方面，价值观多元化将直接影响团队成员之间的互动。当成员价值观差异过大时，就很容易引发不利于创业团队发展的人际关系冲突，而共同的价值观有利于培育公开讨论和积极冲突的团队文化。因此，为了避免价值观多元化的负面影响，创业团队必须建立并完善正式的规章制度。另一方面，选择团队成员必须注意价值观多元化与其他多元化并存对团队效率的影响。例如，在价值观多元化与社会属性多元化同时存在的情况下，团队成员的价值观差异越大，越有可能激化社会属性多样化对团队绩效的负向影响。特别是年龄差距较大时，基于“代沟”的价值观多元化肯定会激化团队成员之间的矛盾和冲突。因此，创业团队在注重社会属性多元化的同时，应该尽可能回避价值观多元化，以避免年龄差距过大引发的对团队凝聚力的冲击和不利影响。

认知风格多元化指创业团队成员个体间在所偏好的组织与处理信息和经验的方式一致性方面的差异多元化。创业团队成员的认知风格与知识转换能力有关，社会化、外化、结合以及内化这四种知识转换模型，可以被视为团队成员可能具备的四种知识转换能力，创业团队成员如果具备这四种知识转换能力，那么就能够对团队学习、知识分享和创造产生正面的影响效果。

职能背景多元化顾名思义就是成员扮演角色和拥有技能的多样化。一方面，职能背景多元化在一定程度上能够保证创业的成功。在创业团队中，由于具有创业经验的人亲身经历了创业过程，具有一定的克服创业过程中可能遇到的困难、实施创业阶段的领导和管理、解决公司高速成长阶段可能遇到的问题的能力，因此，可以大大提高创业团队的效率，对于保障创业成功具有重要的意义。吸收有创业经验的个体参加创业团队，不仅有利于完善创业团队的职能背景和能力，而且还有利于规避创业风险。但是，团队成员的职能背景多元化并不总带来或产生团队成员间的优势互补，而且有些成员可能只愿与同类型的人互动。在这种情况下，职能背景多元化就不能带来互动效益，特别是不同性格所引发的人际冲突，往往还会对创业团队的最终绩效产生负面影响。

总的来说，创业团队构成多元化能够有效弥补团队成员之间的差异，促进团队创业成功。但是创业团队构成多元化也不总是有利的，尤其在社会属性多元化和价值观多元化的情况下，最容易发生团队成员间的冲突。为了最大化团队构成多元化的收益，在选择团队成员时应采取灵活的策略。在社会属性多元化方面，在选择团队成员时应尽可能寻求社会属性相同，而不是多元，如相近的年龄、相同的性别和种族，因为社会属性多元化可能影响团队成员之间的合作；在信息多元化方面，创业团队成员最好能够保持年资的同构性，以创造和保持一种能够畅所欲言的氛围，同时尽可能避免职级多元化；在价值观多元化方面，创业团队应注意价值观的同质性。在我国，与价值观关系密切的一个重要因素就是“信任”，信任是建立在共同价值观基础之上的，团队成员的互相信任可以降低人际关系成本，将全部精力投入到创业中去，并且融洽的人际关系对于稳定团队、提升团队绩效和取得创业成功具有重要的意义；鉴于职能背景互补的积极作用和影响，创业团队应尽可能关注职能背景多元化，即使在职能背景同质化的情况下，也应注意通过轮岗来开发符合岗位要求的相关技能。

总的来说，对于我国的创业企业来说，创业团队应该注重职能背景和经验等方面的多元化，如知识、技术和经验等方面的互补性，以及团队成员个人特征和动机方面的相似性。新创企业应当学会通过甄选与训练团队成员来组建高效能的创业团队，以最大限度地保证创业成功。

二、创业团队的发展

新企业的发展不仅面临着外部环境的不确定性，还需要应对因为创业团队成员之间信任和熟悉度的差异而引发的来自内部的创业团队自身管理方式的不确定性。因此，创业团队组建以后的主要任务就是，根据外部环境变化对创业项目提出的挑战进一步优化团队内部资源结构和协作关系。按照资源观与高阶理论，创业者与高管团队成员是创业资源的载体和认知主体，通过优化提高认知一致性水平和进行有效的冲突管理即可改善团队成员的协作关系，通过优化团队成员构成就可以实现创业资源优化的目的。

（一）团队成员冲突的管理

在创业团队发展过程中，由于新创企业的组织结构和规章制度还没有完全成熟稳定，创业团队内部成员之间、创业团队与其他利益相关者间存在观点上的分歧、认知上的不一致从而导致冲突产生。

创业团队成员的冲突类型多样，有基于任务导向的合作式冲突、让步式冲突和对抗性冲突，也有基于感知导向的认知冲突和情感冲突等形式。合作式冲突的目的是为了达成共识，团队成员会坦率表达自己的见解，同时理性分析他人的观点，以此来解决问题，在整合创业团队成员异质性信息的同时，强化团队成员之间的认同感，进而迸发出有创新性的想法，提高企业绩效。如果创业团队成员为了维持团队表面的和谐和脆弱的凝聚力，为了避免冲突而不发表自己的观点，就会形成让步式冲突，阻碍团队成员间的知识分享和群体决策，并制约改善新企业绩效的可能性。在决策过程中，对抗性冲突最有可能给企业绩效带来负面影响，在对抗性冲突中，团队成员常常坚持自己的观点，并试图强迫他人接受自己的观点，他们的目标并非为了客观解决问题，而是出于在团队的地位、决策制定权等方面的考虑。认知冲突来源于行为主体在完成组织目标过程中工作理念的不一致，它可以鼓励团队成员质疑当前思考中的不足，寻求更有效的观念，更加开放地考虑反对意见。而情感冲突则是完全因为行为主体之间的个性差异，此类情绪冲突会表现为个人之间的不相容或争端，显示为个人之间的为难。在创业团队中，如果存在过多认知冲突的话，则将导致成员之间的观点对立、相互不信任和猜疑；如果存在过多情感冲突的话，则将导致成员情绪上的失控和不稳定，进而影响共同目标的达成。团队成员间的有效互动能有效化解冲突，将对抗性冲突和让步式冲突转化为合作式冲突，同时包容适度的认知冲突而尽可能避免情感冲突，可以提高团队效能。

（二）团队成员的结构优化

在新企业生存与成长过程中，创业团队成员流动率高，变动非常普遍。因此，在保持核心团队成员稳定的前提下，通过吸纳新成员和让部分既有成员退出的方式来调整创业团队成员构成，是创业团队实现成员优化，从而实现资源优化，进而实现成功创业并促进新创企业成长的重要手段之一。在新创业团队成员加入方面，目前研究主要基于五个理论：人力资本理论、社会资本理论、资源依赖理论、吸引理论和社会网络理论。前三个统称为资源寻求理论，属于“问题式搜索”。当现有创业团队成员掌握的资源数量或质量难以满足新创企业生存和成长的需要时，就会引进新成员以获得某些新的能力、知识、网络关系等关键性资源。后两种理论可以统称为人际吸引理论，属于“机会式搜索”，即为了满足创业团队成员的社会心理需求，或是维护创业团队的和谐氛围，寻求某些个性特征、价值观和决策风格相近的成员加入，保持创业团队的同质性。

创业团队为了满足资源和社会心理需求会吸纳新成员的加入，但团队规模的扩大以及团队异质性水平的提高，会加大团队沟通和协调的难度，一旦处理不好，就会产生团队成员冲突，甚至导致创业团队成员的退出。团队内部权力和利益的分配不公，个人价值观与新企业的目标不协调，或是团队成员在制定、执行决策时发生矛盾，都是导致创业团队成员退出的主要原因。Boeker和Wiltbank[17]研究发现，在新创企业成长特别慢或特别快的情况下，都容易引发创业团队变动。但从内部因素看，管理层持股可减少创业团队的变动。DeTienne[18]探讨了创业过程不同阶段的退出策略、原因及方案选择等问题。在创业阶段，有企业成长与盈利动机的创业者更可能制定退出战略，退出方案就是中止或放弃创业项目。到了新创企业起步阶段，创业者因拥有股权而不得不集中精力应对新企业的日常经营管理业务，反而难得有闲暇考虑退出等长远大计。这个阶段倘若发生退出事件，通常是因为经营不善或创业团队解体。在新创企业成长阶段，有成长目标的创业者更倾向于制定退出战略或把退出作为获得高派息的手段，而把经营企业作为生活方式的创业者则会不愿舍弃或不愿退出。这个阶段若发生退出事件，往往会出现“愿走的走、愿留的留”的情况。在企业成熟阶段，一般有成长目标的创始人很少会留下来继续控制企业，而那些把经营企业作为生活方式的创业者要是退出企业，那么不是想尽快收回投资就是急需流动资金，或者是退休或病故。

三、创业团队的解体

团队解体理应成为创业团队理论与实践研究的核心问题之一，然而目前鲜有文献对此进行研究，只有个别研究者粗略地谈及创业团队解体的原因。例如，Kamm 和 Nurick[19]仅举例提到让合伙人家属或同事掺和新创企业事务会扩大团队边界，从而导致团队解体。实际来说，创业团队解体远不是说散就散这么简单，因此，不但要探究团队解体的影响因素，而且还应该深入研究团队解体过程、解体方式选择以及善后处理问题。其中，创业团队解体的善后问题应该着重探讨，如何在保护原有全体团队成员利益的前提下让有意愿接盘的成员更有效地施展创业能力和促进再生后的新企业继续成长。

第四节　创业团队的管理

一、创业团队的所有权分配

创业团队所有权分配是创业团队管理始终要面对的问题，在这个问题上，创业者需要在公平与激励之间做出良好的权衡。所有权分配要在团队成员内部体现出公平性，符合贡献决定权利的标准，但同时又要让所有权分配对团队成员有一定的激励作用，让每个成员都感到所分配的股权比例超出自己的预期。但现有研究发现，这与创业者的心胸和气度显著相关，创业者遵循“帮助你创造价值和财富的人一起分享财富”的重要原则，才有可能不纠结于持股百分比的大小，而专注于把“蛋糕”做大。一旦创业者过分贪婪，将公司大部分所有权据为己有，则不利于创业团队发展，甚至导致团队解散。因此，在确定所有权分配时，创业者应遵循三个重要原则，以避免后续纠纷和冲突。

（一）契约原则

创业团队要注重契约精神，在创业之初，就要把确定的所有权分配方案以公司章程形式写入法律文件，以契约形式明确创业团队成员的利益分配机制，这有助于在长期内保障创业团队的稳定。

（二）贡献决定权利原则

团队的目的是要把创业“蛋糕”做大，而不是在“蛋糕”没有做大之前就想着未来怎么分家。在现实操作中，依据出资额来确定所有权分配是常见的做法，但对于没有投入资金但持有关键技术的团队成员，则需要谨慎考虑技术的商业价值，在资金和技术之间做出合理的权衡。从人力资本理论视角看，创业团队治理中各成员应该在共识和相互信任的基础上根据各自非人力资本和人力资本的初始投入去界定初始股权、决策权以及收益权。随着创业活动的进一步推进，当某个团队成员对新创企业成长的贡献明显超出团队平均人力资本产出时，应该及时地给予认可，适当地调整股权、决策权以及收益权，进一步激发其人力资本产权，以形成团队效应[20]。

（三）控制权与决策权统一原则

所有权分配本质上是对公司控制权的分配方案。在创业实践中，股份比例最大的团队成员在不拥有公司控制权的条件下，在创业初期非常危险，因为他在心理上会比其他成员更注重创业和新企业的成长，更容易去挑其他成员的决策错误，甚至挑战决策者的权威，进而容易引发团队矛盾和冲突。因此，在创业初期，更需要集权统一指挥，控制权和决策权统一至关重要。

二、创业团队的激励

核心创业者要注意利用激励手段来鼓励正面冲突，让团队成员感受到在通过知识分享实现创业成功后，能获得相应的收益和价值。因此，在制定激励方案时，核心创业者需要注意以下三个方面[21]：一是差异性，在一般情况下，不同的团队成员很少会对企业做出一样大小的贡献，应该基于标准以此激励团队成员为企业发展尽心尽力。二是重视业绩，该业绩指的是每个人在企业早期生命的整个过程中所表现出来的业绩，而不仅仅是此过程中某个阶段的业绩。三是灵活性，团队成员的贡献不可能是一成不变的，无论哪个团队成员在哪个既定时间段的贡献多大或多小，这种情况都很可能随着时间变化而发生改变，而且团队成员的业绩也会和预期业绩有较大出入。在团队发展过程中，新成员的加入或既有成员的退出是普遍存在的，灵活的薪酬制度可以适应这种变化，有助于产生公平的合作氛围。

三、创业团队的领导

创业团队领导者的思考、推理和行动方法，不仅要受机会的影响，还要求有完整缜密的实施方法和讲求高度平衡技巧的领导艺术。具体来说，对于创业团队的有效领导，需要让互补技能和才能的成员聚合在一起，培养团队合作精神；需要对商机具有敏感的嗅觉，及时出手把握；需要有发现和控制资源的技巧和谋略，为创业发展提供坚实基础；需要核心成员具备充分的协调和动员能力，将互补的成员打造为优异的团队。创业的目标不应只是简单地成为富有企业家精神的组织，而是要从战略上具有创业属性，这就要求创业团队的领导者在创业和战略管理之间建立平衡和恰当的联结。

创业型领导作为创业团队领导者的新角色，引起学界的广泛关注。创业型领导指影响他人战略性管理资源的能力，关注追求机遇和追求优势的行为[22]，包括两个挑战维度、5个创业型领导角色以及20个特征[23]，如表2-4-1所示。其中，变革设定是指在当前资源约束的条件下，预想和创造那些一旦被抓住就可以对当前的处理方法进行彻底革新的机会；任务设定则是指使潜在的追随者和公司的股东确信在这种情境下，通过整合资源，转变当前的处理方法是可以成功实现预期目标的。具体来说，变革设定与任务设定是创业型领导密切联系的两个方面，变革设定包括三个角色维度：① 构建挑战，创业型领导者为了充分挖掘员工的潜力，会根据员工的实际能力，有意地为员工设定挑战性较高的任务目标，使得员工的价值得到最大体现；② 缓冲不确定性，创业型领导者通过积极地为企业构建美好的愿景，并主动承担实现愿景的过程中可能遇到的不确定的事件带来的风险，使得员工对企业的发展前景充满信心和希望；③ 厘清路径，创业型领导者在做决策时会充分了解市场信息，与对其决策持质疑态度的人员进行有效的谈判，说服企业的股东、员工、供应商等利益相关者支持其决策，尽量减少实现企业目标过程中可能遇到的障碍。同时，通过熟练的人际技能和有效的谈判技巧，为企业获得关键性资源和信息。任务设定包括两个角色维度：① 建立承诺，创业型领导者注重创业团队的建设，通过加强团队成员之间的相互信任，提高团队成员的参与感和对组织的承诺；② 简明约束，创业型领导者能够就组织什么是有所为有所不为达成共识，在面对突发情况时能够快速地作出决策。创业型领导还鼓励员工进行自我思考，突破现状。

表 3-4-1 创业型领导理论框架

维度	角色	特征	解释
变革设定	构建挑战（描述一个具有挑战但可以实现的结果）	绩效导向	设置一个高目标 提供能力的方向
		雄心勃勃	设置高目标、工作努力
		信息灵通	有知识并对信息敏感
		拥有特殊的洞察力	直觉
	缓冲不确定性（承担未来失败的责任）	愿景	拥有愿景并对未来具有想象力
		远见	预测未来可能发生的事情
		自信建立技能	逐步灌输别人以自信
	厘清路径（与反对者进行谈判，并澄清情景实现的路径）	富有策略	善于与他人沟通
		有效的谈判技巧	有效地与人谈判
		令人信服	具有说服别人的非凡能力
		鼓励	通过消除疑虑，给予别人自信和希望

续表

维度	角色	特征	解释
任务设定	建立承诺（建立一个令人鼓舞的目标）	有鼓舞力	鼓舞他人的情绪、信心、价值观、行为，鼓舞他人努力工作
		热忱	呈现强烈、积极的工作热情
		团队建立能力	使组织成员一起高效工作
		持续改进导向	寻求绩效的持续改进
	简明约束（明确什么事情能做，什么事情不能做）	整合能力	使人和事情有机结合
		促进思考	鼓励他人思考
		积极	乐观并且自信
		果断	迅速、坚定地作出决策

资料来源：Gupta V，MacMillan I C，Surie G. Entrepreneurial leadership：developing and measuring a cross-cultural construct [J]. Journal of Business Venturing，2004，19（2）：241-260.

四、创业团队的企业家精神延续

创业团队的企业家精神并非将创业团队内部的每一位成员看作是个体意义上的企业家，而是看作集体意义上的企业家，其通过分享认知和合作行动的方式，创造性地识别、评价、开发和利用创业机会，进而实现创建新企业和推动企业成长的管理活动。依据团队成员对创业决策的行为方式和影响能力，可以将创业团队企业家精神的本质特征提炼为 4 个维度：集体创新、分享认知、共担风险，以及协作进取[24]。

（一）集体创新

创新是企业家精神的内核。创业团队并不是一群散兵游勇式成员的简单集合体，只有在创业团队成员普遍具有集体创新意识时，创业团队才能够积极地参与到共同分析创业机会、共同探讨创业资源获取、共同研究化解企业成长危机的创造性方案，并能够共同采取创造性行动方案来寻求快速成长。该维度的实现至少需要具备以下条件：一是团队目标与个体成员目标的有机结合；二是团队整体利益和团队成员个人的有机结合；三是团队内部竞争原则与合作原则的有机结合。

（二）分享认知

创业机会可以视为企业家精神的逻辑起点。这种创业机会可以理解为通过创业者对资源的创造性组合来满足市场需求，并为自己获得超额利润的一种可能性。相比较于个体创业来说，采用团队方式可以极大地提高对创业机会的认知水平。这是因为不同的个体成员具有不同的先前知识和多种个性特征，从而可以通过集体意义上的综合“警觉性”，更为有效地保持对外部客观存在的创业机会的认知。

（三）共担风险

作为一支富有企业家精神的创业团队，风险不确定性的感知可以由团队成员共同来完成，并且具备这样的特征：一是具有异质性的创业团队成员可能具有不同的风险偏好；二是具有异质性的团队成员能够以一种积极的姿态共同判断事件发生的可能性风险，并采取共同承担风险的方式以减缓由个体成员独自承担风险所带来的巨大精神压力和经济损失的压力，从而获得更为理想的创业租金。

（四）协作进取

企业家精神的繁荣是由于那些有思想的人能够独立地离开较为安全的职位，并努力把新的创意或冒险行为推向市场，而不再受限于组织的管理者或程序。“自治”意味着个体成员能够在形成创意或愿景，以及实施这种创意的活动中采取独立的行动。但盲目套用“自治”的维度来研究创业精神是不合适的。创业团队的创业精神应是建立在协作基础上的，只有那些创业团队内成员不但能够认识到在一定范围内坚持自治原则的重要性，而且还能够充分相信采取协作方式能够更好地实现自我价值的创业团队，才称得上真正的创业团队企业家精神。

大公司保持创业之初的团队企业家精神是企业能否做活的标志，伴随着企业规模扩大，总体上会出现强化权力和地位的趋势，创业者为了不失去其对企业权力的控制，他还可能考虑建立起一套组织制度、等级程序、惯例体系、决策模式来巩固来之不易的企业成长。但是，在规模做大、实力做强的过程中，如何确保延续小企业时那种创业激情，是摆在任何一家成长型企业及其高管层面前的现实难题。这就涉及创业团队企业家精神的演变，事实上，创业团队企业家精神的演变可以分为三种情形：一是如果创业型导向的形成速度快于传统行政型导向的形成速度，公司更加侧重于机会利用和打破传统惯例，则创业团队企业家精神可能被不断得以强化；二是企业内在滋生对行政型导向行为的要求，当传统的行政型导向与创业型导向处在同一水平时，机会发现和资源利用相统一，破旧与立新相统一，则创业团队企业家精神处在相对稳定状态；三是如果行政型导向不断强化而创业型导向又在不断减弱时，或者行政型导向滋生的速度快于创业型导向的扩散速度，高管团队内部闹不团结，大家注意力并不集中关注机会发现时，则创业团队企业家精神就可能被不断退化。

因此，通过积极地履行组织承诺来延续和强化创业团队的企业家精神是十分重要且必要的[25]。具体而言，一方面，当创业团队成员得到了一种内在性的报酬，即他们的期望得以实现时，创业团队所在的工作环境、工作效率以及协作精神使他们获得了一种满足感和成就感，还有创业团队的群体动力，都有利于发挥个人潜能。在这种情况下，个体成员目的的实现引发了创业团队成员以一种更为充沛的活力去参与创业决策活动，共同分担风险，实践创业行动方案。而这方面的再次成功又会进一步创造认可的机会，共同树立起威信，从而使得创业团队成员寻找更高的目标并激发更大的活力。另一方面，保持团队内成员间的互相信任，有助于创业团队企业家精神的功能发挥，主要表现在：一是使创建灵活的组织形式成为可能，尤其是在开放性的经济体制背景下；二是企业内部重组成为可能。信任可以保证创业团队采取更为冒险、创新性的变革方案来对原有组织结构进行再造；三是信任有利于提高运营效率。通过内在报酬实现信任维持，创业团队与创业团队组织之间进入一种良性循环的轨道，由此形成的组织承诺必然会极大地促进创业团队企业家精神的强化，即大公司高层管理团队企业家精神大于初创时期的创业团队企业家精神。而这种创业团队企业家精神的强化效应又会进一步提高团队凝聚力，致使企业成长加速。

本章要点

1. 创业团队界定为由两个或两个以上具有共同愿景和目标，共同创办新企业或参与新企业管理，拥有一定股权且直接参与战略决策的人组成的特殊团队。

2. 创业团队具有 5 个基本要素：① 人数是两个或两个以上；② 具有共同愿景与目标；③ 拥有一定股权和战略决策权；④ 共同创办新企业或参与管理；⑤ 对企业负责，共担责任与风险，共享收益。

3. 从团队成员关系看，创业团队可以分为夫妻、家族、合作伙伴以及短期合作伙伴 4 种团队组成关系；从资源组合属性看，创业团队可以分为同质性创业团队和异质性创业团队；从知识协调程度与认知特征看，创业团队可分为罗宾逊或节约型团队、单成员团队、混合团队以及嵌套团队。

4. 创业团队具有创新性、变动性、相对平等性、全面性、协作性、高凝聚力和归属感等特征。

5. 创业团队的组建逻辑划分为工具型和人际型，前者以满足新企业需求为目的，通过组建团队来获取创业活动所必需而自身又不具备的资源、技能、经验和知识，以形成资源互补优势，减少创业不确定性，推动新企业生存与成长的理性决策过程；后者认为创业团队形成是社会心理需求或社会网络关系驱动下的非理性社会过程。

6. 创业团队成员的冲突类型多样，有基于任务导向的合作式冲突、让步式冲突和对抗性冲突，也有基于感知导向的认知冲突和情感冲突等形式。

7. 在确定所有权分配时，创业者可以遵循契约原则、贡献决定权利原则、控制权与决策权统一原则 3 个重要原则，以便避免后续纠纷和冲突。

8. 在制定激励方案时，核心创业者需要注意差异性、重视业绩以及灵活性 3 个方面。

9. 对于创业团队的有效领导，需要让互补技能和才能的成员聚合在一起，培养团队合作精神；需要对商机具有敏感的嗅觉，及时出手把握；需要有发现和控制资源的技巧和谋略，为创业发展提供坚实基础；需要核心成员具备充分的协调和动员能力，将不同和互补的成员打造成为优异的团队。

10. 依据团队成员对创业决策的行为方式和影响能力，可以将创业团队企业家精神的本质特征提炼为集体创新、分享认知、共担风险以及协作进取 4 个维度。

能力拓展

请认真观看电影《中国合伙人》《梦想合伙人》，思考回答如下问题：

1. 两部影片中的创业团队是如何形成的？分别体现了怎么样的组建逻辑？

2. 两部影片中的创业团队存在何种冲突？为什么会存在该冲突？又是如何化解冲突的？

3. 您认为两部影片的创业团队如何才能延续企业家精神？

参考文献

[1] Kamm J B, Shuman J C, Seeger J A, et al. Entrepreneurial teams in new venture creation: A research agenda [J]. Entrepreneurship Theory and Practice, 1990, 14 (4).

[2] Cooper A C, Daily CM. Entrepreneurial teams [A]. D L Sexton, R W Smilor. Entrepreneurship [C]. 2000.

[3] Hirata M. Start-up Teams and Organizational Growth in Japanese Venture Firms [D]. Tokai University, 2000.

[4] Chandler G N, Hanks S H. An investigation of new venture teams in emerging

businesses [J]. Frontiers of entrepreneurship research, 1998, 10.

[5] Cooney T M. Editorial: what is an entrepreneurial team? [J]. International Small Business Journal, 2005, 23 (3).

[6] Schjoedt L, Kraus S. Entrepreneurial teams: definition and performance factors [J]. Management Research News, 2009, 32 (6).

[7] 叶余建. 创业团队研究综述 [J]. 技术经济与管理研究, 2006, 16 (1).

[8] 彭华涛. 社会网络视角下的创业团队进化机理研究 [J]. 武汉理工大学学报 (信息与管理工程版), 2007, 29 (8).

[9] 朱仁宏, 曾楚宏, 代吉林. 创业团队研究述评与展望 [J]. 外国经济与管理, 2012, 34 (11).

[10] 胡望斌, 张玉利, 杨俊. 同质性还是异质性: 创业导向对技术创业团队与新企业绩效关系的调节作用研究 [J]. 管理世界, 2014 (6).

[11] 郑秀芝, 龙丹. 创业团队形成与演进过程的理论分析 [J]. 北京社会科学, 2012 (3).

[12] Elrod P D, Tippett D D. An empirical study of the relationship between team performance and team maturity [J]. Engineering Management Journal, 1999, 11 (1).

[13] Vyakarnam S, Handelberg J. Four themes of the impact of management teams on organizational performance: implications for future research of entrepreneurial teams [J]. International Small Business Journal, 2005, 23 (3).

[14] Ruef M, Aldrich H E, Carter N M. The structure of founding teams: Homophily, strong ties, and isolation among US entrepreneurs [J]. American Sociological Review, 2003, 68 (2).

[15] Forbes D P, Borchert P S, Zellmer-Bruhn M E, et al. Entrepreneurial team formation: An exploration of new member addition [J]. Entrepreneurship Theory and Practice, 2006, 30 (2).

[16] 石磊. 论创业团队构成多元化的选择模式与标准 [J]. 外国经济与管理, 2008, 30 (4).

[17] Boeker W, Wiltbank R. New venture evolution and managerial capabilities [J]. Organization Science, 2005, 16 (2).

[18] DeTienne D R. Entrepreneurial exit as a critical component of the entrepreneurial process: Theoretical development [J]. Journal of Business Venturing, 2010, 25 (2).

[19] Kamm J B, Nurick A J. The stages of team venture formation: A decision-making model [J]. Entrepreneurship: Theory and Practice, 1993, 17 (2).

[20] 朱仁宏, 代吉林, 曾楚宏. 创业团队演化与治理研究: 基于人力资本理论的解释 [J]. 学术研究, 2013 (10).

[21] 张玉利等. 创业管理 (第四版) [M]. 北京: 机械工业出版社, 2016.

[22] Ireland R D, Hitt M A, Sirmon D G. A model of strategic entrepreneurship: The con-

struct and its dimensions [J]. Journal of management, 2003, 29 (6).

[23] Gupta V, MacMillan I C, Surie G. Entrepreneurial leadership: developing and measuring a cross-cultural construct [J]. Journal of Business Venturing, 2004, 19 (2).

[24] 陈忠卫. 高层管理团队企业家精神的维度 [J]. 中外企业家, 2006 (1).

[25] 陈忠卫. 创业团队企业家精神的传承与退化：基于心理契约视角 [J]. 现代管理科学, 2009 (1).

第四章 创业机会

学习目标

1. 了解创业机会的定义，理解创业机会的特征、类型及来源；
2. 明确创业机会识别的内涵，了解创业机会识别的影响因素；
3. 掌握创业机会识别的内在机理；
4. 理解创业机会的评价方法，了解创业机会评价的注意事项；
5. 明确创业机会开发的内涵，理解创业机会开发的方式、内容及过程。

第一节 创业机会的内涵

作为创业研究领域的一个核心概念，创业机会受到了国内外许多学者的关注。然而，有关创业机会的定义、性质以及度量至今尚未达成一致的认识。

一、国内外学者对创业机会的界定

奥地利经济学家 Schumpeter 最早对创业机会的内涵进行了界定，认为创业机会是为了满足市场需求，创业者将资源创造性地结合起来从而实现价值传递的一种可能性[1]。奥地利经济学派另一位重要的学者 Kirzner[2] 认为创业机会是未明确的市场需求或未得到充分利用的资源和能力，是一组有利于创造新产品、新服务或新需求的环境因素。Shane 和 Venkataraman[3] 将创业机会定义为新商品、新服务、新原材料以及新组织方法被引进并以比生产成本高的价格进行出售的情境。Alsos 和 Kaikkonen[4] 也提出了类似的观点，认为创业机会是向市场引入新产品，为顾客提供更好的商品和服务以获取利润的可能性。在上述概念的基础上，Smith 等[5] 指出，创业机会是在未来情境下创业者利用市场的不完善性来追逐利益的一种可能性。这种可能性存在于两种情境：一是创业者通过创新来为市场提供一个不断创新的产品服务、原材料或组织方式；二是在未饱和市场中提供模仿性的产品服务、原材料或组织方式。

国内学者对创业机会的内涵也展开了相关研究。姜彦福和邱琼[6] 认为创业机会就是借助于已存在资源的创造性整合，实现价值创造的可能。王朝云[7]认为创业机会是创办新企业或创业团队开创新事业的恰当时机，该定义强调了创业机会的时间特征。张秀娥[8]将创业机会定义为一种可能盈利的机会，并且指出创业机会是一个不断被发现的动态过程。张红和葛宝山[9]提出了创业机会的两种情境：一是在产品和要素不完全市场中对现有产品和服务的创新和改善；另一种是对已有产品或服务的模仿。

总体而言，国内外学者强调创业机会是一个动态过程，并且从市场关系、新产品、新服务以及资源整合等方面对创业机会进行了归纳描述[10]，代表性的观点如表 4-1-1 所示。

表 4-1-1 国内外学者关于创业机会的内涵界定

作者（年份）	具体描述
Schumpeter（1934）	为了满足市场需求，创业者将资源创造性地结合起来从而实现价值传递的一种可能性
Kirzner（1997）	未明确的市场需求或未得到充分利用的资源和能力
Venkataraman & Shane（2000）	新商品、新服务、新原材料以及新组织方法被引进并以比生产成本高的价格进行出售的情境
Alsos&Kaikkonen（2004）	向市场引入新产品，为顾客提供更好的商品和服务以获取利润的可能性
Smith（2009）	在未来情境下创业者利用市场的不完善性来追逐利益的一种可能性
姜彦福和邱琼（2005）	借助于已存在资源的创造性整合，实现价值创造的可能
王朝云（2010）	创办新企业或创业团队开创新事业的恰当时机
张秀娥（2012）	一种可能盈利的机会，通过资源的整合，以满足市场对新产品和服务的需求，是一个不断被发现的动态过程
张红（2014）	不仅指在产品和要素不完全市场中对现有产品和服务的创新和改善，还包括对现有产品或服务的模仿，创业的最终目的都是获利

二、创业机会与利润机会的比较

创业在现实中多为追逐利润的行为，但创业机会与利润机会之间存在一定的差异。创业机会是需要发现新的目的—手段关系（重组资源的方式），而利润机会只是在现有目的手段中进行优化，是充分利用手段去达到目的。要理解创业机会的概念，无须刻意强调“新”而排斥利润机会。总体而言，创业机会就是对产品市场或者要素市场的不完全性进行开发的可能性，以使创新、改善或模仿的产品、服务、原材料或组织方法在这些市场上得以被提供。创业机会与利润机会的比较见下表 4-1-2 所示。

表 4-1-2　创业机会与利润机会的对比

区别的维度	创业机会	利润机会
机会的本质	新的目的手段关系	在现有目的手段关系中进行优化
强调的内容	创新	模仿和改善
对套利的态度	不包括套利	包括套利

三、创业机会的特征

创业学领域的先驱 Timmons[11] 认为创业机会的特征是具有吸引力、持久性和适时性，并且可以为购买者或者使用者创造或增加价值。

（一）吸引力

吸引力表示一种顾客想要的未来状态，主要针对潜在的顾客。创业者所选择的行业，即创业者所要提供的产品和服务，对于消费者来说应该是具有吸引力的，消费者愿意消费该产品和服务。

（二）持久性

创业机会应当具有持久性。创业机会可以持续一段时间，才能让使创业者去发现、评价以及开发利用机会，使得创业机会得到进一步的发展。具体来说，市场能够提供足够的时间使创业者对创业机会进行开发。创业者进行创业机会分析时，应该把握创业机会的这一特征，以免造成对资源和精力的浪费。

（三）适时性

适时性与持久性相对，是指创业机会必须在机会窗口存续期内加以开发利用。创业机会存在于某个时间段，在这个时间段进入该产业是最佳时机，这样一个时间段被称作“机会窗口”。换句话说，创业机会具有易逝性或时效性，它存在于一定的空间和时间范围内，随着市场及其他创业环境的变化，创业机会很有可能消失或流失。

（四）创造顾客价值

创业机会来源于创意，创意是创业机会的最初状态。创意是一种新思维或者新方法，是一种模糊的机会。如果这种模糊的机会能为企业和顾客带来价值，那么它就有可能转化为创业机会。

国内学者就创业机会的特征也展开了相关探讨。林嵩等[12] 从创业者选择创业机会的角度研究发现创业机会主要存在市场和产品两个方面的特征。其中，市场方面的特征主要指创业者所面临的市场环境特征，包括市场的成长性、规模、竞争程度以及网络关系的发展情况等；产品方面的特征则主要指产品本身的技术优势，包括相关的产品技术是否存在技术壁垒、是否有成本优势以及技术优势能否持久等。陈海涛和蔡莉[13]认为可以从营利性和可行性两个方面来把握创业机会的特征，其中营利性分为产业和行业吸引力、目标市场的利益和机会的竞争优势 3 个维度，可行性分为创业者或创业团队的特征、能力和社会网络 3 个维度。

四、创业机会的类型

根据不同的划分标准，创业机会可以划分为不同的类型。Shane 和 Venkataraman[3]根据外部环境的不同将创业机会分为技术机会、市场机会与政策机会，并且指出技术变化、市场变化与政策变化均只能带来对应的创业机会。Sarasvathy 等[14]认为创业机会是供求关系的不同组合，并根据供求关系的明确程度将创业机会划分为识别型（供求关系明确）、发生型（供求关系有一方不明确）和创造型（供求均不明确）3 种类型。

创业机会本质上是对现有手段—目的关系的局部改进或全盘颠覆。即创业机会可能以连续的方式存在，不同创业机会所对应的手段—目的关系的新颖程度不尽相同，基于新手段—目的关系的创业机会的创新潜力较大，而基于优化已有手段—目的关系的创业机会的创新潜力较小。据此，可以将创业机会划分为创新性机会与模仿性机会，前者对应于全盘颠覆现有手段—目的关系并创造新手段—目的关系的机会，而后者则对应于局部改进已有手段—目的关系的机会。此外，还有学者将创业机会划分为问题型、趋势型与组合型，其中问题型机会指因为现实中存在未被解决的问题而出现的机会，趋势型机会通常会出现在经济变革、政治变革与社会制度变革等变革中，组合型机会则是将以上两个以上的现有技术、产品、服务因素进行整合创造新用途或新价值的创业机会[15]。

五、创业机会的来源

创业机会产生于经济系统中的供求组合关系的变化，包括创造性变化以及供求关系框架内的资源优化配置两种类型。创造性变化包括新技术、新材料、新知识等，这些外生因素可能从根本上改变供求组合关系，产生有关资源的不同使用方式的新信息，进而使那些较早接触信息的市场主体能够利用新的供求组合关系来获得创业租金。一旦创业者发现并开发这种创业机会，就会迅速打破经济系统的均衡，并通过“创造性破坏”来推动经济系统在更高水平上恢复均衡。供求关系框架内的资源优化配置主要来源于信息不对称以及资源价值的异质性信念。信息不对称和异质性信念意味着市场主体在任何市场交易中必须猜测他人的意识和观念。当然，他们的猜测可能出错，也可能做出错误的决策而导致供求组合关系中的资源低效配置，进而产生创业机会。源自于供求组合关系中资源低效配置的创业机会本质上是对现有手段—目的关系的优化。

第二节 创业机会识别

创业领域的早期研究聚焦于识别与开发机会的个体，后来有学者指出创业研究领域的核心是创业机会而不是创业者，有关创业机会的相关研究也逐渐从机会本身转向了形成和开发机会的过程[16]。创业机会识别是创业过程中的一个重要部分，也是创业者评估机会以及开发机会等其他创业行为的先导。

一、创业机会识别的内涵

国内外学者就创业机会识别的内涵开展了相关研究。Baron[17]认为创业机会识别是在面对多样化的刺激和事件时，创业者对商机存在与否的一种知觉。Hills 和 Lumpkin[18]则认为创业机会识别是对新业务以及创业者能否影响其创业活动成败的判断。Ardichvili 等[19]提出创业机会识别是察觉到市场需求或未被利用的资源后，识别并创造出新的市场需求与资源匹配的关系。

国内学者对创业机会识别的内涵也展开了探讨。林嵩[20]将创业机会的识别过程划分为机会搜索与机会开发两个阶段，其中机会搜索阶段包括宏观环境、行业环境和产品的分析，机会开发阶段包括对创业支持要素和商业模式的思考。岳甚先和陈曦[21]指出创业机会识别是创业者感知、发现并开创新事业、创建新企业的过程或活动。覃蓉芳等[22]认为创业机会识别是创业者感知到变化的信息后，结合自身经验和已有知识对其评估，挖掘信息价值，最终产生一个商业化想法的过程，而最终这个商业化的想法即是创业机会识别的结果。

机会识别与机会评估、机会开发是存在着相互重叠的 3 个概念，经常相互混淆。实际上，这三者之间存在一定的差异，具体如下：

（一）机会识别与机会开发的区别

机会识别是先于机会开发的一个创业过程阶段。机会识别是创业者运用创造性过程产生商业创意并随后付诸行动将其发展成为一个可行的商业机会的多阶段过程。缺乏机会开发的机会识别无法成为切实可行的商业。机会开发是形成商业必经的一个持续的积极主动的过程，相对于新产品开发而言，机会开发的形成是一个完整的商业，而新产品开发只是形成一个新产品。机会识别阶段如果能够识别出较多的机会，就可能会在机会开发阶段消耗较多的资源，从而降低机会开发的绩效[23]。

表 4-2-1 机会识别与机会开发的区别

区别的维度	机会识别	机会开发
行为的主体	识别这个机会的个体或企业	既可能是识别这个机会的个体或企业，也可以是通过市场机制买到这个机会的其他个体或企业
顺序的先后	创业过程的前端	创业过程的末端
发挥积极作用的认知技能	发散式思维	聚敛式思维
行为的结果	商业创意、商业概念	完整的商业模式

（二）机会识别与机会评估的区别

机会评估是机会识别过程中形成阶段的一部分，很多风险投资家和天使投资人在评估创业机会时，更多的是对创业者或创业团队的人力资本进行评估。对于一个未建立起的市场机会而言，由于没有直接的历史数据，很难对潜在的创业利润进行评估。在所需认知的技能上，发散式思维在机会识别阶段能发挥积极作用，而在机会评估阶段则有可能是聚敛式思维在发挥积极作用[23]。

二、创业机会识别的前因

创业者个体因素及环境因素均会对创业机会识别产生一定的影响，个体因素主要包括先验知识、创业警觉性、创业经验、人力资本等，环境因素则主要指机会类型。

（一）先验知识

先验知识，也称知识走廊，是指个体关于特定主题与众不同的信息，包括工作经验、教育或其他手段的结果[24]。先验知识可以被分为行业领域的先验知识与个人爱好领域的先验知识，其中关于客户问题、市场以及服务市场方式等板块的先前知识构成了行业先前知识。异质的先验知识使得即使面对同样的变革，不同的创业者所发现的机会也各不相同。

（二）创业警觉性

创业警觉性是当机会存在时能识别机会的一种特殊准备，主要由创业者的社会网络、先验知识和个性特质所决定。社会网络的存在及利用将影响机会识别的成功，创业者个人的爱好领域及从事的行业领域交叉作用可以增加机会识别的可能性。行业领域内关于市场的先验知识、关于服务市场的方式的先验知识、关于顾客问题的先验知识与成功识别机会正相关，创业者所具备的乐观及创造性等个人特质会增强其创业警觉性。

（三）创业经验

创业经验是指个体在重复创业过程中积累的知识，Baron 和 Ensley[17] 指出在识别机会的过程中，创业者的认知框架在发挥作用。也有学者研究发现创业经验和识别出的机会数量呈正相关[25]。也有部分研究结果表明先前创业失败的经验与给定时期内识别的机会数之间呈倒 U 型关系[26]。

（四）社会网络

创业者从人际社会网络关系中所获知的信息是发现创业机会的重要来源。指导者、专业论坛和非正式行业网络这三种机会相关信息的社会来源对机会识别有正向影响，但和亲密朋友及家庭成员之间的社会关系却并不能促进个体识别机会。Kontinen 和 Ojala[27] 的研究发现社会网络中所建立的正式关系要比非正式关系及家庭关系更好地促进机会识别。

（五）机会类型

Smith 等[5] 根据机会内隐程度的差异性将创业机会分为编码型机会（codified opportunity）和内隐型机会（tacit opportunity），将机会识别的方式分为基于信息经济学的系统搜寻和基于奥地利经济学的发现过程。对于这两类不同的创业机会，机会识别的可能性也不同。

三、创业机会识别的内在机理

大多数学者认为，创业机会存在于客观环境中，是被创业者发现出来的，并且创业机会的发现与利用能填补市场的空缺，达到市场均衡[28]。但也有学者指出，创业机会并非客观存在，也非先于创业者的意识，而是被创业者构建出来的[28]。

（一）机会发现观

机会发现观认为机会是客观的，创业者与非创业者之间的差异导致了创业者识别并开发机会。创业者基于机会成本进行决策，先前的行业经验可以促使创业者更有效地开发机会[16]。基于机会发现观，创业机会的识别强调对已存在信息的搜寻，所识别的机会一般是不需要很多信息和很少创新的柯兹纳型机会。

（二）机会创造观

机会创造观认为机会识别是一个创造性的想象过程，也就是说机会是创造的，创业者创造机会的过程导致了创业者和非创业者之间的差异。创业者基于他们可以承担的损失进行决策。先前的行业经验由于能力陷阱减少了创业者创造新机会的能力[16]。基于机会创造观，创业机会识别强调的是熊彼特型机会。

机会发现观与机会创造观两者之间具有一定的差异，具体体现在：第一，两者强调的机会属性不同。发现观主要关注套利型机会，这种机会主要产生于市场失衡，不需要创新驱动，价值相对较小，开发的风险也相应较小。创造观关注的是创新型机会，这种机会是通过构造新的“手段—目的”关系来创造的，是一种创新度高且超越现有知识的机会，具有较强的变革性、创造性和价值，但相应的不确定性也较大。第二，两者强调的机会成因不同。创造观认为创业机会是创业者通过创新打破市场均衡的结果，创业者会创造或发现一种未知的手段—目的关系，对某要素的估价也不同于其他市场主体，可以依靠资源的创新组合利用而获取创业租金。因此，创造观指出新知识的出现和政府规制变化是创业机会的主要来源。发现观则认为创业机会源自于信息不对称。将技术、政策、消费者偏好等假定为外生变量，因为信息不对称，不论哪种变量先发生变化，都不能明显地将资源定价基础的变化呈现出来，人们只能根据自身所掌握的信息来判断，这种情况下容易出现决策失误，导致资源短缺或过剩。因此，发现观认为具有高警觉性的创业者能及时发现他人决策中失误所导致的资源短缺或过剩，通过低买高卖进而从中获利[10]。第三，两者对机会产生的认识不同。创造观所关注的是新机会的创造，并且认为机会是在创业者与环境互动的过程中产生的，创业机会的产生、发掘及利用就是创业机会的创造过程。企业家（或创业者）是在不确定、变化、技术剧变时期破坏经济平衡的创新者。因此，机会创造观强调的是一种打破均衡的活动。发现观则着重于研究微观层面对现有客观机会的把握，在一定的市场失衡状态下，警觉性较高的企业家或创业者能够发现市场上被大众所忽略的信息或由于市场变化而产生的新信息，并通过开展套利或跨期投机活动来开发机会。由于创业机会取决于信息的不对称，信息扩散会驱动其他经济主体进入市场，或者促进资源供给者提高资源价格，分享部分创业利润，直至利润消失为止。因此，机会的发现是促使经济重新回归均衡的活动。此外，机会发现观与机会创造观还存在一些区别，具体如下表 4-2-2 所示：

表 4-2-2　机会发现观与机会创造观的对比分析

	机会发现观	机会创造观
机会属性	套利型机会，独立于创业者而客观存在	创新型机会，是创业者通过创造性破坏将现有经济领域以外的机会引入市场
机会成因	信息不对称导致价格体系无法及时反映相关资源的价值（体现在价格体系中）	发现新的“手段—目的”关系，导致现有价格体系不能正确反映相关资源的价值

续表

	机会发现观	机会创造观
机会类型	市场套利型机会、技术套利型机会	基于创新分为新产品、新工艺、新原料、新市场、新的组织方式五类
	机会发现：在信息完备但不对称的条件下，客观存在的机会需要被发现，机会能否发现取决于创业者的创业警觉性、所掌握的相关信息以及识别机会的能力	机会创造：一是创造新知识（技术创新），二是政府规制与政策变迁（制度创新）
研究重点	机会开发：迅速充分地开发现有机会，采用基于风险的数据搜集和因果分析法作出决策；机会开发战略具有调节性适应特征	机会开发：探索并创造新机会；采用基于不确定性的直观推断、认知差异、循序渐进和效果逻辑做出创业的决策；具有超前性、弹性和冒险性
政策建议	解决信息不对称问题，实现个人与机会的匹配，鼓励发现和开发机会	降低与创新相关的不确定性，鼓励创新机会

第三节 创业机会评价

一、创业机会评价的具体方法

对于机会进行评价是创业者在发现或创造机会后所要做的工作，学者也对机会评价进行了大量的理论研究。根据环境的变化，创业者收集的评价机会的信息变多，相应的机会评价也会增加，在不同阶段这些机会评价也会产生不同的结果，说明机会评价是处于动态变化中的，是需要不断完善的过程。此外，对创业机会进行评价就是要在创业之前对创业过程中可能面临的问题进行充分的考虑，并思考出解决这些问题的具体方法。创业机会会受到多重因素的影响，会给机会评价带来较大的难度。目前，主观的机会评价方法主要有定性评价方法与定量评价方法等两类。

（一）定性评价方法

运用定性研究方法对机会进行评价是主要的方法之一。霍华德·史蒂文森等学者认为要重点关注以下几个问题：① 机会规模的大小、机会存在的时间周期以及机会的发展速度；② 开发创业机会需要的投入和产出比例；③ 机会在开发过程中能否带来新的创业机会和市场；④ 在处于变化的环境中遇到阻碍时如何保证所开发机会的收益；⑤ 在开发机会的过程中是否真正满足了客户的真实需求。隆杰内克认为对于创业机会的评价，应该遵守以下五项标准：

① 产品在一定的时期内对应相应的市场需求；② 开发的机会具有持续的竞争力；③ 机会的投入应当有产出且能接受一定的失败；④ 创业者与创业机会高度匹配；⑤ 所开发的机会不应有致命缺陷。

创业领域的知名学者 Timmons 对评价创业机会做过深入的研究，总结归纳出了创业机会的评价框架体系，具体的评价体系如下表 4-3-1 所示。该创业机会识别模型中所涉及的每大类因素中的小指标都存在潜力最高和潜力最低，创业者可以按照每大类因素进行打分，创业机会能否去开发以及是否具有可观的价值都可以根据这些指标进行一定的判断。

表 4-3-1 Timmons 创业机会的评价框架体系

1	行业与市场	1. 市场容易识别，可以带来持续收入
		2. 顾客可以接受产品或服务，愿意为此付费
		3. 产品的附加价值高
		4. 产品对市场的影响力高
		5. 将要开发的产品生命长久
		6. 项目所在的行业是新兴行业，竞争不完善
		7. 市场规模大，销售潜力达到 0.1 亿~10 亿
		8. 市场成长率在 30%~50%甚至更高
		9. 现有厂商的生产能力几乎完全饱和
		10. 在五年内能占据市场的领导地位，达到 20%以上
		11. 拥有低成本的供货商，具有成本优势
2	经济因素	12. 达到盈亏平衡点所需要的时间在 1.5~2 年以下
		13. 盈亏平衡点不会逐渐提高
		14. 投资回报率在 25%以上
		15. 项目对资金的要求不是很大，能够获得融资
		16. 销售额的年增长率高于 15%
		17. 有良好的现金流量，能占到销售额的 20%甚至 30%以上
		18. 能获得持久的毛利，毛利率要达到 40%以上
		19. 能获得持久的税后利润，税后利润率要超过 10%
		20. 资产集中程度低
		21. 运营资金不多，需求量是逐渐增加的
		22. 研究开发工作对资金的要求不高

续表

3	收获条件	23. 项目带来附加价值具有较高的战略意义
		24. 存在现有的或可预料的退出方式
		25. 资本市场环境有利，可以实现资本的流动
4	竞争优势	26. 固定成本和可变成本低
		27. 对成本、价格和销售的控制较高
		28. 已经获得或可以获得对专利所有权的保护
		29. 竞争对手尚未觉醒，竞争较弱
		30. 拥有专利或具有某种独占性
		31. 拥有发展良好的网络，容易获得合同
		32. 拥有杰出的关键人员和管理团队
5	管理团队	33. 创业者团队是一个优秀管理者的组合
		34. 行业和技术经验达到了本行业内的最高水平
		35. 管理团队的正直廉洁程度能达到最高水准
		36. 管理团队知道自己缺乏哪方面的知识
6	致命缺陷	37. 不存在任何致命缺陷
7	创业家的个人标准	38. 个人目标与创业活动相符合
		39. 创业家可以做到在有限的风险下实现成功
		40. 创业家能接受薪水减少等损失
		41. 创业家渴望进行创业这种生活方式，而不只是为了赚大钱
		42. 创业家可以承受适当的风险
		43. 创业家在压力下状态依然良好
8	理想与现实的战略性差异	44. 理想与现实情况相吻合
		45. 管理团队已经是最好的
		46. 在客户服务管理方面有很好的服务理念
		47. 所创办的事业顺应时代潮流
		48. 所采取的技术具有突破性，不存在许多替代品或竞争对手
		49. 具备灵活的适应能力，能快速地进行取舍
		50. 始终在寻找新的机会
		51. 定价与市场领先者几乎持平
		52. 能够获得销售渠道，或已经拥有现成的网络
		53. 能够允许失败

资料选自：杰弗里·蒂蒙斯. 创业学（第六版）[M]. 北京：人民邮电出版社，2002.

国内学者认为，可以从以下几个方面对机会进行评价：第一，机会的原始市场规模。市场规模越大，蕴含的创业机会一般也就越多，但较大的市场规模也通常意味着较多的竞争对手，而在一定的细分市场中竞争相对不那么激烈。第二，机会将存在的时间跨度。创业机会在复杂变化的社会环境中稍纵即逝，其商业价值决定了存在的时间长短。第三，动态变化的市场规模。存在创业机会的时间段比其他时间段更具有商业价值，创业机会的市场规模在任何时间都不断变化，创业机会可能的风险及收益都会随时间变化，所以在机会存在的时间段将其把握尤为重要。基于上述标准，一个良好的创业机会通常呈现出以下特征：机会可能的市场规模前景能够界定，机会可能在 5~7 年内带来稳定快速的销售额，可以较容易地获取关键资源，对技术等可以灵活运用以及能对额外的机会进行开发利用等。此外，还需要考虑特定的创业机会对特定创业者的可行性，即创业者是否拥有开发利用机会的资源，能否与竞争对手抗衡，能否在市场上占据一席之地及能否扩大市场规模等。

（二）定量评价方法

对机会进行评价的定量方法主要包括以下几种：标准打分矩阵法、优先级评分法、珀泰申米特法和贝蒂选择因素法等。

1. 标准打分矩阵法

先列举所有会影响创业成败的关键因素，然后让专家小组来打分，打分等级包括：最好（3 分）、好（2 分）、一般（1 分），最后通过加权平均将每个因素的分数计算出来，进而凭借分值定量评价创业机会。国内知名学者张玉利与李新春等学者列出了 10 项主要评价因素见表 4-3-2。

表 4-3-2　标注打分矩阵

标注打分矩阵				
标准	专家评分			
	最好（3）	好（2）	一般（1）	加权平均分
易操作性	8	2	0	2.8
质量和易维护性	6	2	2	2.4
市场接受度	7	2	1	2.6
增加资本的能力	5	1	4	2.1
投资回报	6	3	1	2.5
专利权状况	9	1	0	2.9
市场大小	8	1	1	2.7
制造的简单性	7	2	1	2.6
广告潜力	6	2	2	2.4
成长潜力	9	1	0	2.9

资料来源：张玉利、李新春. 创业管理（第 1 版）[M]. 北京：清华大学出版社，2006.

2. 优先级评分法

主要从技术成功概率、商业成功概率、单位产品毛收入、投资生命周期收入和总成本等方面来计算机会的优先级。具体公式表示如下：

$$\frac{\text{技术成功概率}\times\text{商业成功概率}\times(\text{价格}-\text{成本})\times\text{投资生命周期收入}}{\text{总成本}}=\text{机会优先级}$$

公式中的指标数值说明如下：

技术成功概率：是介于0到100%之间的数值。

商业成功概率：是介于0到100%之间的数值。

成本：说明的是计量单位是单位产品成本。

投资生命周期收入：说明的是预期的所有收入总和。

总成本：计算的是预期的所有投入，主要包括创业机会开发的全过程中的费用，如研发设计、制造和销售等。

（1）珀泰申米特法。通过问卷调查法，调查内容有创业者根据实际情况判断可能影响成功的因素，每个因素的打分范围是-2～2分，对所有因素进行打分后计算总分，总分的高低决定创业成功的概率，分数越高表示成功的概率越大。通常情况下在珀泰申米特法下高于15分的创业机会才有进一步开发的价值。

表4-3-3　珀泰申米特法的评价因素

珀泰申米特法的评价因素	
对于税前投资回报率的贡献	商业周期的影响
预期的年销售额	为产品制定高价的潜力
生命周期中预期的成长阶段	进入市场的容易程度
从创业到销售额高速增长的预期时间	市场试验的时间范围
投资回收期	销售人员的要求
占有领先者地位的能力	

资料来源：张玉利、李新春. 创业管理（第1版）［M］. 北京：清华大学出版社，2006.

（2）贝蒂选择因素法。该法与珀泰申米特法有些类似，但不是采用打分机制，而是采用统计的方法，贝蒂选择因素法选择创业机会的n个关键因素，然后对这些因素进行评价，如果符合创业机会超过7个或7个以上就可以考虑进一步开发，否则就应该淘汰。

表 4-3-4　贝蒂选择因素法

序号	因素
1	这个创业机会在现阶段是否只有你一个人发现了
2	初始的产品生产成本是否可以接受
3	产品是否具有高利润回报的潜力
4	是否可以预期产品投放市场和达到盈亏平衡点的时间
5	潜在的市场是否巨大
6	你的产品是否是一个高速成长的产品家族中的第一个成员
7	你是否拥有一些现存的初始用户
8	是否可以预期产品的开发成本和开发周期
9	是否处于一个成长中的行业
10	金融界是否能够理解你的产品和顾客对它的需求

资料来源：张玉利、李新春. 创业管理（第一版）[M]. 北京：清华大学出版社，2006.

二、创业机会评价的注意事项

不管是定性的还是定量的方法，都存在着诸多不足，因为创业机会的影响因素非常多，有些是可以量化的，有些是不能量化的，单纯地采用某个方法，无法把握全面影响机会的关键因素。所以我们如何评价创业机会，可以从如下几个方面进行思考：

（一）检验真理的唯一标准是什么

当然是实事求是，所以创业机会评价也一样，应该从实际出发，建立一个有效的评价指标库。目前，创业机会识别领域中，比较权威和全部的指标库应该是蒂蒙斯的创业机会识别评价模型框架，在蒂蒙斯的机会评价框架中，其中包括了 8 个大类方面的因素内容，总共 53 个评价指标明细因素，目前这个框架是相对比较全面的，创业机会识别可以依据这些指标库来建立自己的评价体系。

（二）创业机会识别因素指标的构建需要进行合理的分类

分类的方法主要包括两类：第一类是通过重要性分类，这些指标因素可以分为关键的和重要的类别；第二类是通过是否量化进行分类，将这些指标分为可以量化的和可以定性的两类。两种分类方法可以叠加运用，以便可以全面地充分地对创业机会进行评价。

（三）对创业机会设定门槛

我们在开发创业机会的过程中，因创业的过程中环境变化复杂，如果发生重大的失误，之前的努力就很可能导致前功尽弃。因此，对创业机会识别的影响因素应该设定门槛，防止开发创业机会过程中高风险的发生。所谓设定门槛就是将关键性的指标放在一个重要的位置，全面思考关键性的指标的风险和可能存在的缺陷，判断如何遇到这个风险或者缺陷，开发创业机会是否还能继续，如果企业无法控制风险，则可淘汰这个创业机会。

第四节　创业机会开发

创业者对识别到的机会不经过开发则无法称为创业，不确定性是创业机会开发的典型特征，机会开发的时机选择、开发方式及开发能力是机会开发研究中最值得关注的问题。

一、创业机会开发的内涵

机会开发被定义为“对源于商业机会的产品、服务进行有效的、全方位的生产和运营”，是投入全部资源创办有效的生产系统和商业系统的过程。虽然机会开发和机会探索（opportunity exploration）一样需要投入资源，但机会开发过程相对于机会探索而言，最大的区别在于企业一旦做出开发决策将投入其全部资源，机会探索只要投入部分资源。并且当机会探索不成功时，企业所要做的只是退出政策，损失沉没成本；而机会开发失败时，企业面临的则是创业失败。

创业机会开发过程遵循“探索—开发—退出”的逻辑路径（图 4-4-1）。机会探索包括机会发现、信息搜寻、资源评价和机会选择 4 个过程：如果创业

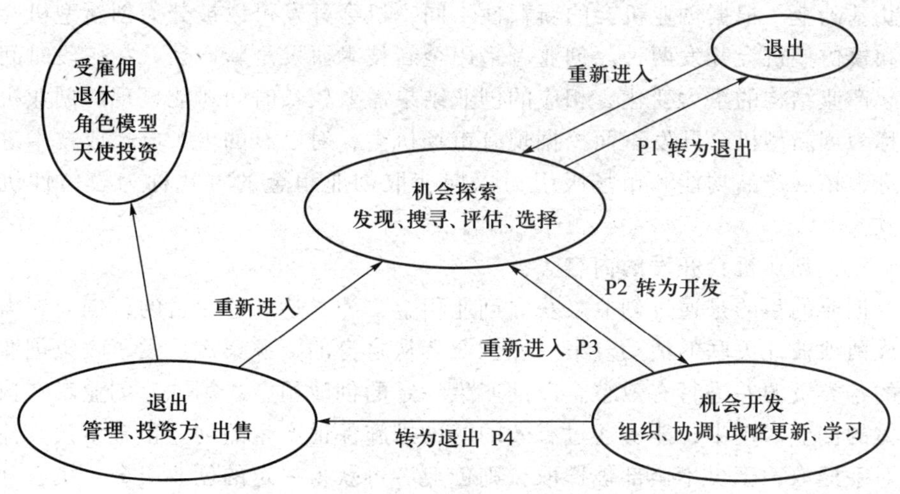

图 4-4-1　机会探索及机会开发的过程

者发现机会只是主观想象的而非现实可行的机会，或是创业者缺乏开发机会的资源禀赋时，他们常常会选择退出（P1）；否则，进入机会开发阶段（P2）。机会开发又包括组织、协调、战略更新和学习 4 个阶段，开发过程中可能遇到两种情况：一是创业者从中发现了新的创业机会，便同时进行已有机会的开发和新机会的探索两项工作，即通常所讲的组合创业者（portfolio entrepreneur）（P3）；二是创业者专注于一项创业机会，并在机会开发结束后退出创业（P4）。

二、创业机会开发的方式

目前，学者们主要运用两种不同的视角对机会开发的方式进行探讨：一是采取竞争战略视角，考察新创企业采用何种战略，间接刻画其机会开发方式；二是从创业机会的创新性角度来探讨创业机会开发方式。

竞争战略视角将新创企业的竞争战略作为研究对象，评价不同行业中的新创企业竞争战略选择与创业绩效之间的关系。McDougall 和 Robinson[30]专注于单一产业（信息产业），根据战略力度和市场范围两个维度将竞争战略分为 8 种，逐一进行了定性描述。随后的研究将新创企业在多行业的扩张纳入了讨论中，Carter 等[31]从差异化范围和经营重点两个维度聚类出 6 种竞争战略，并对其特征和适用范围进行了探讨。Park 和 Bae[32]通过案例研究从技术能力（追随者还是领先者）、产品市场成熟程度（成熟还是新兴）、目标市场类型（本土还是国际）3 个维度对新创企业的竞争战略进行了聚类分析。

不少学者认为机会类型决定了机会开发决策，新颖性强的创业机会与模仿型机会的开发方式必然不同，机会开发是对机会类型“量身定制”的回答。在此基础上，根据创业机会的新颖性不同，机会开发可以被分为创新型机会开发和模仿型机会开发两种。创业者采用全新技术研发全新产品，在一段时间内引起产业结构的重大变化，相应的创业结果需要较长时间才能显现的创业机会被称为创新型机会开发。而挖掘现有市场机会，对已有的生产方式或技术进行改进，拓展产品功能和市场吸引力以期获取创业租金的方式称为模仿性机会开发。

三、创业机会开发的内容

创业的目的是通过创业来获取创业租金，为了达到这一目的，创业者需要完成两项彼此关联的活动。第一，创业者从自身的资源禀赋出发，收集创业所需的各类资源并进行有效整合以期产生一定的创业租金。第二，创业者在执行具体的创业活动中，能够通过有效的防护措施保证产生的创业租金不被其他竞争对手攫取，至少不全部被攫取，则创业者可获得一定的创业租金。机会开发过程中主要针对第一种活动进行研究，即创业者如何获取各种资源来组建企业。很多情况下，资源获取被等同于机会开发，在资源获取中资金是创业者最难获得的资源之一。在初创时期，企业以模仿创业为主，机会新颖性的缺乏使得它们不会成为风险投资的目标群体，大多通过依靠内部社会网络获取资金，在这类企业中人力资本和社会资本在融资中起着举足轻重的作用。对于高科技企业而言，天使投资及风险投资是创业者所追求的外部融资渠道，创业者通常会采用情境思维对内部融资及外部融资进行衡量，当预期的内部融资的交易成本较低且内部网络成员不对企业运营产生干预时，创业者倾向于内部融资，否则将选择外部融资。

为了保证机会开发过程的顺利进行，新创企业需要在创业的同时不断进行战略思考，形成异质性的创业战略作为防止租金耗散的有效机制。新创企业的战略创业多是面对快速变化的市场，创业者发现没有时间或没有必要事先制定详细的计划，为了适应市场通常需要对原先的理论逻辑进行根本性的调整，最终选择的战略大多是事先并未想到，而是在企业经营过程中不断涌现出来的。

四、创业机会开发的过程

（一）经济学视角下创业机会开发的过程

经济学视角下的创业机会开发体现在开发的决策判断上，即个体或组织在现有信息、资源以及能力的基础上依据理性决策进行权衡，进而做出机会开发时机以及机会开发方式的判断。在经济学视角下，创业机会被认为是客观存在的，集中体现了创业机会发现观并通过个体以及组织层面表现出来，如图 4-4-2 所示。

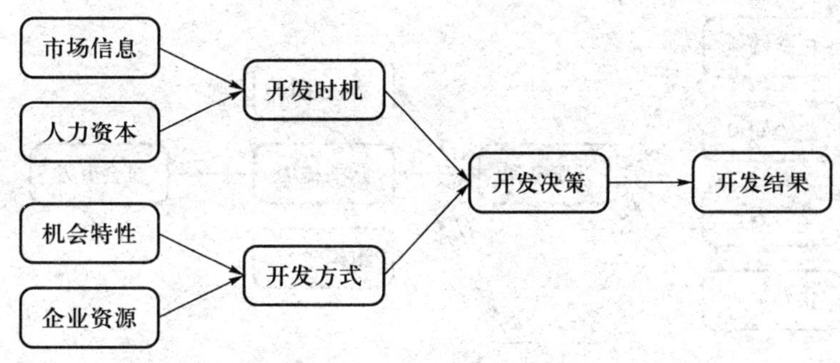

图 4-4-2　经济学视角下创业机会开发的过程

创业机会是已经存在的客观现象，一些人而不是其他人识别和利用这些机会的原因在于他们占有了异质性禀赋（资源和能力），如柯兹纳所谓的警觉性，Shane 所谓的先验知识等。经济活动者一开始并不知道机会的存在，也受限于信息去利用资源，识别和开发机会。个体或企业在纯粹无知的情况下揣测创业机会的价值，再利用自身已有的资源及能力去开发和利用机会。但经济活动者在发现和利用机会的过程中排除了其他行为的可能性，因此，需要在一系列的创业活动中进行权衡。经济视角下的创业机会识别关注的就是这样一个权衡决策和结果。

Joo-Heon Lee 和 Venkataraman[33]认为，创业者坚持开发已有机会而不是重新寻找机会在于个人主观抱负与感知到的劳动力市场估价之间的比较权衡。Choi 等[34]通过决策理论的计算框架给出了最优开发时机存在的条件，即创业者开发机会的时机取决于他们的知识管理导向，竞争者模仿的程度以及机会的创新性。第一个成功发现并开发机会的企业具有某种意义上的优势，但这种优势是短暂的，会被后继者模仿，掌握必要的资源和能力去开发这些机会。对于易传递、扩散的创业机会来说，机会识别者与他人形成契约时会设置“隔绝机制”；对于不易扩散，基于创业者隐性知识而产生的创业机会，在开发方式选择上也要进行成本收益比较，以决定是否采用层级机制或其他的开发方式[35]。

（二）文化认知视角下创业机会开发的过程

与经济学视角不同，文化认知视角下的创业机会是一种主观现象，是人们依据特定的客观世界创造价值的过程，集中体现了创业机会创造观思想，即创业者在一定的社会、文化背景下开展创业活动，创业机会实际上是在这样的人际、社会互动过程中自然生成的结果。文化认知视角下的创业机会开发研究按照心理活动的顺序可分为机会形成前的意向阶段与机会形成中的互动阶段，如图 4-4-3 所示。

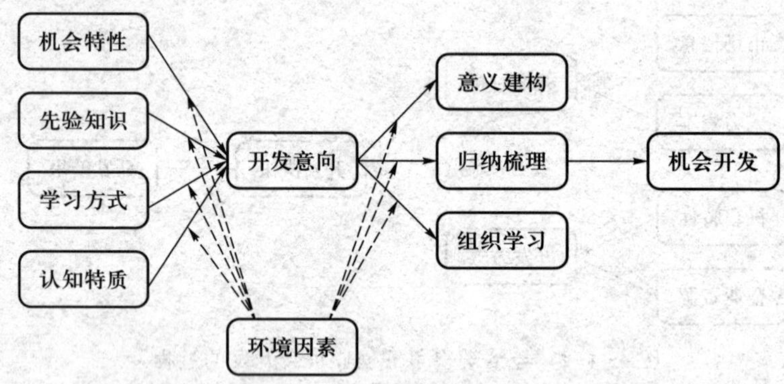

图 4-4-3　文化认知视角下创业机会开发的过程

文化认知视角以创业者个体为研究中心，认为创业者不是最优化的追求者，而是运用启发式思维以及构筑文化图示去产生和创造新的机会。文化认知视角的创业机会开发充分考虑到创业机会形成过程中的社会性、情境性因素。不论个体内还是个体间的心理、认知活动都充分考虑到了人与环境交互作用对创业机会形成的影响。从这个层面来说，创业机会不仅是客观存在的可被改进的手段—目的关系的可能性，而是在一定的社会结构中被一定的利益相关者认可，合理化产生的结果，创业机会只有当被个体、企业定义或创造时，才能得以存在。

（三）社会政治视角下创业机会开发的过程

社会政治视角集中于创业机会在组织层面的开发过程。这里的机会开发是指依靠有效的组织体系全面运行已有机会，通过生产新产品获取收益的一系列活动。创业者不仅需要识别机会，更需要整合和调动组织资源去成功开发机会。这些机会的开发往往依附于一定的社会结构，如组织内外的资源、能力、关系、网络等（图 4-4-4）。

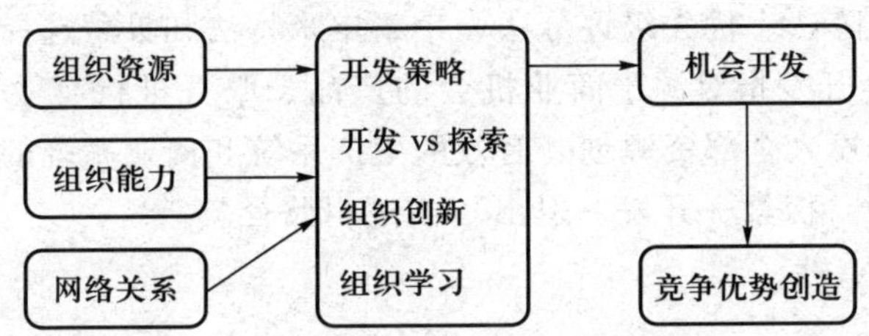

图 4-4-4　社会政治视角下创业机会开发的过程

组织内外的信息流动方式、网络结构优势都能成为创业机会开发的有利先导条件，创业机会开发的研究着眼于以组织为依托的社会政治关系之上。从这个层面上说，社会政治视角下的创业机会开发研究恰好介于经济学视角和文化认知视角之间，即创业机会虽然是客观存在的，但并不仅存在于实体资源之中，还存在于关系、网络等一系列社会结构中，以及有效利用这些结构资源的政治过程中。

本章要点

1. 创业机会是对产品市场或者要素市场的不完全性进行开发的可能性，以使创新、改善或模仿的产品、服务、原材料或组织方法在这些市场上得以被提供。

2. 创业机会的特征是具有吸引力、持久性和适时性，并且可以为购买者或者使用者创造或增加价值。

3. 创业机会可能以连续的方式存在，不同创业机会所对应的手段—目的关系的新颖程度不尽相同，基于新手段—目的关系的创业机会的创新潜力较大，而基于优化已有手段—目的关系的创业机会的创新潜力较小。

4. 创业机会识别是创业过程中的一个重要部分，也是创业者评估机会以及开发机会等其他创业行为的先导。

5. 创业者个体因素与环境因素均会对创业机会识别产生一定的影响，个体因素主要包括先验知识、创业警觉性、创业经验、人力资本等，环境因素则主要指机会类型。

6. 大多数学者认为创业机会存在于客观环境中，是被创业者发现出来的，并且创业机会的发现与利用能填补市场的空缺，达到市场均衡；但也有学者指出，创业机会并非客观存在，也非先于创业者的意识，而是被创业者构建出来的。由此，形成创业机会的发现观以及创造观两种内在的逻辑机理。

7. 创业机会的评价主要有定性评价与定量评价两类方法，其中定量评价包括标准打分矩阵法、优先级评分法、珀泰申米特法和贝蒂选择因素法等。

8. 创业机会开发指对源于商业机会的产品、服务进行有效的、全方位的生产和运营，是投入全部资源创办有效的生产系统和商业系统的过程。创业机会开发过程遵循“探索—开发—退出”的逻辑路径。

能力拓展

请认真观看电影《中国合伙人》《梦想合伙人》，思考回答如下问题：

1. 两部影片中的创业机会分别具有什么样的特征？其来源分别是什么？

2. 两部影片中的创业团队如何识别出创业机会的？为什么识别出了创业机会？

3. 请对两部影片中的创业机会进行评价。

4. 两部影片中的创业团队是如何开发创业机会的？

参考文献

[1] Schumpeter J. The theory of economic development [M]. Cambridge M A: Harvard University Press, 1934.

[2] Kirzner I M. Entrepreneurial Discovery and the Competitive Market Process: An Austrian Approach [J]. Journal of Economic Literature, 1997, 35 (1).

[3] Shane S, Venkataraman S. The promise of entrepreneurship as a field of research [J]. Academy of Management Review, 2000, 25 (1).

[4] Alsos G A, Kaikkonen V. Opportunity recognition and prior knowledge: a study of experienced entrepreneurs. NCSB 2004 Conference [C]. 13th Nordic Conference on Small Business Research. 2004.

[5] Smith B R, Matthews C H, Schenkel M T. Differences in Entrepreneurial Opportuni-

ties: The Role of Tacitness and Codification in Opportunity Identification [J]. Journal of Small Business Management, 2009, 47 (1).

[6] 姜彦福，邱琼. 创业机会评价重要指标序列的实证研究 [J]. 科学学研究，2004，22 (1).

[7] 王朝云. 创业机会的内涵和外延辨析 [J]. 外国经济与管理，2010，32 (6).

[8] 张秀娥，孙中博. 创业机会识别机制解析 [J]. 云南社会科学，2012 (4).

[9] 张红，葛宝山. 创业机会识别研究现状述评及整合模型构建 [J]. 外国经济与管理，2014，36 (4).

[10] 杨静，王重鸣. 创业机会研究前沿探析 [J]. 外国经济与管理，2012，34 (5).

[11] Timmons J A. New venture creation: Entrepreneurship for the 21st century (4th edition) [M]. Burr Ridge, Ill: Richard D. Irwin, 1994.

[12] 林嵩，张帏，姜彦福. 创业机会的特征与新创企业的战略选择——基于中国创业企业案例的探索性研究 [J]. 科学学研究，2006，24 (2).

[13] 陈海涛，蔡莉. 创业机会特征维度划分的实证研究 [J]. 工业技术经济，2008，27 (2).

[14] Sarasvathy S D, Dew N, Velamuri S R, et al. Three views of entrepreneurial opportunity [M]. Springer New York: Handbook of entrepreneurship research, 2003.

[15] 张玉利. 创业研究现状探析及其在成果应用过程中的提升 [J]. 外国经济与管理，2010，32 (1).

[16] 刘佳，李新春. 创业机会开发：理论前沿与研究动态 [J]. 学术界，2013 (12).

[17] Baron R A, Ensley M D. Opportunity Recognition as the Detection of Meaningful Patterns: Evidence from Comparisons of Novice and Experienced Entrepreneurs [J]. Management Science, 2006, 52 (9).

[18] Hills G E, Lumpkin G T. Opportunity recognition research: implications for entrepreneurship education [C]. International Entrepreneurship Conference, Montery Bay, Montery, CA, 1997.

[19] Ardichvili A, Cardozo R, Ray S. A theory of entrepreneurial opportunity identification and development [J]. Journal of Business Venturing, 2003, 18 (1).

[20] 林嵩. 创业机会识别的过程解构与机制探讨 [J]. 技术与创新管理，2010，31 (3).

[21] 岳甚先，陈曦. 创业机会识别影响因素整合模型的构建 [J]. 湖北经济学院学报，2012，10 (2).

[22] 覃蓉芳，马昆姝. 不确定环境下创业机会与创业力关系的理论研究 [J]. 世界科技研究与发展，2008，30 (1).

[23] Gielnik M M, Frese M, Graf J M, et al. Creativity in the opportunity identification process and the moderating effect of diversity of information [J]. Journal of Business Venturing, 2012, 27 (5).

[24] Shepherd D A, Detienne D R. Prior Knowledge, Potential Financial Reward, and Opportunity Identification [J]. Entrepreneurship Theory and Practice, 2005, 29 (1).

[25] Gruber M, Macmillan I C, Thompson J D. Look Before You Leap: Market Opportunity Identification in Emerging Technology Firms [J]. Management Science, 2008, 54 (54).

[26] Ucbasaran D, Westhead P, Wright M. The extent and nature of opportunity identification by experienced entrepreneurs [J]. Journal of Business Venturing, 2009, 24 (2).

[27] Kontinen T, Ojala A. International Opportunity Recognition among Small and Medium-Sized Family Firms [J]. Journal of Small Business Management, 2011, 49 (3).

[28] Shane S. Prior Knowledge and the Discovery of Entrepreneurial Opportunities [J]. Organization Science, 2000, 11 (4).

[29] Suddaby R, Bruton G D, Si S X. Entrepreneurship through a qualitative lens: Insights on the construction and/or discovery of entrepreneurial opportunity [J]. Journal of Business Venturing, 2015, 30 (1).

[30] Mcdougall P P, Robinson J. New venture strategies: An empirical identification of eight distinct strategic orientations [C]. Academy of Management Proceeding, 1987.

[31] Carter N M, Stearns T M, Reynolds P D, et al. New venture strategies: Theory development with an empirical base [J]. Strategic Management Journal, 1994, 15 (1).

[32] Park S, Bae Z T. New venture strategies in developing country: Identifying a typology and examining growth patterns through case studies [J]. Journal of Business Venturing, 2004, 19 (1).

[33] Lee J H, Venkataraman S. Aspirations, market offerings, and the pursuit of entrepreneurial opportunities [J]. Journal of Business Venturing, 2006, 21 (1).

[34] Choi Y R, Lévesque M, Shepherd D A. When should entrepreneurs expedite or delay opportunity exploitation? [J]. Journal of Business Venturing, 2008, 23 (3).

[35] Alvarez S A, Barney J B. Organizing rent generation and appropriation: toward a theory of the entrepreneurial firm [J]. Journal of Business Venturing, 2004, 19 (5).

第五章 创业资源

学习目标

1. 了解创业资源的定义及类型，理解创业资源与一般商业资源的区别；
2. 了解影响创业资源获取的因素，掌握创业资源获取的途径；
3. 掌握创业资源整合的内涵，理解创业资源整合的过程及方式；
4. 了解创业资源整合的影响因素，理解创业资源整合的功效；
5. 掌握创业资源拼凑的内涵，理解创业资源拼凑的过程及方式；
6. 了解创业资源拼凑的影响因素，理解创业资源拼凑的功效。

第一节 创业资源的内涵

一、创业资源的定义

创业资源是开展创业活动必不可少的要素之一，是创业的关键要素与基本前提条件。创业需要资源，目前理论界主要从经济学、管理学等研究视角对资源进行定义。从经济学视角看，资源是为了创造财富而投入生产活动中的一切要素；从管理学视角看，资源逐渐倾向于指知识与信息密集型的各类生产要素的组合，更一般意义上的资源通常指组织中的人、财、物等各种投入，在具体形态上包括了机器、设备、厂房等有形资源，也包括品牌、专利、声誉等无形资源。

在明确创业资源的定义之前需要确定资源的含义。国外学者就资源的含义进行了深入的探讨。Caves 等[1]基于创业过程角度提出资源是所有投入到企业创业过程中的、为了实现创业目标的有形资源和无形资源的总和。Wemerfelt[2]的观点与 Caves 类似，认为资源泛指投入创业过程中的各种有形与无形资源。Barney[3]指出资源是企业为了实现自己的目标，在为社会提供商品和服务过程中自身具备或者能够驱使的因素或各种因素的组合，在该定义中，资源来源界定和要求有了较明确的说明，即资源不是凭空产生的，而是来自企业内部并能够为企业所用的资源组合。Hall[4]认为资源是有形资产与无形资产的总和，并进一步将无形资产分为资产形式与技能形式。Dollinger[5]将资源拓展至创业情境中，将创业资源视为创业组织在其活动中投入的各种要素及要素组合。Grande 等[6]基于创业机会与战略视角，认为创业资源指的是创业企业赖以赢得创业机会并且设定战略目标的基础，同时能为企业带来价值，增强企业竞争力等作用的一种特殊资源。

国内学者对创业资源的定义也展开了相关探讨。林强等[7]提出创业资源是支撑企业创业活动的各种生产要素及条件。林嵩等[8]将创业资源概念细化，认为创业资源是创业企业为了实现生存和创业目标，所拥有的各类资源及资源组合，包括信息、知识、企业能力、组成成果、企业属性及资产等。顾桥[9]指出创业资源是创业企业在整个创业过程中掌握和投入的企业内外的各种有形资源和无形资源的总和。该定义打破了创业资源只存在于企业内部的局限性，为研究创业资源的获取等提供了新的视角。余绍忠[10]在上述定义的基础上，将创业资源界定为创业企业所拥有、控制或整合的各种有形、无形的要素与要素组合。其中，“拥有、控制或整合”描述了创业企业资源获取与利用的途径和方式，“有形、无形”说明了创业资源的存在形态；“要素与要素组合”是从创业企业创造价值的方式和投入产出的角度来说的。为更直观地分析与比较创业资源的内涵，下面梳理了近年来有关创业资源的定义（表 5-1-1）。

表 5-1-1　创业资源的定义

研究者（年份）	具体描述
Dollinger（2003）	指创业组织在其活动中投入的各种要素及要素组合
Grande 等（2011）	指的是创业企业赖以赢得创业机会并且设定战略目标的基础，同时能为企业带来价值、增强企业竞争力等作用的一种特殊资源
林强等（2003）	创业资源是支撑企业创业活动的各种生产要素及条件
顾桥（2003）	创业资源是创业企业在整个创业过程中掌握和投入的企业内外的各种有形资源和无形资源的总和
林嵩等（2005）	指创业型企业所拥有或者能够支配的可实现其生存与发展战略目标的包括资产、能力、组织结果、企业属性、信息、知识在内的各种要素及要素组合
余绍忠（2012）	创业企业所拥有、控制或整合的各种有形、无形的要素与要素组合

二、创业资源的分类

对于任何一个企业来说，资源都是必不可少的，特别是对于创业企业而言，资源的作用就更加不可忽视。在创业过程中，企业所需要的资源是多方面的，包括人力、财力、物力等，即不仅需要更多人力资源参与到创业活动中来，也需要得到物质、技术、资金、政策等方面的支持。基于对创业资源的认知，对创业资源进行分类，则是对创业资源进行认识、区分和理解的过程，可以按照不同的目的对事物进行分类。尽管学术界对于创业资源类型界定尚未形成统一的标准，但是对创业资源的多视角分类有助于人们理解创业资源的来源、构成及资源的获取与整合。目前学术界对创业资源的分类大致有以下五种类型：

（一）按创业资源来源分类

创业资源按其来源可以分为自有资源和外部资源。自有资源是指创业者或创业团队自身所拥有的可用于创业的资源，如自有资金、技术、创业机会信息等。外部资源是指创业者从外部获取的各种资源，包括从朋友、亲戚、商务伙伴或其他投资者筹集到的投资资金、经营空间、设备或其他原材料等。

（二）按创业资源存在形态分类

创业资源按其存在形态可以分为有形资源和无形资源。有形资源是具有物质形态的、价值可用货币度量的资源，如组织赖以生存的自然资源及建筑物、机器设备、原材料、产品、资金等。无形资源是具有非物质形态、价值难以用货币精确度量的资源，如信息资源、人力资源、政策资源及企业的信誉、形象等。无形资源往往是撬动有形资源的重要手段。

（三）按创业资源性质分类

多数学者都基于资源性质对创业资源的分类进行了探讨，如林嵩等[8]将创业资源分成资金资源、人才资源、管理资源、信息资源、科技资源与政策资源等六大类。张玉利等[11]综合以往研究将创业资源划分为人力资源、社会资源、财务资源、物质资源、技术资源与组织资源。其中，人力资源包括创业者与创业团队的知识、训练、经验与组织及其成员的专业智慧、判断力、技能、视野、愿景；社会资源主要指由于人际和社会关系网络而形成的关系资源；财务资源包括资金、资产、股票等；物质资源指创业和经营活动所需要的有形资产，如厂房、土地、设备等；技术资源包括关键技术、制造流程、作业系统、专用生产设备等；组织资源包括组织结构、作业流程、工作规范、质量系统。

（四）按创业资源对生产过程的作用分类

资源还可以按照其对生产过程的作用分为生产型资源和工具型资源。生产型资源直接用于生产过程或用于开发其他资源，如物质资源，像机器设备、厂房、办公室等，被认为直接用于生产产品或提供服务；工具型资源则被专门用于获取其他资源，如财务资源，因为其具有较大的柔性而被利用于获得其他资源，如用来获得人才和设备。其中，比较有争议的是产权型技术，因为它既可以是生产型资源也可以是工具型资源，需要依据其所依存的条件来判断，如果依赖于个体则可能是工具型资源，如果是以专利形式存在的则可能直接用于生产过程。值得一提的是，对于新创企业来说，个人的声誉资源和社会网络也属于工具型资源，有些时候市场资源也可以用来吸引其他资源，因此，也可将其归为工具型资源。

（五）按创业资源在创业过程中的作用分类

依据创业资源在创业过程中的作用可以将其分为两类：一类是运营性资源，主要包括人力资源、技术资源、资金资源、物质资源、组织资源与市场订单等资源；另一类是对新创企业生存和发展具有关键作用的战略性资源，如知识资源。由于创业企业的高度不确定性及创业者和资源所有者之间的信息不对称性，知识资源对运营资源的获取和利用具有促进作用[12]。

三、创业资源与一般商业资源的比较

创业资源与一般商业资源既有相同点，也有一定的差别。从广义上看，创业资源与一般商业资源的基本内容大致相近，都包括人力资源、社会资源、财务资源、物质资源等，是指创业活动或商业活动中所需要的各种生产要素和支持条件。倘若一个人想要创业或者从事某种商业活动，则必须具备一定的条件，而拥有这些资源在某种程度上就是获得了许可证。在创业过程中，除自有资源外，创业者往往通过市场交易手段将一般商业资源转换为创业资源。从狭义上看，创业资源与一般商业资源在资源特征、范围与表现形式等方面还存在一定的差异：第一，创业资源与创业过程相伴而生，是一项事业、一个企业或者一个组织从无到有、从小到大的创建过程中所依赖的各种要素和支持条件。对于创业活动而言，不确定性强是初创期的主要特征，因此，创业者所拥有或者可以利用的资源在数量上与规模上表现为少、小。一般商业资源往往泛指事业、企业或组织所具备的生产要素和支持条件，其数量、规模都比创业资源多、大。第二，创业资源的范围往往小于一般商业资源。尽管创业资源与商业资源的基本内容相近，但并不是所有的商业资源都是创业资源，因为只有创业者能够拥有或可以获得和利用的资源才是创业资源。在创业过程中，创业机会只有与相应的创业资源互相匹配，才能形成现实的创业行为。否则，即使出现了大好的创业机会，创业者也难以迅速利用这个机会，只能眼睁睁地看着机会从身边溜走。第三，有的学者认为创业资源更多表现为无形资源，而一般商业资源更多表现为有形资源。创业资源的独特性要强于一般商业资源，创业者的个人能力和社会网络资源是其中最为关键的资源，在一般商业资源中，规范的管理和制度则是企业成功的基础资源[13]。

表 5-1-2　创业资源与一般商业资源比较分析

	创业资源	一般商业资源
资源特征	创业者所拥有的或可利用的创业资源在数量上表现为少，规模上表现为小	一般商业资源量多范围广，在数量上表现为多，规模上表现为大
资源范围	只有创业者能够拥有或可以获得、利用的资源才是创业资源	商业资源范围大于创业资源
表现形式	更多表现为无形资源且独特性强	更多表现为有形资源

第二节　创业资源获取

一、创业资源获取的内涵

任何企业的发展都离不开资源，稀缺的、有价值的、不可替代和不可模仿的资源是企业获得竞争优势的前提[3]。但是对于新创企业来说，由于其自身的合法性缺失、企业规模小等特点导致其本身存在资源缺乏的先天不足问题。尽管新创企业依靠创业者的初始资源禀赋获得初步发展，但是如果不继续获取或积累新的资源，以满足企业需要，企业可能就难以继续生存或发展下去。另外，由于企业处于动态的环境中，在不同的发展阶段，对资源的需求可能不同，这就要求新创企业在确定了资源需求之后利用自身的资源禀赋不断地获取资源，即所谓的资源获取[14]。

资源获取指的是企业通过外部获取、内部培养等方式获得所需的资源。企业在发展成长过程中，不仅需要基础资金支持进行运营、厂房设备进行办公、人员参与企业活动进行营利，即需要更多资金对财力、物力、人力三方面进行投资，扩大规模，引进新技术进行创新以及政府政策支持快速发展。

关于资源获取的内涵，目前学术界主要形成了以下三种观点：第一种观点认为资源获取是指企业在发现和识别对自己有用但没有所需资源的基础上，提供利用其他资源或途径得到所需资源的过程[15]；第二种观点认为资源获取是指企业从外部环境获取资源的可能性[16]；第三种观点认为资源获取是指企业获得有用资源的效率及这些外来的有用资源对企业的影响[17]。

二、影响创业资源获取的因素

资源获取是在识别资源的基础上，得到所需资源并用之于创业过程的行为。对于新创企业而言，是否能够从外界获取所需资源，首先取决于资源所有者对创业者或创业团队的认可，而这一认可在很大程度上取决于商业创意的价值。商业创意为资源获取提供了杠杆，一项能被资源所有者认同的、有价值的商业创意，才有助于降低创业者获取资源的难度。

除了商业创意的价值，影响创业资源获取的因素还包括创业导向、创业者（创业团队）先前工作经验、资源配置方式、创业者的管理能力以及社会网络等[18]。

（一）创业导向

创业导向的概念源于战略管理领域的战略决策模式研究，其根源可以追溯到战略选择理论。该理论强调企业通过市场分析来选择并实施战略行为和新市场进入行为。概括地讲，创业导向反映了企业建立新事业、应对环境变化的一种特定心智模式，是一种态度或意愿，这种态度或意愿会导致一系列创业行为。

创业导向被划分为3个维度：创新性、风险承担性和前瞻性。创新性指的是“企业热衷于能够带来新产品、新服务、新工艺的新思想、新观点和新的实验手段”，风险承担性是指“管理者愿意承担风险事务的程度”，前瞻性是指“企业通过预测未来需求改造环境，来寻找比竞争对手更早引入新产品或服务的机会”。在日益激烈的竞争环境中，新创企业往往需要采取更多的创新行为、承担更多的风险来参与竞用资源，并在资源的动态获取、整合、利用过程中，注意区分不同的资源、充分发挥知识资源的促进作用。为此，创业者要注重创业导向的培育和实施，充分关注创业团队的价值观、组织文化和组织激励等影响创业导向形成的重要因素。

（二）创业者（创业团队）先前工作经验

创业者（创业团队）的先前经验分为创业经验和行业经验两大类。其中，创业经验是指先前创建过新的企业或组织，是创业者在此过程中所获得感性和理性的观念、知识和技能等，它提供了诸如机会识别与评估、资源获取和公司组织化等方面的信息。行业经验则是指创业者在某行业中的先前工作经历，它提供了有关行业规范和规则、供应商和客户网络以及雇佣惯例等信息[19]。

创业过程本身就是一个知识转移的过程。从先前创业经验中转移来的知识能够提高企业家有效识别和处理创业机会的能力，有助于发现、获取创业资源。拥有创业经验的创业者有一种“创业思维定式”，驱使他们寻求和追求那些最好的机会。在不确定性和时间压力下，先前创业经验提供了有利于对创业机会作出决策的隐性知识，这种隐性知识可以通过创业者转移到新创的组织里。因此，创业者拥有较多的创业经验更容易获得可取的创业机会，从更多的途径获取创业资源。此外，先前创业经验还提供了帮助创业者克服新企业面临的新的不利因素的知识，这些都能够帮助创业者规避风险，增强他们的资源获取能力。

在先前行业经验中所积累的顾客问题意识、市场服务方式知识、市场知识等造就了创业者的“知识走廊”，强化了其发现创业机会、获取资源的能力。同时，先前行业的管理经验能够帮助创业者在解决创建和管理创业团队过程中遇到的诸多困难，而且管理能力越强，获取资源的可能性越大。此外，拥有先前行业经验的创业者往往拥有更强的社会网络，其在先前行业获得的公正声誉和处理利益相关者之间关系的技能有利于新创企业获得合法性认可。

（三）资源配置方式

资源配置指的是人们相对稀缺的资源在各种不同用途上加以比较做出的有利选择。在创业过程中，资源总是表现出相对的稀缺性，创业者不可能获取所有资源以开发创业机会，因此，要求创业者对有限的、稀缺的资源进行合理配置，充分利用好已有的资源、身边的资源、别人不予重视的资源，发挥资源的杠杆作用。资源的配置方式有市场交易与非市场交易两种。在市场经济条件下，大多数资源可以通过市场交易获得。但是，由于资源的异质性、效用的多样性和知识的分散性，人们对于同样的资源往往具有不同的效用期望，有些期望无法通过市场交易来满足。因此，如果通过资源配置方式创新，能够开发出新效用使之更好地满足所有者的期望，创业者就可能从资源所有者手中获得资源使用权，从而开展生产经营活动。

（四）创业者的管理能力

企业的软实力是创业者能否获取资源的关键。创业者的管理能力是企业软实力的主要表现，管理能力越高，获取资源的可能性越大。创业者的管理能力可以从其沟通能力、激励能力、行政管理能力、学习能力与外部协调能力等多方面予以衡量。良好的沟通能力可以使创业团队表现出坚强的凝聚力，采取共同的行动，从而更容易获取必要的外在资源；团队激励和合作有助于创业综合能力的提升，产生团队外溢效果，获取必要的资产和资源；较强的行政管理能力有利于将各种资源进行比较完美的匹配与组合，使企业的正常运营更有效率，企业因而会根据成员的要求和组织发展的需要，去吸引更多的人力资源和其他无形资源。学习能力则可以不断地使创业者提升自身管理能力，了解外部市场的变化和创业企业内部的需求，对其作出理性判断，并运用一定的方式获取企业所需的资源；外部协调能力是创业者个人才能的外向性应用，创业者的外部协调能力越强，与合作者（如供应商、销售商等）达成一致的可能性就大，创业者就可以利用外部资源为企业服务，得到资源获取的外部效应。在获取必要资源的同时，为企业创造良好的发展环境[20]。

（五）社会网络

社会网络是多维度的，能够提供企业正常运转所需要的各种资源，也是新创企业最重要的资源之一。社会网络是隐性知识传播的重要渠道，它能通过促进消息（包括技能、特定的方法或生产工艺等）的快速传递而协助组织学习，同时还可以大大降低企业的交易成本，帮助获取与企业需求相匹配的资源。因此，对于创业资源的获取具有重要意义。研究表明，社会网络的关系强度、关系信任以及网络规模对创业资源的获取具有正向影响。因此，新创企业应关注强关系网络的维护和利用以弥补其合理性的不足。强关系网络的主体通常以家庭、亲戚、朋友为主，与这些关系的频繁、密切接触，更易于获取资金、技术、人力等运营资源和有益的创业指导和建议[12]。

三、创业资源获取的途径

根据资源基础理论，新创企业创建和发展离不开资源，也就是说资源是企业发展的重要基础，是将创业机会转化为创业行动、形成公司载体的必备要素。企业只有在积累一定基础性资源的基础上，才能获得自身能力的提升从而促进对更多种类和数量资源的需求，在这样循环的过程中企业获得了持续竞争力，更需要通过获取稀缺性资源来扩大竞争优势。由于所处行业、创业阶段、地域等因素的不同，导致创业者对资源的需求不同，获取途径也存在差异。在最初的研究中，创业者获取资源的途径主要有 3 类，即购买、联盟和并购，但随着对网络在资源获取中重要作用的发现，网络成为资源获取的重要途径。

（1）资源购买是指通过市场交易购买所需要的资源。按照市场交易的原则，企业可以与大学、科研机构、融资机构和中介机构等相关主体实现人才、资金和技术的交换和整合。然而很多资源很难通过市场购得，它们通常附着于某种非知识资源上，如知识尤其是隐性的知识。

（2）资源联盟指的是与其他的企业或组织共同开发资源，使用这种方式是因为企业无法独立完成开发并且无法在市场上购买。通过这种方式企业可以获得自己所欠缺的显性或隐性资源，但形成资源联盟是有前提的，联盟的企业在资源、能力等方面需要互补并且存在共同目标，双方在联盟前要进行磋商，保证联盟对双方都是有益的。

（3）资源并购指的是通过收购股权或者资产来获取资源，这种方式把企业的外部资源变成了内部的。不过，资源并购也是有前提的，即双方的资源要具有高关联度，尤其是在知识等新资源上。从资源获取的成本和资源获取的便捷性出发，资源联盟是一种非常有效的资源获取方式。

（4）资源获取的网络方式主要是指创业主体通过网络关系的组合从外部

环境中获取资源。企业在资源获取的过程中所采用的方式与企业发展阶段、资源需求类别等因素密切相关，网络关系作为长期契约可以克服新创企业在资金获取上的弱势地位，对于风险承担和经济资本转移意义重大。企业通过网络联系不仅能够获取大量的资源，而且能够将资源整合成库，当需要的时候便可以迅速应用，节省时间与精力，丰富了企业中的知识和资源体系，能够强化绩效。新创企业的网络关系代表企业获取生存和成长资金的关键渠道，新创企业通过网络方式获取创业资源是一种相对低成本、高效率的获取方式。

还有学者从资源获取的策略角度提出 3 种资源获取途径：第一，以工具性资源获取生产性资源。Brush 等[15]具体阐述了新创企业能够以财务、人力等物质资源换取物质和技术等生产性资源的策略。第二，以无形资源来获得有形资源。如社会、人力等资源都是无形资源，通过它们可以获得财务、技术、物质等有形资源。第三，以内部资源获取外部资源。企业生存受市场环境的影响，若市场动荡则企业需要付出更多努力才能获得资源，所以新创企业通过与外部顾客、供应商、竞争者以及其他机构的主体进行资源的交互活动对企业的发展十分重要。

第三节　创业资源整合

一、创业资源整合的内涵

资源可以成为企业将来的潜力优势，但是转化为实实在在的竞争优势需要一系列竞争条件。由资源的内涵可知，能够成为企业竞争优势的资源往往具有稀缺性等特征。但是，进一步的研究表明，获取了稀缺性资源只是转化为竞争力的第一步，更为重要的是企业能够使用并提升资源的利用价值。此时便涉及资源整合这一概念，创业领域学者对资源整合研究主题保持较高的热情，主要有两方面原因，一是大多数新创企业在创建及成长过程中总是面临“资源约束”问题[15]，如何获取关键资源并将其与原有资源进行有效整合以发挥资源的最大价值成为新企业取得成功的关键[21]。二是现今较多成熟企业开展再创业活动总是面临“冗余资源”问题[22]，如何充分发挥冗余资源的潜在价值决定着“再创业”活动能否成功。因此，资源整合无论是在新创企业，还是在成熟企业开展创业活动的过程中都发挥着重要作用。

现有研究对资源整合内涵的理解主要有以下三种观点：第一种观点认为资源整合是对企业外部的资源进行整合，企业不需要对这些资源拥有所有权，但是可以间接使用[20]；第二种观点认为资源整合是企业对内部资源进行整合，企业拥有资源所有权，可以直接调配[23]；第三种观点认为资源整合是对企业内部和外部的资源同时进行整合[24]。

第一种观点旨在揭示创业企业如何将其不能直接控制和支配的资源进行整合。此种观点认为创业企业能否从外界获得资源的相关信息至关重要，这是为创业企业接触资源的所有者增加了可能性，更为企业对这些资源进行间接配置提供了决策依据。也有学者认为网络关系对创业企业进行资源整合尤为重要，依赖网络关系不仅有利于企业与资源所有者之间保持紧密联系，同时能够增强资源整合的效果[21]。第二种观点旨在揭示创业企业如何对其拥有所有权的资源进行整合。其中较多学者借助能力观定义资源整合过程，如 Brush 等[15]提出资源整合是企业将其内部资源进行配置、组合并加以转化进而产生独特能力的过程。类似的，有学者基于资源基础理论认为资源整合是创业者或管理者个人的事情，他们通过对资源进行管理与组合可以取得竞争优势[25]。也有学者从冗余资源视角切入，认为企业进行资源整合实际上是对冗余资源进行再配置以发挥其最大价值的过程[26]，然而该过程不仅仅是对废弃的资源或者旧资源按照原始意图进行整合，而是采用创造性的手段对其进行全新整合。第三种观点旨在揭示创业企业如何对企业内、外部资源同时进行整合，如 Wiklund 和 Shepherd[27]认为创业企业进行资源整合的实质是将外界资源进行复制并发生产权转让，同时与自身内部资源进行有效结合以产生协同效应，促使企业产生新的举措。也有学者提出更为综合的定义，认为资源整合是运用科学方法对不同来源、不同层次、不同结构、不同内容的资源进行综合集成，促使个体资源与组织资源、横向资源与纵向资源、内部资源与外部资源、已有资源与新资源进行再融合，以形成新的资源体系[28]。甚至有学者认为资源整合就是把企业所拥有的自然资源、信息资源和知识资源在时间和空间上加以合理配置、重新组合，以实现资源效用的最大化[8]。尹苗苗和王玲[29]基于以上观点认为有必要明晰资源整合的概念内涵，他们主要倾向于第三种观点，认为资源整合是创业企业对其内部和外部资源进行综合调配与通盘配置，以发挥资源的最大价值。为更直观地对资源整合的概念进行分析与探究，基于目前相关文献将资源整合的概念内涵整理成下表 5-3-1 所示。

表 5-3-1　创业资源整合的概念梳理

研究者（年份）	具体描述
Brush et al.（2001）	企业将其内部资源进行配置、组合并加以转化进而产生独特能力的过程
Adegbesan（2009）	企业进行资源整合实际上是对冗余资源进行再配置以发挥其最大价值的过程

续表

研究者（年份）	具体描述
Wiklund & Shepherd（2009）	创业企业进行资源整合的实质是将外界资源进行复制并发生产权转让，同时与自身内部资源进行有效结合以产生协同效应，促使企业产生新的举措
Sirmon et al.（2011）	资源整合是创业者或管理者个人的事情，他们通过对资源进行管理与组合可以取得竞争优势
林嵩等（2005）	资源整合就是把企业所拥有的自然资源、信息资源和知识资源在时间和空间上加以合理配置、重新组合，以实现资源效用的最大化
饶扬德（2006）	资源整合是运用科学方法对不同来源、不同层次、不同结构、不同内容的资源进行综合集成，促使个体资源与组织资源、横向资源与纵向资源、内部资源与外部资源、已有资源与新资源进行再融合，以形成新的资源体系
尹苗苗和王玲（2015）	资源整合是创业企业对其内部和外部资源进行综合调配与通盘配置，以发挥资源的最大价值

总的来说，创业资源整合主要呈现如下 4 个特征：第一，激活特征。处于沉默状态的资源很难被企业所利用，激活后的资源才能发挥其最大效能。第二，动态特征。资源结构是随着环境的变化而变化的，且所需资源自身的属性也会因为受到各方面的影响而逐渐发生改变，因此，资源整合必须要保持与环境的充分互动，随机应变。第三，系统特征。企业获取资源的时候，应该将主要资源的相关资源一并获取，孤立的资源往往是不存在的，因此，资源整合要将企业所有资源作为一个整体。第四，价值增值特征。资源整合并不是单项资源的简单加总，而是各类资源的有机结合和相互作用方式的综合，使其达到“1+1>2”的放大效应。资源整合本质上是使企业提升竞争优势的过程。

现有研究对资源获取与资源整合的关系存在诸多争议，将两者进行比较分析有助于更深刻地理解资源整合与资源获取的内涵。目前，对于资源获取与资源整合的关系研究存在三种观点[30]。第一种观点将资源整合界定为一个很宽泛的概念，认为资源获取与资源整合之间存在包含关系，即资源整合包含资源获取。持这种观点的学者一般从过程视角解释资源整合[15]。尽管他们对过程的具体描述存在差异，但是他们都将“资源整合”理解为由从“资源获取”到“资源转化与利用”等一系列活动组成的过程。持这种观点者认为，资源获取被视为资源整合活动的环节之一。第二种观点认为资源获取和资源整合是一个过程中连续的两个环节。Sirmon 等[31]将资源管理过程分解成资源获取、资源绑定和资源运用等 3 个环节，其中资源绑定是指整合资源以形成能力的过程。持这种观点者认为，资源获取和资源整合是一个完整的资源管理过程中存在前后顺序关系的两个环节。这一观点缩小了资源整合的范围，从而更加突出了“整合”的特点。第三种观点认为资源获取和资源整合之间存在一定的因果关系，即资源获取能改善企业的资源整合。这主要是针对知识基础资源获取而言的，知识基础资源获取对于提高企业的资源整合能力有很大帮助，从而使资源获取与资源整合之间具有一定的因果关系。总的来说，资源获取与资源整合包括被包含与包含关系、顺序关系以及因果关系三种。

二、创业资源整合的过程

资源整合是创业活动中的关键环节。有学者认为新企业创建的过程其实就是一个完整的资源整合过程[21]。大多数学者按照资源整合发生的先后顺序将其划为若干子过程。有学者认为资源整合过程包括资源拾取和资源配用两个步骤[25]，其中资源拾取指的是创业企业搜寻和筛选所需资源的过程；资源配用则指的是配置和部署企业资源的过程。另有学者将资源整合过程分为资源识别、资源获取以及资源利用三个顺序过程[32]，资源识别指创业者根据自己所发现的创业机会和自己的愿景，在对现有资源进行评价的基础上确定资源需求和来源的过程，主要包括评价初始资源、细化资源需求和确定资源来源三方面；资源获取指新企业在确定了资源需求以后利用自身的资源禀赋获取资源的过程，主要包括外购、吸引和积累三方面；资源利用指新企业利用自己的资源开发创业机会以及创造顾客价值和企业财富的过程，主要包括动员、协调和配置三方面。还有学者将资源整合划分为集聚资源、吸引资源、组合资源，以及将个人资源转化为组织资源四个步骤[15]。

三、创业资源整合的方式

目前，学者们主要对资源整合进行了二维方式划分、三维方式划分，以及四维方式划分。具体而言，有学者将资源整合方式分为正式和非正式的整合[33]，也有学者借鉴探索式学习和利用式学习将资源整合划分为创造性整合资源和杠杆整合资源[22]；较多学者遵循 Sirmon 等[31]的研究将资源整合划分为稳定调整、丰富细化和开拓创造 3 种方式，其中稳定调整指的是创业企业对资源进行微调，维持企业原有能力不变；丰富细化则是对企业资源进行更为深入的整合，以提升企业能力；而开拓创造方式则是以全新的方式或者使用全新的资源进行整合，以产生新能力。还有学者将资源整合分为技术驱动型、资金驱动型和人力资源驱动型 3 种资源整合方式[34]，这种划分方式强调以 3 种资源中的一种相对充裕并优先获取的资源为核心和驱动力，以此带动其他两种资源向新创企业聚集。也有学者按照资源整合的途径将其划分为4种方式，即利用价格机制的资源整合、利用溢出和扩散效应的资源整合、利用竞争合作关系的资源整合和利用指导性机制的资源整合[35]。

四、创业资源整合的影响因素

资源整合是深入探索创业活动的核心视角，会受到来自多方面的影响。现有研究主要基于投资视角、关系视角、信息视角以及创业者特质视角等来探讨资源整合的影响因素。

（一）投资视角

投资时机、投资想法的来源、企业生命周期，以及契约协议是影响资源整合的关键因素。投资的时机往往决定着资源整合的时机，即在企业进行投资时，企业便进行了资源整合；如果投资想法来源于业务部门，企业更容易进行资源整合；另外，企业的生命周期也直接决定了资源整合的时机，如企业在创建及成长时期更需要对资源进行整合，而在发展的后期则更容易对资源进行整合；最后，签订协议和契约的时机也决定着企业进行资源整合的时机，资源整合往往发生在投资之前正式承诺的时候，以及双方已通过签署协议或频繁互动建立信任关系的时候。

（二）关系视角

网络关系是影响企业进行资源整合的关键因素[36]。资源存在于分散的网络当中或嵌入到不同的网络关系当中，因此，企业需要建立合理的网络关系系统，通过不同的关系互动来整合这些孤立的资源。其中，与顾客建立的网络关系更有利于创业企业获得市场信息和知识，从而针对市场需求进行资源整合；类似地，与供应商建立网络关系也有利于创业企业获得原材料的相关信息，对要素市场充分了解之后才能有效整合资源。

（三）信息视角

集聚外部性、资源获取、信息获取，以及学习能力均是影响资源整合的关键因素[37]。新企业创业过程充满不确定性，在集群中创业可以在一定程度上降低不确定性，集群中的知识溢出、员工的非正式交流和频繁流动使新企业可以从领先企业处获得管理技能、新产品开发技能、生产运作技能和营销技能，新企业利用这些技能对创业资源进行有效的整合和利用；同时，处于产业集群内的创业企业比较容易获取资源，进而可以实现资源整合，因为创业企业在产业集群内更容易获得信息，进而促进其获取相关资源；此外，来自顾客和市场的信息能够更有效地转移、扩散、丰富，商业实践能够更有效地在企业之间模仿，这种学习效应使新企业能够获得领先企业的成功经验，从而提高创业资源整合过程的质量，因而学习能力是产业集群内创业企业进行资源整合的关键因素。

（四）创业者特质视角

创业动机是影响资源整合的关键因素[34]。其中，主动型创业动机不仅有利于技术型资源整合，更有利于人力资源的整合；而被动型创业动机则有利于资金型资源的整合。具有主动创业动机的创业者创建新企业受内在因素拉动，这些内在因素包括成就感、自我控制、信心、自主意识[38]。具有被动创业动机的创业者创建新企业受诸如失业或经济困境等不利的外界因素所推动。被动创业者的个人背景、教育程度、工作经验及社会网络与主动创业者相比，均存在一定劣势。被动动机的创业者较难获取技术或人力资本作为创业初始资源，但相对来说，获取一定的资金作为初始资源，之后再进一步整合其他资源存在较大可能性。而具有主动动机的创业者在创建新企业前有可能具备技术或人力资本等异质性资源，而它们往往很难通过要素市场获得，这些异质性初始资源能较好地吸引其他资源向新企业聚集。

五、创业资源整合的功效

通过资源整合形成异质性产品或服务不仅是新创企业完成机会开发的基础，也是其获取竞争优势，提高企业绩效的重要手段[39]。

（一）资源整合对企业竞争优势的作用

资源基础观认为只要创业企业掌握有价值、稀缺、难以模仿和难以替代的资源，该企业便能够获得持久竞争优势。因而，有学者借此观点认为创业企业通过对资源进行有效整合使其构建独特的战略资源平台，可以获得持久竞争优势[40]。从资源管理角度看，资源整合只是资源管理过程的一个具体环节，在进行资源整合之前创业企业还需要识别关键资源并获得这些资源，进而才能整合资源以产生独特能力。具体来说，企业对资源进行不同的配置和部署将直接影响企业能否获得竞争优势，因而创业企业需要首先识别其所获取的关键资源，再进行合理配置和部署，通过合适的方式整合资源以提升企业竞争优势。

（二）资源整合对企业绩效的作用

在多数学者看来，资源整合有利于提升企业绩效[41]。资源整合将有用资源积累起来进行存储，经过消化吸收并加以配置，就会在企业内部发展并形成独特的优势和能力，夯实企业的资源整合能力，进而将资源整合能力转化为企业绩效，即这些能力促进了企业绩效的提升[42]。但是，资源整合对企业绩效的作用并不仅仅是有利的，当创业企业比竞争对手投入的物质资源和人力资源少时，资源再整合可能不利于提升企业绩效。此外，复杂的外界环境会影响不同资源整合方式对创业绩效的效果，如在高宽松、低动态环境情境下，稳定型资源整合方式和突变型资源整合方式均对新创企业绩效具有积极影响，而在低宽松、高动态环境情境下，只有突变型资源整合方式对新创企业绩效有积极影响，稳定型资源整合方式发挥的作用不明显[43]。

第四节 创业资源拼凑

一、创业资源拼凑的内涵

基于资源基础观的创业研究主要从资源属性及其租金产生机制的角度来论述创业资源对于构建竞争优势和支持创业成长的绩效意义。但在创业情境下，资源约束是创业者面临的首要限制性因素，大多数创业者都缺乏资源来开发机会。那么，创业者如何利用手头现有、零散、在让人看来没有什么价值的资源，富有创造力地构想资源的新用途，并且用它们来开发机会或支持创业成长呢？创业拼凑（bricolage）理论对此做出了极好的理论阐释。来自美国北卡罗来纳州立大学的创业学教授 Baker 等[44]提出的创业拼凑理论揭示了创业者如何在资源高度匮乏的创业环境中整合现有资源，通过对有限资源的创造性利用和选择性拼凑实现企业成长，从而为创业者创建新企业提供了一条可选择的创业路径。

拼凑并非为创业管理领域首创，从学科溯源来看，拼凑一词最早来自法国人类学家 Lévi-Strauss[45]对人类文化和人类思维的研究，他发现人们除了可以采用规范性的科学思维模式来认识世界之外，还可以采用拼凑主义的经验思维模式来改造世界。科学思维强调规划和形式主义，属于抽象认识论，而拼凑思维模式强调对现有思维元素的重新解构和整合，从而创造出新的认识规则和手段。他的研究吸收了其对法国、美国、巴西等不同人群部落历时数年的田野调查结果，从而奠定了拼凑理论的实证分析基础[46]。随后拼凑被引入各种学科，如 Derrida[47]将拼凑的概念引入哲学领域，考察了拼凑在人文科学研究中的结构效用，他发现既有的单元化的社会秩序总是不可避免地出现破裂，需要不断地、连续性地进行修补，这种连续性地修补不是偶然的或意外发生的，而是本质的、系统的和理论的，这种修补性的解构主义就是拼凑。Weick[48]将拼凑理论引入了组织研究领域，分析了组织即兴和拼凑在角色结构形成及组织规范互动过程中的积极作用。此后，一些研究人员开始考察拼凑在不同管理领域学领域的作用模式，形成资源拼凑、制度拼凑、即兴拼凑，以及管理拼凑等多元化的研究视角。拼凑理论的学科演化及其概念内涵界定梳理如表 5-4-1 所示。

表 5-4-1 拼凑理论的学科演化及其概念内涵界定

研究者（年份）	理论视角	具体描述
Lévi-Strauss（1967）	文化人类学	对现有元素的重新解构和整合，从而创造出新的规则和手段
Derrida（1981）	解构主义哲学	一种连续性的、修补性的解构主义
Weick（1993）	组织社会学	拼凑嵌入于即兴而作，强调计划与执行密不可分，认为面对意外发生需要立即采取行动
Campbell（1997）	制度理论	制度拼凑指通过将现有制度惯例扩展到新的行为领域从而实现制度变迁，具有路径依赖特性
Kallinikos（1998）	动态资源基础观	拼凑意味着资源创新，需要权变性和归纳性逻辑
Cunha et al.（2003）	组织即兴	偶发性事件推动了拼凑发生，这个过程是组织及成员利用可获得的、物质的、感知的、情感的、社会化的资源来实现的
Loarne（2005）	行为心理学理论	拼凑不同于创造力，是一个包括资源整合、任务识别、发展解决方案和结果评估的动态过程
Duymedjian & Rüling（2010）	组织理论	拼凑嵌入于组织情境之中，是一种对组织实践的重新配置，需要采用柔性控制系统和非建制化的组织设计机制
Garud & Karnoe（2003）	技术创业	拼凑不同于突破式创新，强调利用手头的资源，通过建立某种机构来解决具体问题
Baker et al.（2003）	创业管理	拼凑是一种即兴发挥观，其并不否认创业过程中的计划行为，但认为问题解决是一个渐进过程，创业者需要注重缩短计划和行动之间的时间间隔

资料来源：秦剑．基于创业管理视角的创业拼凑理论发展及其实证应用研究［J］．管理评论，2012，24（9）：94-102.

Baker 和 Nelson[44]正式提出资源拼凑理论，认为资源拼凑是创业者面临资源约束时的一种行动战略，通过现有资源的将就利用，从而实现新的创业机会或应对挑战。资源拼凑的主要特征是脱离传统的资源环境分析范式，不拘泥于资源属性，从一个全新的视角审视现有资源的价值，通过“将就”与重新组合，构建新的手段目标导向以把握机会或迎接挑战[49]。该理论主要涉及 3

个核心概念：现有资源、资源将就以及资源重构。

“现有资源”是企业或现有市场已经存在但未被发掘或被忽视价值的资源，创业者通过社会交换或非契约形式低成本获得的资源，以及创业者思维层面拥有的一些独特策略思维和知识能力等。正是对不同约束资源环境下现有资源使用价值及其意义非同寻常的理解，从现有资源出发，通过资源拼凑实现创业的“无中生有”；“资源将就”指创业者面对资源约束时利用现有资源应对新挑战或机会的一种行为偏见，强调即兴而作的积极行动，而非犹豫疑问是否手头资源产生的有益结果。拼凑者并非以最优作为行动准则，而是以合适作为评判标准，如同经济领域的知足决策即满意原则；“资源重构”即整合资源以实现新目的，是指创业者根据新目的，以不同的既有策略意图及使用方式来整合资源。既有目的需要相应的资源整合以实现，而新目的需要资源的再整合。另外，从建构主义看，这一“新目的”可能并不是具体的某项目意图，社会不断发展，环境不断变化，科技不断进步，诸如社会、制度及技术的变革通常遵循创造性的逻辑。创业者面临资源约束、环境变化，以及在创业企业新生弱性的背景下，需要以创造性的逻辑看待资源与目的的关系。

效果推理是根据既有资源和手段选择目标的决策制定过程[50]。一些学者将创业拼凑与效果推理联系在一起，认为两者都是从手头资源出发的决策逻辑。实际上，创业资源拼凑与效果推理之间存在一定的差异，具体差异如下表 5-4-2 所示。

表 5-4-2　创业拼凑与效果推理过程之间的异同

类型	创业资源拼凑	效果推理
资源利用	我有什么（手头的物质资源、人力资源、技能等）	手段驱动转换：我是谁？我知道什么？我认识谁？
创业手段	凑合着做/不被限制约束/创造资源组合以满足新的目的，收集零碎的东西	我能做什么？我能承担多少损失
互动方式	与顾客互动（如与顾客交朋友），与制度环境中的监管者互动	与利益相关者互动
创业方式	即兴而作/不被限制约束	利用偶然性：你的目标和新的手段

资料来源：于晓宇，李雅洁，陶向明. 创业拼凑研究综述与未来展望［J］. 管理学报，2017，14（2）：306-316.

在效果推理过程中，拼凑者将注意力放在手头资源，为手头资源寻找能够实现的、合适的结果，但仅从效果推理和创业拼凑的过程相似就认为创业拼凑是采用了效果推理逻辑是不准确的。效果推理的目的是降低不确定性，而创业拼凑的目的是解决资源约束。因果推理是与效果推理相对的一个概念，是指根据既定目标，选择资源和手段的决策制定过程[51]。在拼凑过程中，若创业者、创业企业以机会为导向，在资源约束情境下重新审视手头资源的用途，考虑手头资源如何满足既定目标，则体现了以因果推理为逻辑的拼凑。据此，创业拼凑不是一个和效果推理相似或与因果推理相反的概念，创业拼凑既可以体现因果推理，也可以体现效果推理。例如，为了满足客户需求的创业拼凑就体现了因果推理的逻辑；利用闲置资源的创业资源拼凑就体现了效果推理的逻辑；创业者、创业企业在利用手头资源进行拼凑时，初衷可能是“如何利用手头资源达到既定目标”，也可能是“利用手头资源（如闲置资源）我能做什么”，无论采取效果推理还是因果推理，创业资源拼凑都有利于实现“手段—目的”组合的创新。

二、创业资源拼凑的过程

从本质上讲，创业资源拼凑解决了新创企业在高度变革和高度不确定性的市场上所面临的战略挑战，那就是不断地创新和重塑公司现有资源禀赋，以取得可持续的竞争优势，所以这也是一个资源依赖和情境嵌入的社会互动过程。Baker 和 Nelson[44]通过对 29 个资源约束下的新创企业的田野调查，构建出了创业拼凑的过程模型。

如图 5-4-1 所示，创业者有 3 种方法应对资源缺乏环境中所遇到的创业挑战。第一种是通过创业拼凑来解决资源约束。第二种则是通过寻求和获取新的外部资源来迎接挑战。第三种就是创业者回避这些挑战，不再积极地做出创业活动，这包括 3 种可能性：一是维持现状，二是缩减新企业规模，三是解散新企业。为了实现创业资源拼凑，创业者有三种途径可供选择，分别是要素投入、制度规范化及获取新顾客群体，这 3 种拼凑路径会产生 3 种不同的互动强化过程和破除资源限制的方法，包括通过对现有创业实践的一致性强化形成认同拼凑、通过制度规范化将创业拼凑变成创业常规，以及通过获取新顾客群体从而进入服务需求和利润更多的新市场，这 3 种创业路径和 3 种强化过程的互动整合最终会导致两种拼凑结果：新创企业实现成长和新创企业不成长。此外，在图 5-4-1 的第三模块，为了实现有效的拼凑战略，创业者需要具备 5 种拼凑能力：创造力，即兴而作的能力，对手头资源的整合能力，对模糊性、混乱和挫折的承受能力，以及必要的社会技能和构建社会网络的能力。

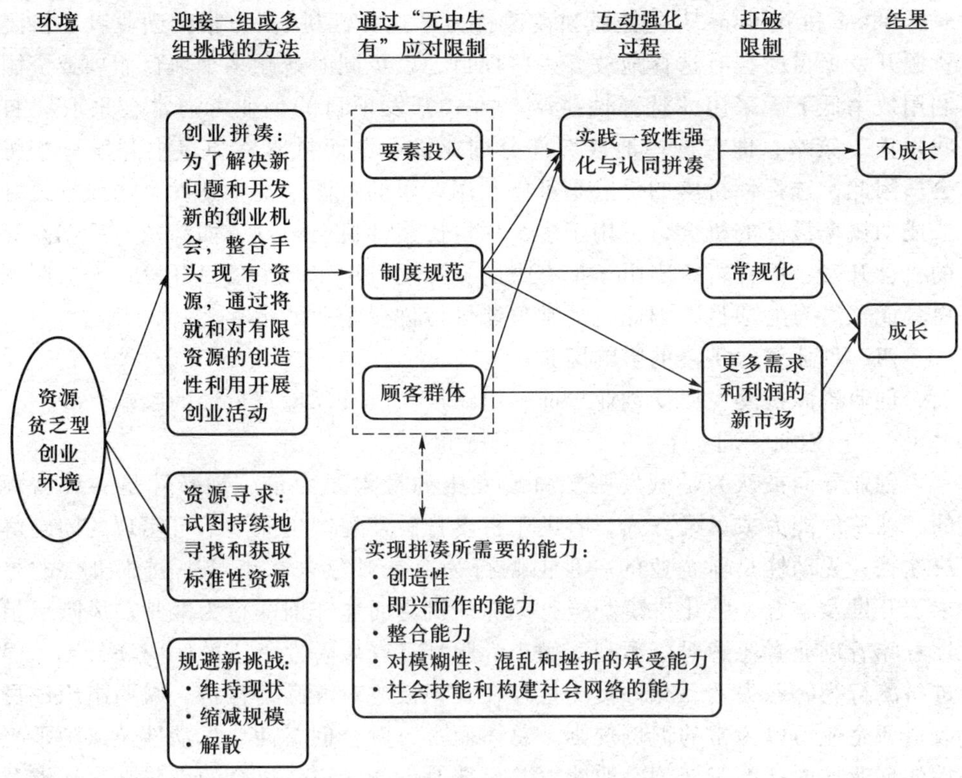

图 5-4-1　创业资源拼凑的过程模型

资料来源：Baker T，Nelson R E. Creating something from nothing：Resource construction through entrepreneurial bricolage［J］. Administrative science quarterly，2005，50（3）：329-366.

三、创业资源拼凑的方式

由创业资源拼凑的过程模型可知，整个创业资源拼凑过程在一开始可以分为“并行拼凑”（parallel bricolage）和“连续拼凑”（serial bricolage）两种不同的拼凑方式。

并行拼凑是指创业者通过资源拼凑同时推进多个创业项目，当其中某个或某些项目因资源短缺而难以为继时，就转而推进其他可用现有资源的项目，等找到新的资源或者发现现有资源的新用途以后，再继续推进先前因资源紧缺而搁置下来的项目。因此，采用并行拼凑方式，必须筹备相对较多的资源，某些项目的搁置又能腾出部分资源，甚至造成部分资源闲置。

连续拼凑是指创业者拼凑资源集中开发一个创业机会或项目。与并行拼凑相比，采用连续拼凑方式开发的创业项目能够表现出较好的成长业绩，而并行拼凑由于在多个项目之间分散使用或切换资源而降低了资源的利用效率，因此，就创业成长业绩而言不如连续拼凑。

Baker 和 Nelson[44]把连续拼凑改称为“选择性拼凑”，指称创业者在拼凑资源开发项目时会有选择地放弃一些项目，以免同时兼顾多个项目而导致资源利用效率低下。采用“选择性拼凑”方式开发项目的创业者通常会采取“自我阻止”策略，即有选择地放弃部分创业机会，而拼凑资源集中开发一个机会。因此，选择性拼凑的优点是可以利用有限的资源来集中开发市场前景最好或成功概率最高的机会，可用于多个项目探索性机会开发，如涉及产品创新等的机会开发；而并行拼凑由于把有限的资源同时用于多个项目开发，无法照顾更具成长潜力的项目，因此，通常只能维持创业企业的生存。

四、创业资源拼凑的影响因素

创业资源拼凑主要受创业导向、组织声望以及环境宽松性的影响。

（一）创业导向

创业导向被认为是激发资源拼凑发生的最重要力量。创新性是一种新颖的、独特的能力或思维方式，有助于拼凑打破常规产生原本不可实现的问题解决途径；先动性是新企业的一种前瞻行为，是对蕴含在市场中创业机会的寻求、开发及整合，强化拼凑积极行动抓住机遇而非守旧的行为准则。风险承担性意味着创业者愿意对资源利用做出大胆且具有风险性承诺的倾向和行动，促进拼凑行为容忍失败、允许模糊性存在及积极应对混乱与挫折，减弱组织成员改造新企业习以为常的惯例规则。总体而言，融合创新性、先动性及风险承担性的创业导向有助于新创企业建立并保持对创新知识、机会的敏感性，能够及时识别并获取有预见性的信息资源加以开发，创造开放、包容的风险态度，进而促进新创企业拼凑活动[52]。

（二）组织声望

组织声望与创业资源拼凑之间是一个 U 型关系。创业企业的组织声望很低时，资源获取成本较高，创业拼凑可以实现以较低成本获取资源，创业拼凑的程度较高；随着组织声望的提高，企业摆脱了新进入者劣势，利益相关者愿意将标准资源提供给企业，创业拼凑的程度逐渐降低；当组织声望很高时，企业拥有大量重复或冗余资源，创业拼凑通过调度组织内部资源应对市场变化，创业拼凑的程度又逐渐提高。

（三）环境宽松性

环境宽松性是指企业获取重要资源的难易程度。环境宽松性很低时，资源竞争非常激烈[53]，创业企业获取标准资源的难度大、成本高，企业只能通过创业拼凑来解决资源约束的困境；随着环境宽松性的提高，标准资源的提供者数量逐渐增加，降低了标准资源的获取难度，创业拼凑的程度随之降低；当环境宽松性很高时，企业拥有的资源质量高且数量充足，企业通过拼凑自身资源即可实现预期目标，创业拼凑的程度逐渐提高。组织声望和环境宽松性决定了企业获取标准资源的成本和难易程度，因而影响了企业是否利用资源拼凑替代标准资源的决策。

五、创业资源拼凑的功效

创业资源拼凑所要解决的关键问题正是在“内忧外患”的环境下突破资源约束、推动机会开发、促进资源能力形成、提升资源配置能力、克服新小弱性，以及形成竞争优势等[52]。

（一）突破环境资源约束

作为一种全新的资源利用行为与价值发掘战略，拼凑突破占主导逻辑的资源属性定义，通过创业者现有资源的将就与重新整合以突破约束。实践中，拼凑者一方面辩证看待现有资源的有限性，另一方面摈弃资源的无效组合与惯性思维，通过各样有限资源之间的创造性拼凑，产生不同的资源结构、不同的资源用途、不同的资源社会化属性及其新的使用价值，并且决定了创业者、创业机会、创业行动及资源约束环境等之间并行不悖的建构功效。从有限资源出发，并不强调资源特质及其“应有的”价值，突破资源环境约束及融合新企业非比寻常的成长能力。

（二）推动创业机会开发

创业者对机会的识别在很大程度上来自于自身知识结构与警觉性，而对机会的开发利用却十分依赖资源的掌控能力。拼凑和企业成长的过程模型强调，面对稀缺的资源环境，创业者或者通过搜寻获得适当级别和种类的外部市场标准化资源满足机会开发，在这个过程中一些企业尝试资源搜寻但最终以失败收场，转而放弃机会，以致维持现状、缩减规模，甚至解散团队等。而拼凑者善于利用现有非标准化资源、开发新颖的服务、拒绝惯性的限制，通过将就、立即行动有益于创业机会的开发。

（三）提升资源配置能力

创业者面临的最大困境是如何获得所需资源并予以开发，而在该过程中的资源能力扮演着关键角色。拼凑也被看成一种特殊的资源能力[54]，提供全新资源整合和创造性利用过程的生动图景，这也意味着具有企业家能力的创业者应当充分创新和发掘资源所隐含的价值。在这个意义上，资源拼凑能力无疑是创业能力的一个重要维度。创业者及其团队注重拼凑能力的形成，对于评价该新企业的资源整合能力和发展潜质具有重要价值。

（四）获得生存成长优势

通过现有资源的创造性利用，强调即兴、知足决策及重构的积极作用，创业拼凑并非不同资源的简单累加，而是复杂多维的，其实质是一种资源套利

(resource arbitrage) 行为：对现有零碎、忽视价值资源的创造性利用，并未产生较大的成本投入，却获得更高的性价比、更快的顾客响应速度及更广的市场覆盖率以支持新企业生存与成长。不仅如此，即兴与满意原则，有助于创业者快速行动，为持续成长提供丰富的资源和决策依据，避免因资源约束导致的创业机会丧失与失败。在全新拼凑模式下，创业者通过质疑、颠覆与解构，创造出独特的产品和服务，赢得广泛的市场，即在追求生存的过程中实现新企业的持续成长。

本章要点

1. 创业资源是创业企业所拥有、控制或整合的各种有形、无形的要素与要素组合。其中，“拥有、控制或整合”描述了创业企业资源获取与利用的途径和方式，“有形与无形”说明了创业资源的存在形态；“要素与要素组合”是从创业企业创造价值的方式和投入产出的角度来说的。

2. 创业资源按其来源可以分为自有资源和外部资源；按其存在形态可以分为有形资源和无形资源；按其性质可以划分为人力资源、社会资源、财务资源、物质资源、技术资源及组织资源；按其对生产过程的作用分为生产型资源和工具型资源；按其在创业过程中的作用可以分为知识资源和运营资源。

3. 创业资源与一般商业资源在资源特征、资源范围及资源的表现形式 3 个方面存在一定的差异。

4. 除了商业创意的价值，影响创业资源获取的因素主要包括创业导向、创业者（创业团队）先前工作经验、资源配置方式、创业者的管理能力及社会网络。

5. 创业者获取资源的途径主要有购买、联盟、并购及社会网络 4 种途径。

6. 创业资源整合主要呈现 4 个特征：一是激活特征，激活后的资源才能发挥其最大效能；二是动态特征，资源整合必须要保持与环境的充分互动，随机应变；三是系统特征，要将企业所有资源作为一个整体；四是价值增值特征，即资源整合并不是单项资源的简单加总，而是各类资源的有机结合和相互作用方式的综合，使其达到“1+1>2”的放大效应。

7. 现有研究主要基于投资视角、关系视角、信息视角及创业者特质视角等来探讨资源整合的影响因素。

8. 通过资源整合形成异质性产品或服务不仅是新创企业完成机会开发的基础，也是其获取竞争优势、提高企业绩效的重要手段。

9. 资源拼凑是创业者面临资源约束时的一种行动战略，通过现有资源的将就利用，从而实现新的创业机会或应对挑战。资源拼凑脱离了传统的资源环境分析范式，不拘泥于资源属性，从一个全新的视角审视现有资源的价值、通过“将就”与重新组合、构建新的手段目标导向以把握机会或迎接挑战。

10. 创业资源拼凑解决了新创企业在高度变革和高度不确定性的市场上所面临的战略挑战，是一个资源依赖和情境嵌入的社会互动过程。

11. 创业资源拼凑包括并行拼凑和选择性拼凑两种方式。并行拼凑是指创业者通过资源拼凑同时推进多个创业项目，当其中某个或某些项目因资源短缺而难以为继时，就转而推进其他可用现有资源的项目，等找到新的资源或者发现现有资源的新用途以后，再继续推进先前因资源紧缺而搁置下来的项目。选择性拼凑指创业者在拼凑资源开发项目时会有选择地放弃一些项目，以免同时兼顾多个项目而导致资源利用效率低下。

12. 创业资源拼凑主要受创业导向、组织声望及环境宽松性的影响。

13. 创业资源拼凑所要解决的关键问题正是在“内忧外患”的环境下突破资源约束、推动机会开发、促进资源能力形成、提升资源配置能力、克服新小弱性及形成竞争优势。

能力拓展

请认真观看电影《中国合伙人》《梦想合伙人》，思考回答如下问题：

1. 在不同的创业阶段，电影中的创业者及创业团队是如何获取资源的？

2. 创业资源整合在这两部影片中是如何体现的？这两部影片中有没有体现出创业资源拼凑？

3. 您认为这两部影片中创业团队拥有的核心创业资源分别是什么？

参考文献

[1] Caves R E. Industrial organization, corporate strategy and structure [J]. Journal of Economic Literature, 1980, 18 (1).

[2] Wernerfelt B. A resource-based view of the firm [J]. Strategic Management Journal, 1984, 5 (2).

[3] Barney J. Firm resources and sustained competitive advantage [J]. Journal of Management, 1991, 17 (1).

[4] Hall R. A framework linking intangible resources and capabiliites to sustainable competitive advantage [J]. Strategic Management Journal, 1993, 14 (8).

[5] Dollinger M J. Entrepreneurship: strategies and resources [M]. New York: Prentice Hall, 2003.

[6] Grande J, Madsen E L, Borch O J. The relationship between resources, entrepreneurial orientation and performance in farm-based ventures [J]. Entrepreneurship and Regional Development, 2011, 23 (3/4).

[7] 林强. 基于新创企业绩效决定要素的高科技企业孵化机制研究 [D]. 清华大学, 2003.

[8] 林嵩, 张帏, 林强. 高科技创业企业资源整合模式研究 [J]. 科学学与科学技术管理, 2005, 26 (3).

[9] 顾桥. 中小企业创业资源的理论研究 [D]. 武汉理工大学, 2003.

[10] 余绍忠. 创业资源、创业战略与创业绩效关系研究——基于不同环境及组织结构的调节机制 [D]. 浙江大学, 2012.

[11] 张玉利. 创业管理（第三版）[M]. 北京：机械工业出版社, 2013.

[12] 朱秀梅, 费宇鹏. 关系特征、资源获取与初创企业绩效关系实证研究 [J]. 南开管理评论, 2010, 13 (3).

[13] 李家华. 创业基础 [M]. 北京：北京师范大学出版社, 2013.

[14] Lichtenstein B M B, Brush C G. How do "resource bundles" develop and change in new ventures? A dynamic model and longitudinal exploration [J]. Entrepreneurship Theory and Practice, 2001, 25 (3).

[15] Brush C G, Greene P G, Hart M M. From initial idea to unique advantage: The entrepreneurial challenge of constructing a resource base [J]. The Academy of Management Executive, 2001, 15 (1).

[16] Zhang J, Soh P, Wong P. Entrepreneurial resource acquisition through indirect ties: Compensatory effects of prior knowledge [J]. Journal of Management, 2010, 36 (2).

[17] Ge B, Yu D. The Impact of Network Capabilities on Entrepreneurial Resource Acquisition [C]. Iita International Conference on Control, Automation and Systems Engineering. IEEE Computer Society, 2009.

[18] 李家华. 创业基础（第 2 版）[M]. 北京：清华大学出版社, 2015.

[19] 买忆媛, 徐承志. 工作经验对社会企业创业资源整合的影响 [J]. 管理学报, 2012, 19 (1).

[20] 王艳茹. 创业资源 [M]. 北京：清华大学出版社, 2014.

[21] Ciabuschi F, Perna A, Snehota I. Assembling resources when forming a new business [J]. Journal of Business Research, 2012, 65 (2).

[22] 王晓文, 张玉利, 李凯. 创业资源整合的战略选择和实现手段——基于租金创造机制视角 [J]. 经济管理, 2009 (1).

[23] 蔡莉, 尹苗苗. 新创企业学习能力、资源整合方式对企业绩效的影响研究 [J]. 管理世界, 2009 (10).

[24] 董保宝, 葛宝山, 王侃. 资源整合过程、动态能力与竞争优势：机理与路径 [J]. 管理世界, 2011 (3).

[25] Sirmon D G, Hitt M A, Ireland R D, et al. Resource orchestration to create competitive advantage: Breadth, depth, and life cycle effects [J]. Journal of Management, 2011, 37 (5).

[26] Adegbesan J A. On the origins of competitive advantage: Strategic factor markets and heterogeneous resource complementarity [J]. Academy of Management Review, 2009, 34 (3).

[27] Wiklund J, Shepherd D A. The effectiveness of alliances and acquisitions: The role of resource combination activities [J]. Entrepreneurship Theory and Practice, 2009, 33 (1).

[28] 饶扬德. 企业资源整合过程与能力分析 [J]. 工业技术经济, 2006, 25 (9).

[29] 尹苗苗, 王玲. 创业领域资源整合研究现状与未来探析 [J]. 外国经济与管理, 2015, 37 (8).

[30] 郑小勇, 魏江. 商业集团从属企业双重资源获取与成长绩效的关联机理——基于资源观的结构性观点和跨层次研究 [J]. 技术经济, 2016, 35 (3).

[31] Sirmon D G, Hitt M A, Ireland R D. Managing firm resources in dynamic environments to create value: Looking inside the black box [J]. Academy of Management Review, 2007, 32 (1).

[32] 蔡莉, 柳青. 新创企业资源整合过程模型 [J]. 科学学与科学技术管理, 2007, 28 (2).

[33] Zahra S A, Nielsen A P. Sources of capabilities, integration and technology commercialization [J]. Strategic Management Journal, 2002, 23 (5).

[34] 王旭, 朱秀梅. 创业动机、机会开发与资源整合关系实证研究 [J]. 科研管理, 2010, 31 (5).

[35] 崔启国, 蔡莉, 柳青, 全哲锡. 科技型企业创生资源整合研究 [J]. 技术经济, 2007, 26 (1).

[36] Tolstoy D. Knowledge combination and knowledge creation in a foreign-market network [J]. Journal of Small Business Management, 2009, 47 (2).

[37] 朱秀梅, 方永刚, 沈莹. 集聚经济效应对新创企业资源获取和整合影响的实证研究 [J]. 中国科技论坛, 2008 (5).

[38] Barbato R, DeMartino R, Jacques P H. The entrepreneurial motivations of nonemployer entrepreneurs [J]. New England Journal of Entrepreneurship, 2009, 12 (1).

[39] 彭学兵, 陈璐露, 刘玥伶. 创业资源整合、组织协调与新创企业绩效的关系 [J]. 科研管理, 2016, 37 (1).

[40] Steffens P R, Senyard J M, Baker T. Linking resource acquisition and development processes to resource-based advantage: Bricolage and the resource-based view [C]. Adelaide: 6th AGSE International Entrepreneurship Research Exchange, 2009.

[41] Sirmon D G, Hitt M A. Contingencies within dynamic managerial capabilities: interdependent effects of resource investment and deployment on firm performance [J]. Strategic Management Journal, 2009, 30 (13).

[42] 马鸿佳，董保宝，葛宝山. 资源整合过程，能力与企业绩效关系研究 [J]. 吉林大学社会科学学报，2011，51 (4).

[43] 尹苗苗，马艳丽. 不同环境下新创企业资源整合与绩效关系研究 [J]. 科研管理，2014，35 (8).

[44] Baker T, Nelson R E. Creating something from nothing: Resource construction through entrepreneurial bricolage [J]. Administrative Science Quarterly, 2005, 50 (3).

[45] Lévi-Strauss 著，李幼蒸译. 野性的思维 [M]. 北京：商务印书馆，1997.

[46] 秦剑. 基于创业管理视角的创业拼凑理论发展及其实证应用研究 [J]. 管理评论，2012，24 (9).

[47] Jacques Derrida 著，余碧平译. 多重立场 [M]. 北京：生活·读书·新知三联书店，2004.

[48] Weick K E. The collapse of sensemaking in organizations: The mann gulch disaster [J]. Administrative Science Quarterly, 1993, 38 (4).

[49] 祝振铎，李新春. 新创企业成长战略：资源拼凑的研究综述与展望 [J]. 外国经济与管理，2016，38 (11).

[50] Sarasvathy S D. Causation and effectuation: Toward a theoretical shift from economic inevitability to entrepreneurial contingency [J]. Academy of Management Review, 2001, 26 (2).

[51] Fisher G. Effectuation, causation, and bricolage: A behavioral comparison of emerging theories in entrepreneurship research [J]. Entrepreneurship Theory and Practice, 2012, 36 (5).

[52] 祝振铎，李非. 创业拼凑对新企业绩效的动态影响——基于中国转型经济的证据 [J]. 科学学与科学技术管理，2014，35 (10).

[53] Bradley S W, Wiklund J, Shepherd D A. Swinging a double-edged sword: The effect of slack on entrepreneurial management and growth [J]. Journal of Business Venturing, 2011, 26 (5).

[54] Gundry L K, Kickul J R, Griffiths M D, et al. Entrepreneurial bricolage and innovation ecology: Precursors to social innovation? [J]. Frontiers of Entrepreneurship Research, 2011, 31 (19).

第六章　创业企业成长

学习目标

1. 了解创业企业的内涵，理解创业企业成长的衡量方法；
2. 理解创业企业成长的影响因素；
3. 理解资源观视角下的创业企业成长模型；
4. 了解资源观视角下创业企业成长的路径；
5. 理解网络观视角下的创业企业成长模型；
6. 了解网络观视角下创业企业成长的路径；
7. 理解制度观视角下的创业企业成长模型；
8. 了解创业企业获取组织合法性的策略。

第一节　创业企业成长概述

一、创业企业的内涵

创业企业是创业者实现创业活动的载体。不同学者从不同角度对创业企业进行界定。部分学者从企业生命周期的视角对创业企业进行定义，如《全球创业观察》（GEM）将创业企业界定为那些成立时间不超过 42 个月的企业；Bhide[1]将创业企业界定为创办时间不超过 8 年的公司。Adizes[2]将企业成长过程分划分为成长和老化两大阶段十个时期，其中成长阶段从孕育期开始，经历婴儿期、学步期、青春期、盛年期直至稳定期，在此基础上，计东亚[3]认为创业企业指的是处于孕育期、婴儿期、学步期、青春期这四个阶段的企业。另有学者主要从企业成长的特征这一角度对创业企业进行界定，如苏田[4]认为创业企业指的是对市场反应迅速、学习和适应能力较强、相对容易实现技术创新的企业。从广义的角度出发，以创业为基准，现有的创业活动包括初次创业与二次创业，初次创业是新企业的创立过程，二次创业则是成熟企业在原有基础上的创新与变革。因此，创业企业从广义层面进行理解，即通过一系列创业行为新成立的企业和通过创新与变革实现再次创业的企业均可以视为创业企业[4]。

与成熟企业相比，创业企业面临着“新”和“小”的缺陷，具有资源稀缺、组织结构不完整性及缺乏合法性等特征。第一，资源是创业企业存活和发展的生命之泉，但创业企业往往处于初创或发展阶段，资源极其有限。因此，创业企业需要重点关注如何去外部获取资源。在获取资源的过程中又面临着缺乏相关交易记录的难题，从而难以通过市场渠道获取，如通过银行借贷、资本市场融资的可能性都较小。第二，创业企业的组织往往不够完善，部门分工不明确，存在冗杂现象。这种状况的存在使得创业企业往往具备较强的灵活性，应对外界变化的速度也较快，但也一定程度上使得规制难以有效实施，其凝聚力也明显不如成熟企业。第三，创业企业往往是刚刚步入新的市场，其产品和服务并未得到顾客的认可，并且在短时期内难以建立起市场地位，难以获得市场认可是创业企业的典型特征。因此，如何获取合法性是创业企业成长面临的主要困境之一。

二、创业企业成长的衡量

企业成长的概念起源于亚当·斯密的劳动分工理论，通过劳动分工，复杂任务可以分解为一系列简单工序，使生产效率提高，有利于熟练技能和新方法新发明的产生，企业规模得以实现扩张[5]。熊彼特的创新理论则认为企业成长是一个“创造性毁灭的过程”，他将企业成长视为一个不断创新的过程[6]。彭罗斯从企业内部资源的视角结合马歇尔“内部经济”的思想，认为企业成长是企业对内部未开发资源的挖掘、筛选、利用的动态过程[7]。同时，她指出决定企业成长的关键因素是企业的资源状况，通过提升组织学习和知识积累能力有利于增加企业的资源积累。在此基础上，张秀娥和郭宇红[8]认为创业企业成长是在一个相当长的时间内，通过创新、变革和有效管理等手段，积累、整合并促使资源增值，不断增强企业能力，形成企业核心竞争力，进而保持企业整体绩效平衡、稳定增长的势头的过程。

有关创业企业成长的衡量，有多种评价指标体系[9]。如 Ensley 等[10]认为可以采用销售增长率这一指标来评价创业企业成长；也有学者[11]认为可以从总投资平均报酬率、资产平均报酬率、销售回报率 3 个利润指标来衡量创业企业成长。另有学者[12]认为仅用财务指标衡量创业企业成长具有局限性，难以揭示创业成长过程，建议使用销售额增长、市场占有率增长、利润增长、竞争力增长等指标来衡量创业企业成长。

三、创业企业成长的影响因素

国内外学者就“为什么有些创业企业能够实现成长而另一些却不能”这一问题展开了较多探究，以期揭示创业企业成长的影响因素。相关研究主要从创业者、资源、战略和产业环境等四个方面对创业企业成长的影响效果进行分析，如表 6-1-1 所示。

表 6-1-1　创业企业成长的影响因素

影响因素	主要研究变量
创业者	创业者性别、年龄、创业动机、教育程度、从业经验、人格特质、领导风格，以及创业者的人力资本和社会关系网络等
资源	财务资源、人力资源和组织资源等
战略	战略规划、战略导向、组织学习、创新活动和差异化等因素
产业环境	制度环境、外部融资可得性、市场认可性、环境动态性、敌对性及动态性等

资料来源：张梦琪. 创业者社会资本，创业机会开发与新创企业成长关系研究［D］. 吉林大学，2015.

从创业者的层面来看，创业者的年龄、经验、社会网络、能力，以及领导风格等在创业企业成长过程中起重要作用。首先，创业者的年龄与人际关系一般与创业企业发展呈正相关关系，随着年龄的增长，个人积累的社会关系、经验和能力不断增加，有利于创业企业成长[13]。其次，创业者资源获取、机会选择与管理能力均会影响新创企业的成长。在众多创业者的个人因素中，先前经验是一个重要变量，先前经验能够使创业者积累创业相关的知识，创业者能够知道从哪里获得创业信息、所需的资源，以及如何有效利用创业资源。因而，先前经验能够有利于创业者提高决策能力，进而提高创业企业的生存与成长绩效。总的来说，创业者的先前从业经验能够有利于捕获有用的信息，抓住商机并推动创业企业成立；创业者的社会关系是影响创业企业成长的外部资源能力；创业者的领导方式决定了创业团队和其他成员的工作效率与凝聚力，对于企业的长期发展具有引领作用。

企业资源观认为企业是各种资源的集合，因此，有效资源的数量和质量直接影响着创业企业的发展潜力。企业的资源一般可以分为人力资源、财务资源和组织资源等，其中财务资源和人力资源对于创业企业成长具有显著的推动作用[14]。Mishina 等[15]研究发现如果企业具有充裕的财务资源，则有利于实现短期营业收入的增加；如果企业的人力资源较为充足，则可以推动企业市场扩张。

大量研究关注了战略因素对创业企业成长绩效的影响。例如，运用聚焦战略，为特定的市场专业提供单一的产品或服务，有利于增加产品的销售额；运用差异化战略为市场提供高质量和创新的产品与服务，有利于创业企业销售额、利润和雇员的增长。在企业战略导向与创业绩效的关系中，市场导向与创业导向是企业成功的两个关键要素，较高的市场导向和适中的创业导向是促进创业企业成长的最优组合。

影响创业企业成败的因素不仅局限于创业者个人、创业资源等，还要考虑外部环境的影响，企业要依赖所选择的产业的环境及相应的战略行动。一般而言，在相对宽松的产业环境下，创业企业能够获得更多的创业资源和机会，从而为创业企业的长期成长提供机会。Lotti 等[16]分析一些产业内的企业演化过程，发现在产业成长初期企业规模大小和数量分布不规则，然而随着产业的不断成熟，产业内企业的规模不断扩大。

第二节　资源观视角下的创业企业成长

一、资源基础理论

资源基础理论（resource-based theory，RBT）最早由 Penrose 提出，其在《企业成长理论》一书中探讨了企业资源与企业成长间的关系，认为企业是“被一个行政管理框架协调并限定边界的资源集合”，企业成长的源泉来自于企业内部的资源，企业内部的资源和能力是企业绩效和发展方向的坚实基础。在 Penrose 研究的基础上，Wernerfelt[17]首次提出了“资源基础观”（resource-based view，RBV），他认为企业的高利润来自于企业资源而不是产品，通过获取稀缺性资源，企业可以获得廉价且回报优厚的机会。随后，Barney[18]系统提出了资源基础理论的核心观点，认为具有稀缺性、价值性、不可替代性、不可模仿性等特征的战略性资源有助于企业构建竞争优势。

在资源基础理论的基础上，Prahalad 和 Hamel[19]提出核心能力的概念，认为企业本质上是一个能力的集合体，不是所有的能力都能形成竞争优势，只有核心能力才是企业竞争优势的源泉，积累、保持和运用核心能力是企业成长的长期根本性战略。企业能力理论没有对为什么企业拥有核心能力及一些企业在获得核心能力的同时，反而出现了“核心刚性”，而最终丧失核心能力等问题给出解释。鉴此，Teece 等[20]将核心能力的概念进一步延伸，提出了动态能力理论。动态能力理论强调为适应激烈变化的外部环境，企业必须具备动态能力，动态能力可以在给定的路径依赖和市场位势条件下，不断获取新的竞争优势。

总的来说，资源基础视角对创业研究具有特殊的理论价值。由于新创企业的弱势，创业企业通常缺少资源而处于被动的竞争地位。根据资源基础理论的观点，创业企业可以通过资源整合创造竞争优势，从而实现企业的生存与成长。

二、资源观视角下的创业企业成长模型

（一）资源整合与创业企业成长

Alvarez 和 Busenitz[21]提出了创业的资源基础论，明确将 RBV 引入创业问题研究；Brush 等[22]探讨了创业者在识别、吸引、整合和将个人资源转化为组织资源过程中所面临的挑战，并开发了一个能够增加价值创造可能性的资源战略，特别强调创业者的社会技巧对于资源获取与整合的重要价值。蔡莉和柳青[23]提出了一个新企业资源整合过程模型，具体而言，创业者将从不同的驱动因素出发，对已掌握的禀赋资源进行识别，并加以归类，确定资源的不同用途，然后进入新创企业资源获取阶段；其后新创企业在资源获取过程中灵活地利用资源获取方式来建立与外部资源所有者之间的联系，获取资源之后有机整合创业资源以支持创业企业成长。柳青和蔡莉[24]在梳理创业资源开发文献的基础上，构建了一个新企业资源开发过程模型，具体来说，创业者及创业团队的资源禀赋会影响对创业资源的识别和获取，在整个资源开发过程中，通过评价初始资源、细化资源需求和确定资源来源对资源进行识别，在识别资源的基础上，通过外购、吸引和内部积累的方式获取创业资源，而后对创业资源进行整合和利用，以使其推动新创企业的成长。

（二）能力构建与创业企业成长

能力与 RBV 紧密相连，有些学者纷纷从能力视角探讨创业企业成长问题。例如，Zahra 等[25]总结了新创企业和成熟企业在动态能力方面的差异；刘志勇和姜彦福[26]针对新创企业动态能力微观基础即能力演进等问题进行了探讨。刘井建[27]提出了基于创业学习和动态能力的新创企业成长模型。具体来说，基于机会主义的适应是新创企业早期阶段发展的关键。为了实现这一过程，新创企业需要持续地发现新的机会，开发新的能力资源，不断解决各个阶段的主导问题。这一过程受到资源/能力、机会和学习 3 类要素的支持，并且需要 3 类要素相互匹配、协调，才能实现对业务模式成功的变革。胡望斌等[28]提出了新企业创业导向、中介能力与绩效的关系模型，该模型表明新企业的成长是其创业导向和能力共同发展的结果，新企业的创业导向不断演化形成的各种能力是创业导向转化为绩效的关键要素，而且这些能力可被提炼为中介能力。新企业的中介能力水平决定新企业能否获得竞争优势，进而决定它们的生存和成长。

（三）资源拼凑与创业企业成长

新企业通常会面临严重的资源约束问题，Backer 和 Nelson[29]提出的基于资源拼凑理论的新创企业成长模型很好地解决了这个问题。面对资源约束的创业者从身边的既有资源出发，通过它们的价值进行主观构建，重点突破对现有

资源价值的认知约束，有选择地在投入、顾客/市场、制度环境 3 个资源领域进行创造性地拼凑，对现有资源进行全新的组合，然后利用它们开发新机会。在此过程中，创业者逐渐放弃部分拼凑战略，致力于开发有利可图的市场，并实现运营常规化，最终新创企业成功地突破资源约束并实现自身的成长[30]。

三、资源观视角下创业企业成长的路径

（一）综合知识积累性增长与企业成长

资源基础理论是一种内生的路径依赖的理论。资源既作为企业的基础，又是企业扩张的诱因。而管理能力决定了企业边界范围，企业扩张的最大极限是由企业为扩张储备的现有管理服务与单位投入扩张所需要的管理服务的比率所决定，扩张需要的管理服务依赖于扩张本身的特点、市场环境、新业务与现有业务的关系及扩张的方法。导致企业扩张的内部诱因主要来源于企业存在着剩余生产性服务、资源和特别的知识，由于这些资源的不可分性，资源功效的多重性及资源的不断创新性导致企业永远存在剩余资源，不可能存在完全出清的均衡状态，因此企业存在永远成长的动力。

在知识经济时代，增强企业知识管理能力成为提高企业内在发展能力的关键，企业发展所依赖的资源要素发生了重要变化，知识创新与知识吸收能力成为企业成长与再生的关键。知识作为企业内在发展能力的外化，而影响企业发展要素的知识管理内生于企业资源体系之中。企业知识分布在“积累—扩张—再生”的不同生命状态中，体现不同知识管理要求。积累主要存于企业保持的自然状态，并持续存在于正常运行，反映出知识仅作为资源的质量和外延；扩张表现为知识在企业内的复制、消化与转化，体现了企业通过知识资源集聚、积累及成长等方式实现了经营内涵的发展与转变：再生着重展现了综合知识的积累性增长，表明企业在依次经过知识积累、扩张，达到综合知识的积累性增长，并引发创新、变革及战略的资源外取与集成等，实现企业资源的发展与再造，它反映着新的提升跨越，从而不断获取企业竞争优势所需的技术和能力[31]。

（二）资源的动态竞争优势与企业成长

动荡变化、复杂纷繁的外部环境会对企业竞争优势所依赖的资源产生实质性影响，因为只有那些对外部环境变化能够再生战略资源的企业才能继续得到生存和发展，企业成长也就更多地要受不可预期因素的制约。既然企业竞争优势来源于企业异质性资源，资源的持续性必然会受资源的不可模仿性决定。在经济利益的驱动下，没有获得经济租金的企业肯定会模仿优势企业，其结果则是企业趋同，经济租金消散。因此，企业竞争优势及经济租金的存在说明优势企业的特殊资源肯定能被其他企业模仿。当然，只有 3 大因素阻碍了企业之间的互相模仿：逻辑主因关系不确定、路径依赖及模仿成本[32]。

即使资源具有一定的不可模仿性，最终还是会被其他类似企业所学习和模仿。如果阻碍模仿的因素被克服，在决定资源的竞争优势是否会持续方面，资源的成长性和动态性就变得异常重要了。Teece 等[20]的动态能力观认为企业的竞争优势来源于被嵌入在不断发生变化、各式各样的组织过程中的能力，即在企业内部运行的、由位势和过程所决定的高绩效的惯例。但组织运行过程的内容或惯例及其生成竞争优势的可能，在任何轨点上都明显地由企业所采用、继承的演进路径，以及企业所拥有的资源（不管是内部还是市场的）所塑造。资源的动态性强调以前的资源观所忽略的两个关键方面：一是获取竞争优势的资源后必须随着不断变化的市场环境不断更新管理能力和知识；二是能力和知识要能调整、整合、重构内外部组织技能和资源来满足环境变化的要求方面发挥出关键的作用。动态资源观点认为企业成长在非动态时点的选择上是有限度的，今天获得竞争优势或成功的原因部分是由于前期所追求的战略和所得到的经验和效率，而将来的竞争优势孕育于今天的过程之中。因此，必须积极通过知识、技能和诀窍的学习与管理，重构组织位置、过程和发展路径，管理层也需要具备不断重构已经拥有的与资源匹配的能力，建立企业动态的资源优势[33]。

第三节　网络观视角下的创业企业成长

一、社会网络理论概述

社会网络理论是经济社会学中发展十分成熟并广泛应用于经济学、管理学、心理学等学科领域的重要理论。“嵌入性”是社会网络的核心概念之一，Granovetter[34]对此概念进行了全面描述，并指出经济主体所嵌入的社会网络会影响其行为及绩效。随着社会网络研究的发展，有学者直接提出创业研究过程中应该基于将创业视为嵌入在一系列社会关系网络中的视角，并开始探讨创业过程中嵌入性的前因和后果研究[35]。自此，社会网络视角被创业学者们广泛应用于开展新创企业的生成及成长等问题的研究中，其中的关键原因在于网络有助于提供资源获取的渠道从而有利于提高创业绩效[36]。

（一）网络关系理论

网络关系理论是社会网络领域的重要理论分支，比较具有代表性的是 Granovetter[37]的“弱关系”优势理论和 Krackhardt[38]的“强关系”优势理论。Granovetter 认为社会网络中网络成员之间的关系存在强弱之分，即存在所谓的“关系强度”概念。主体之间关系强度的差异会影响到网络成员的交流意愿、沟通的频率及传递信息的质量。强关系（如亲朋、同事）往往基于相似的背景而产生紧密的联系，关系成员之间的差异性较小，这样会导致网络成员之间所掌握的资源和能够提供的信息在一定程度上存在较大重合，所以无法充分发挥网络的优势；相较而言，弱关系网络的成员之间则往往具有较大的差异性，网络所能连接到的资源和信息也具有较大异质性，因而可以充分发挥网络关系的桥梁作用。另一方面，维系弱关系的成本往往要低于维系强关系的消耗，所以从投入产出的比较来看，“弱关系”具有较为明显的比较优势。

Krackhardt 于 1992 年提出了“强关系”理论，在信任和情感支持方面与“弱关系”优势理论进行了对话。由于弱关系网络成员之间往往具有较大的差异性，所以网络成员之间的交往通常不够深入，这会影响到关系成员之间情感联系的深入发展和信任的构建；而强关系网络成员之间则通常具有较高程度的信任，可以为网络成员提高准确程度较高的有用消息，也可以为其他成员提供情感支持，在个体或组织遇到困境时也可以提供一定的资源支持。因此，“强关系”可以为个体或组织提供诸多助益。

实际上，“强关系”与“弱关系”各有所长。例如，Hansen[39]的研究发现“弱关系”的优势主要体现在对新知识的搜寻效率方面，而“强关系”的主要优势则体现在对现有知识的传递效率方面。“强关系”可以提供更多的情感支持，有助于坚定创业者的创业意愿，而“弱关系”则可以提供更多的商业支持，有助于获取企业创立阶段的绩效[40]。

（二）结构洞理论

结构洞理论由著名学者 Burt[41]提出，该理论侧重于探讨网络结构的功效。社会网络中的每个个体可以看作是一个节点，节点与节点之间相互联系而形成网络结构。但并不是所有的节点之间都存在联系，网络之中的某两个个体之间可能需要通过三个甚至更多的节点才能建立联系，这种非直接的联系就有结构洞的存在。网络中能够起到连接作用的那些第三节点可以通过所连接双方的交流而获取信息，进而可以获取收益。对于新创企业而言，如果创业者或新创企业能够在创业网络中占据有利的网络位置，则可以在网络成员的互动中获取更多的资源和信息，进而可以促进新创企业成长[42]。

二、网络观视角下的创业企业成长模型

以往文献大多关注创业网络影响创业企业成长的中介作用变量，如创业学习、组织合法性、战略导向、资源获取等。同时，由于制度和环境也会对创业网络的形成和维护产生一定的作用，有学者也关注了制度环境在创业网络与创业企业成长之间关系的调节作用[43]。根据现有文献，构建如图 6-3-1 所示的创业网络与创业企业成长间的关系模型。

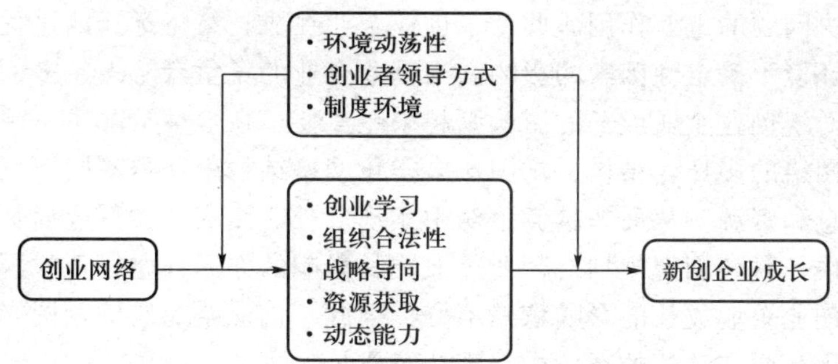

图 6-3-1 创业网络对创业企业成长的关系模型

多数研究证实创业网络对创业企业成长具有显著的正向影响。Zhao 和 Aram[44]认为通过网络获取资源的方式所具备的成本效率对于创业活动非常重要，由于新创企业没有交易记录，在技术和产品方面的不确定性较高，较难通过银行借贷等市场手段筹措资金，因此，关系网络便成了它们融资的重要渠道。创业网络关系中的情感支持也是促进企业良性成长的一个重要因素，网络关系可以进一步促进网络成员间的沟通和交流，促进知识的有效共享和流通，并最终实现向企业能力的转化。在转型经济背景下，社会网络功能有其独特性，建立良好的信任关系，尤其是与政府部门、金融机构的良好关系对企业绩效具有重要的促进作用[45]。Havnes 和 Senneseth[46]研究指出，虽然创业网络对新创企业绩效具有积极影响，但该影响有明显的滞后性，必须在进行创业网络活动一段时间以后才能显现出来。

另外，也有学者[47]研究发现关系网络与企业绩效之间并不存在显著的正向关系，其内在原因是创业者构建并维持网络关系需要时间、精力和成本投入，创业者为构建和维护关系网络花费过多的时间会与其他工作产生冲突，因而未必能为企业带来理想的绩效。杨震宁等[48]的研究也发现网络嵌入过度会导致组织产生创业认知偏差，从而抑制新创企业的成长。

由于创业环境往往是不断变化的，时间对于新创企业而言是稀缺资源，而网络活动需要投入大量的时间和成本。因此，不能简单地判定创业网络和新创企业成长之间是正向还是负向关系。陈燕等[49]引入环境不确定性构建了创业企业成长模型。具体来说，对于新创企业而言，创业网络是应对资源短缺、合法性低等新进入缺陷的有效途径，然而创业网络结构对企业的影响机制不仅是信息的流动性，更重要的可能是知识的多元化和异质性，这种多样化的知识基础有利于促进企业在技术和商业模式方面的创新，进而促进创业企业的成长，同时，创业企业要想实现企业的快速成长，不仅需要依赖创业网络结构中所蕴含的资源和知识，还需要创业企业积极发挥网络层面行为的主动性，尤其是发挥联合解决问题的重要作用。此外，创业企业在成长策略选择的过程中，需要充分考虑环境不确定性因素的影响。当创业企业的竞争者越来越多的时候，网络多样化对于创业企业成长的影响则越来越重要。在这种情况下，需要更多地运用创业网络的多样化结构，试图从多样化网络结构中获得不同于竞争对手的异质性信息和资源，从而超越竞争对手实现成长。而当整体行业面临更大动态变化的时候，联合制定规划对创业企业成长影响的作用开始显现，同时联合解决问题对创业企业成长的影响依然不变，因此，创业企业应侧重网络行为所发挥的作用，从而在动荡的环境中实现持续成长。

三、网络观视角下创业企业的成长路径

第一，对于创业者而言，重要的不只是如何拓展企业的网络关系，如何与现有的网络成员开展紧密的合作更应该是考虑的核心问题。创业者在创业之初首要的问题不是如何改善网络结构，而是如何在现有的网络结构情况下积极与网络成员开展沟通合作。只有利用现有的网络资源，并与网络成员建立起良好的信任关系之后，才有可能在不断的互动过程中去拓展并优化网络结构，从而更好地运用网络资源来促进创业，最终形成良性循环。

第二，网络不仅是资源和信息的载体，更是一种潜在的新知识来源，只有通过试验性学习才能实现网络的知识创造功能，进而支持企业成长。创业企业还需要积极与网络成员开展合作，优化网络的密度和多样性，为试验性学习的开展奠定基础。创业企业需要通过合作性沟通、联合行动等措施与网络伙伴建立良好的合作基础，才能顺利开展试验性学习，进而为促进创业企业成长“保驾护航”[50]。

第三，在有限理性背景下，新创企业需要适度调节社会网络嵌入关系，从而避免创业者认知偏差[48]。支持性的创业社会网络不仅给企业提供各种资源和信息，而且也给企业提供各种社会服务和支撑。实践中，新创企业通过与银行、政府机构、中介组织和其他科研院所等建立密切联系，有利于企业保持战略柔性，适应环境的动态变化，从而提升企业能力。较强的外部支持可以增加新创企业的可支配资源，从而有利于企业应对不确定的外部环境，保持自身良好的成长态势。然而，创业企业的决策者对自身所在环境位势、社会关系和创业资源的认知存在局限性，在资源获取和创业决策过程中不能做到完全理性。因此，保持适度的社会网络关系嵌入，可以获得高质量的社会资本，从而避免或者减少组织认知偏差，这样可以提升组织资源获取过程质量，进而提升创业企业成长绩效。

第四，对于政策制定部门而言，不仅要提供资金、管理方面的支持，更重要的是为创业企业获取资源和能力转化提供良好的外部环境，并为创业网络成

员之间的合作行为提供必要的鼓励措施。如可以强化并奖励产、学、研之间的互动，引导多元化网络成员之间的合作行为，进而促进创业企业成长。

第四节 制度观视角下的创业企业成长

一、新制度主义理论概述

对新制度主义的研究是由美国学者 Meyer 最先引领的，他在继承 Weber 对制度理论研究的基础上进行了发展，形成了新制度主义理论。他指出，要从组织与环境的相互关系角度去研究各类组织行为，从这一视角解释不同的组织现象。新制度主义理论认为在研究外部环境时，不能只考虑技术环境因素，如市场需求变化、科学技术变化、产业竞争状况等经济性变量，还必须考虑制度法律规范和社会习俗惯例等制度环境因素。总之，社会组织都是在一定的文化系统和价值取向的社会构架中运作的，其行为在受到资源和技术的限制时，也受到诸如制度规范、交往习惯和社会习俗等社会建构的约束。

Peng[51]提出了制度基础观理论，他通过研究组织、战略与制度之间的关系，提炼出了“制度环境—企业战略选择—企业绩效”的研究范式。制度基础观认为，企业在制定战略时要考虑制度因素，战略选择是组织对正式及非正式的制度因素的反应结果，即正式及非正式的制度结构约束着企业的战略选择。其中，正式制度是指包括政府及行业的法律、规章和规则在内的约束；非正式制度约束则来源于社会规范、文化力量和伦理观念等。

组织合法性是新制度主义理论的一个核心概念[52]。早期合法性研究中认为组织存在于高度复杂的制度环境中，逐渐与其制度环境同形，通过采纳那些体现了共同信念和知识体系、与被广泛接受的文化模型相一致的结构和程序，来获得合法性与资源[53]。后续研究逐渐完善合法性标准，即除了竞争过程影响组织生存能力外，组织能够遵守规制性、规范性要求并获得文化认可也是组织生产能力的重要影响因素。其中，规制合法性突出强调遵守规则的重要性，符合相关法律与准法律要求的组织即是合法的；规范合法性关注于组织的行为是否正确，是否与有影响力的团体和社会规范保持一致[54]；认知合法性来源于组织和其所在的文化环境的一致性[55]。合法性机制使得组织只能接受制度环境中具有合法性的做法，即使这些做法并没有直接提高组织的生产效率，但合法性本身提高了组织的生存能力[56]。组织如果想要在它们的社会环境中生存下来并兴旺发达，除了物质资源和技术信息之外，还需要得到社会的认可、接受与信任[57]。

二、制度观视角下的创业企业成长模型

组织合法性是一种新的组织形式、商业模式及组织行为被认可的标准或者原则。它被视为能够帮助组织获得其所需资源的关键组织要素。企业可以通过有效的手段管理控制组织的合法性过程，以使其适应外部环境给予组织的压力。因此，近年来学者开始关注组织合法性对创业企业成长的影响，并从组织合法性视角切入构建创业企业成长模型。具体如图 6-4-1 所示。

图 6-4-1 制度观视角下的创业企业成长模型

新制度主义理论认为企业的发展不能只依赖标准化的效率控制，企业应该采取有效的措施确保其行为目标能够被社会所接受、理解或支持，这一措施就是所谓的合法化战略。企业需要有强烈的意识去展现自己的行为目标是符合社会道德规范、行为准则的，从而让社会觉得企业是在一般范式下从事社会公众可以接受的目标，即企业要与政府规制、行业规范和公众认知保持一致，以此达到社会大众对适当性、恰当性和合意性的理解和认可[54]。

组织合法性对创业企业成长的作用机理主要包括两个方面。一方面，组织合法性有助于创业企业获得外部环境的支持与认可，进行资源整合，从而提高创业企业的生存率并实现快速成长。创业需要资金、人手和市场等资源，但是由于缺乏历史记录，外部资源拥有者不愿意把自己的资源投入到新创企业，因此，创业企业只能通过服从制度规范和有效控制外部环境来获得合法性并赢得公众的信任，进而获取其成长所必需的资源。另一方面，当组织合法性被关键的组织环境所接受并认可时，其本身就是一种核心竞争力，这种能力甚至比资源、市场、技术及渠道资源来得更加难得和重要。因此，创业者对于组织合法性的重视程度决定了创业企业的生存与发展[58]。基于投资者的角度看，较高的组织合法性可能使投资者对未来绩效有较高的判断预期，对存在的风险有较低的预测感知，从而对组织绩效产生了正向的影响。

国内学者试图以组织合法性为中介条件，构建创业导向、社会网络以及领导行为等通过组织合法性作用于创业企业成长的关系模型。杜运周和张玉利[59]验证了互动导向通过影响组织合法性进而影响创业企业绩效的作用模型。具体来说，互动导向通过提升新企业与顾客间互动，以及让顾客参与到新企业发展设计中，增加顾客对新企业的了解及顾客对新企业的归属感和心理所有权的感知，降低由于新企业经营历史短和信息不对称等产生的顾客对新企业

的不确定感知，有助于建立顾客网络联系，并基于顾客正面口碑效应影响投资者、供应商、政府、员工等其他利益相关者对新企业的合法性感知，有利于新企业合法性水平的整体提升，而组织合法性作为一种资源，有助于新企业整合其他资源，从而促进新企业成长。彭伟等[60]构建了“联盟网络—组织合法性—新创企业成长”的关系模型。具体而言，新创企业创建初期面临着资源有限、合法性不足的双重压力，这决定了新创企业必须积极寻求外部资源和外部利益相关者的认可与支持。新创企业可以通过缔结多个战略联盟来构建联盟网络以便获取不同类型的合法性，提高自身的合法性水平，从而获得成长，尤其在经济转型时期，新创企业通过与联盟成员加深信任程度和占据网络中心位置，有助于其在联盟成员中树立良好形象，获得更多机会与政府部门沟通交流，从而获取更多合法性以促进新创企业成长。

三、创业企业获取组织合法性的策略

企业追求合法性的目的不止是为了实现内部一致性和赢得外部信任，更重要的是为了能够接近和获得为成长所必需的其他资源。因此，创业企业必须制定有效的战略来获得组织合法性[61]。

Baum 和 Oliver[62]认为，组织可以采用默认、折中、回避、反抗、操纵等五种战略反应来应对制度结构化过程，这样可以使组织从消极退让向积极反抗转变，从而提高整个组织的能动性，从而有利于合法性的获得。一般而言，企业至少可以通过两种途径来主动地获取合法性：一是改变自己，如建立新的组织架构、管理团队和操作流程等；二是改变所处外界环境，如企业通过广告和公关来改变规制环境等。Suchman[54]提出了遵从环境、选择环境和控制环境 3 种不同的组织合法性获取战略。Zimmermann 和 Zeitz[63]在 Suchman 的基础上增加了创造环境这一合法性获取战略。

具体而言，创业企业可以采取以下 4 种有效的战略来获取合法性：

第一，遵从环境。创业企业要主动严格地遵守现有的社会价值观和道德规范，通过适应而不是更改其所处的制度结构来寻求各种合法性。由于创业企业往往资源匮乏到无法对原有的规制规则产生影响，因而采用遵从环境这一合法性获取战略往往是许多创业企业所普遍采用的。通过遵从环境，创业企业可能较快获得规制、规范与认知合法性，从而获得成长。

第二，选择环境。每一家创业企业所面对的环境都是复杂的，既包括不同的行业，又包括不同的区域。因此，创业企业可以通过选择对其最为有利的细分环境作为生产经营的制度结构。一旦选定了具体的细分环境之后，还需要通过服从这个细分环境中既定的文化次序和制度逻辑来获得合法性。也就是说，与遵从环境战略相比，采用选择环境战略的创业企业虽然仍需要通过遵守和服

从既定制度框架的方式获得合法性，但是却多了对所要服从的制度框架选择的主动性。例如，创业企业可以选择其最熟悉的区域从事生产经营。当然，采用选择战略对创业企业自身的能力要求也要高于采用遵从战略的新创企业。这种能力首先体现在创业企业必须具备先前的相关经验上。如果创业者以前并未从事过与现在的业务有关的活动，也没有建立很好的个人声誉，那么对他而言就没有什么“熟悉与不熟悉”“擅长与不擅长”之分，所有的细分环境都是同等陌生的，“选择”也就无从谈起[64]。

第三，控制环境。制度观与资源依赖理论认为当组织积累了大量的资源与能力时，组织就可以主动应付外部环境的各种制约。对创业企业来说，在某些制度存在缺陷的特殊地区或市场，可以主动地去改变环境来获得合法性，即采用控制环境的战略来获取组织合法性，这就要求新创企业改变组织制度环境各要素的认知与规范，从而使组织和环境相一致。在此前提下，创业企业不仅需要适应与选择环境，而且还需要重新定义制度环境，即让整个行业环境接受企业自身的价值观、组织行为与道德规范等。一般情况下这种战略一旦实施便难以控制，且难以被人所理解，新创企业很少采用这种战略。然而它一旦获得成功，企业将获得远超前两种战略的资源与竞争优势。常用的方法有通过慈善捐赠在公众面前树立良好形象，通过公关或游说使政府相关部门修改相应的规章制度等。

第四，创造环境。在极个别特殊的情况下，创业企业所从事的是开创性商业活动，没有现成的规制规范需要去适应或者选择，企业必须主动去创造一些为后续企业所接受和遵守的合法性制度规范。例如，当互联网刚刚出现的时候，相关企业只能依靠自身的力量创建一套全新的盈利模式，在这种盈利模式中，投资者衡量公司价值的主要依据和标准是市场覆盖面与发展速度而非投资利润率。创造环境在所有 4 种组织合法性获取战略中，是最难把控、对外部环境改变最大和最少采用的主动性获取战略，被称作“制度创业”，这样的企业家也被叫做“最令人震惊的创新一族”，因为这样的创业既改变了现有的制度规制又创造了新的规范、价值观和盈利模式。

不同的合法性获取战略对企业能力的要求是不同的，同样的，不同行业和组织特征的新创企业对合法性获取战略的选择倾向也是存在差异的。有效的战略选择必须同时考虑新创企业的行业特征和自身的组织特征。曾楚宏等[64]根据创业企业是处在成熟行业还是新兴行业、创业者是具备先前的相关经验还是不具备先前的相关经验将创业企业划分为 4 种类型，与每一种类型相匹配的合法性获取战略如表 6-4-1 所示。

表 6-4-1　行业—创业者经验—新创企业合法性获取战略匹配表

成熟行业、无相关经验：遵从环境	成熟行业、有相关经验：选择环境
新兴行业、无相关经验：创造环境	新兴行业、有相关经验：控制环境

从表中可以看出，对于处在成熟行业、创业者自身不具备先前相关经验的创业企业来说，由于各种既定的规章制度和道德规范久已存在，并且被行业中其他企业所广泛采纳；创业企业对哪些现有的规章制度更适合自己也没有深刻的认识，因此，采用这种“随行就市”的遵从战略来获取合法性更为有效。对于处在成熟行业、创业者具备先前相关经验的创业企业来说，虽然各种既定的规章制度和道德标准已经根深蒂固、仅凭单个力量无法改变，但却可以利用先前的经验寻找和发现那些更有利于自己的细分环境并进入其中采取遵从战略来获取所需的合法性资源。如果这些具备先前相关经验的新创企业所在的是新兴行业的话，那么它可以采取更为主动的控制战略来获取合法性。新兴行业出现时间不长、在位企业也不多，无论是社会公众对该行业的认知和了解还是相关规章制度和规范标准的制定都处于较低的水平，远没有达到难以改变的程度。虽然创业企业不可能将所有的规章制度和标准规范推倒重来，但是却可以根据先前的经验判断出对自己最为不利的制度和标准，然后通过广告、公关和捐赠等策略积极向社会宣传自己，要求对这些既定的制度作出改变，从而化不利为有利、得到社会的认可和接受。而对于既没有先前相关经验又是处在新兴行业的创业企业，尤其是那些正是由它自己创立这个新行业的新创企业来说，一方面自身的生产运作还处于“摸着石头过河”的试错阶段，另一方面构成其组织域的外部环境要素还没有完全确定。因此，就是想要采取前 3 种合法性获取战略都无法开展，只能依靠自己的创造性活动来建立这个行业的标准和规范，积极向政府和社会公众宣传自己、推广这些标准和规范，并引导后进入的企业采用这些标准和规范使其制度化，通过主动地创造环境方式来获得合法性资源。

本章要点

1. 与成熟企业相比，创业企业面临着“新”和“小”的缺陷，具有资源稀缺、组织结构不完整性及缺乏合法性等特征。

2. 创业企业成长是在一个相当长的时间内，通过创新、变革和有效管理等手段，积累、整合并促使资源增值，不断增强企业能力，形成企业核心竞争力，进而保持企业整体绩效平衡、稳定增长的势头的过程。

3. 创业企业成长主要受创业者、资源、战略和产业环境 4 个方面因素的影响。

4. 创业者及创业团队的资源禀赋会影响对创业资源的识别和获取，在整个资源开发过程中，通过评价初始资源、细化资源需求和确定资源来源对资源进行识别，在识别资源的基础上，通过外购、吸引和内部积累的方式获取创业资源，而后对创业资源进行整合和利用，以使其推动新创企业的成长。

5. 面对资源约束的创业者可以从身边的既有资源出发，运用资源拼凑策略来成功地突破资源约束，进而促进创业企业成长。

6. 对于创业者而言，重要的不只是如何拓展企业的网络关系，如何与现有的网络成员开展紧密的合作更应该是考虑的核心问题。

7. 在有限理性背景下，新创企业需要适度调节社会网络嵌入关系，从而避免组织创业认知偏差。

8. 组织合法性有助于创业企业获得外部环境的支持与认可，进行资源整合，从而提高创业企业的生存率并实现快速成长。

9. 创业企业可以采取遵从环境、选择环境、控制环境、创造环境等四种有效的战略来获取组织合法性。

能力拓展

请认真观看电影《中国合伙人》《梦想合伙人》，思考回答如下问题：

1. 这两部影片中的创业企业成长轨迹是怎样的？

2. 这两部影片中如何体现出资源、网络及组织合法性对创业企业成长产生影响的？

3. 这两部影片中的创业企业是如何获取组织合法性的？

参考文献

[1] Bhide A V 著，魏如山译. 新企业的起源与演进 [M]. 北京：中国人民大学出版社，2004.

[2] Adizes I. Corporate lifecycles: How and why corporations grow and die and what to do about it [M]. London: Prentice Hall, 1989.

[3] 计东亚. 创业企业成长能力研究 [D]. 浙江工商大学，2012.

[4] 苏田. 创业企业成长的社会网络锁定机理研究 [D]. 武汉理工大学，2014.

[5] 亚当·斯密. 国富论（1776）[M]. 西安：陕西人民出版社，1999.

[6] Schumpeter J A. The Theory of Economic Development [M]. Cambridge, Mass: Harvard University Press, 1934.

［7］Penrose E T. The theory of the growth firm［M］. New York：Wiley，1959.

［8］张秀娥，郭宇红. 创业企业成长及其动因研究综述［J］. 现代经济信息，2012（14）.

［9］李诗南. 社会网络，创业资源与新创企业成长［D］. 东南大学，2016.

［10］Ensley M D，Pearson A W，Amason A C. Understanding the dynamics of new venture top management teams：cohesion，conflict，and new venture performance［J］. Journal of Business Venturing，2002，17（4）.

［11］Peter T J，Waterman R H. In search of excellence：Lessons from America's best-run companies［M］. Harper & Row，1982.

［12］陈文婷，惠方方. 创业导向会强化创业学习吗——不同创业导向下创业学习与创业绩效关系的实证分析［J］. 南方经济，2014（5）.

［13］Tang J，Murphy P J. Prior knowledge and new product and service introductions by entrepreneurial firms：the mediating role of technological innovation［J］. Journal of Small Business Management，2012，50（1）.

［14］Gilbert B A，McDougall P P，Audretsch D B. New venture growth：A review and extension［J］. Journal of Management，2006，32（6）.

［15］Mishina Y，Pollock T G，Porac J F. Are more resources always better for growth? Resource stickiness in market and product expansion［J］. Strategic Management Journal，2004，25（12）.

［16］Lotti F，Santarelli E，Vivarelli IV M. The relationship between size and growth：the case of Italian newborn firms［J］. Applied Economics Letters，2001，8（7）.

［17］Wernerfelt B. A resource-based view of the firm［J］. Strategic Management Journal，1984，5（2）.

［18］Barney J. Firm resources and sustained competitive advantage［J］. Journal of Management，1991，17（1）.

［19］Prahalad，C K，Hamel G. The core competence of the corporation［J］. Harvard Business Review，1990，5/6（3）.

［20］Teece D J，Pisano G，Shuen A. Dynamic capabilities and strategic management［J］. Strategic Management Journal，1997，18（7）.

［21］Alvarez S A，Busenitz L W. The entrepreneurship of resource-based theory［J］. Journal of Management，2001，27（6）.

［22］Brush C G，Greene P G，Hart M M. From initial idea to unique advantage：The entrepreneurial challenge of constructing a resource base［J］. The Academy of Management executive，2001，15（1）.

［23］蔡莉，柳青. 新创企业资源整合过程模型［J］. 科学学与科学技术管理，2007，28（2）.

［24］柳青，蔡莉. 新企业资源开发过程研究回顾与框架构建［J］. 外国经济与管理，

2010, 32 (2).

[25] Zahra S A, Sapienza H J, Davidsson P. Entrepreneurship and dynamic capabilities: A review, model and research agenda [J]. Journal of Management Studies, 2006, 43 (4).

[26] 刘智勇，姜彦福. 新创企业动态能力：微观基础，能力演进及研究框架 [J]. 科学学研究，2009，27 (7).

[27] 刘井建. 创业学习、动态能力与新创企业成长支持模式研究 [J]. 科学学与科学技术管理，2011，32 (2).

[28] 胡望斌，张玉利，杨俊. 基于能力视角的新企业创业导向与绩效转化问题探讨 [J]. 外国经济与管理，2010，32 (2).

[29] Baker T, Nelson R E. Creating something from nothing: Resource construction through entrepreneurial bricolage [J]. Administrative Science Quarterly, 2005, 50 (3).

[30] 张敬伟. 新企业成长过程研究述评与展望 [J]. 外国经济与管理，2013，35 (12).

[31] 张书军，苏晓华. 资源本位理论：演进与衍生 [J]. 管理学报，2009，6 (11).

[32] 王开明，万君康. 企业战略理论的新发展：资源基础理论 [J]. 科技进步与对策，2001，18 (1).

[33] 许晓明，徐震. 基于资源基础观的企业成长理论探讨 [J]. 研究与发展管理，2005，17 (2).

[34] Granovetter M. Economic action and social structure: The problem of embeddedness [J]. American Journal of Sociology, 1985, 91 (3).

[35] Hoang H, Antoncic B. Network-based research in entrepreneurship: A critical review [J]. Journal of Business Venturing, 2003, 18 (2).

[36] 彭伟. 转型经济下新创企业联盟网络研究：形成、演化及作用机理 [M]. 杭州：浙江大学出版社，2015.

[37] Granovetter M S. The strength of weak ties [J]. American Journal of Sociology, 1973, 78 (6).

[38] Krackhard D. The strength of strong ties: The importance of philos in organizations [A]. in N Nohria, and R G Eccles (Eds.). Networks and organizations: Structure, from and action [C]. Boston: Harvard Business School Press, 1992.

[39] Hansen M T. The search-transfer problem: The role of weak ties in sharing knowledge across organization subunits [J]. Administrative Science Quarterly, 1999, 44 (1).

[40] Davidsson P, Honig B. The role of social and human capital among nascent entrepreneurs [J]. Journal of Business Venturing, 2003, 18 (3).

[41] Burt R S. Structural holes: The social structure of competition [M]. Cambridge, MA: Harvard University Press, 1992.

[42] 唐鲁滨. 创业网络，创业学习对新创企业成长的影响研究 [D]. 浙江理工大学，2013.

［43］ Batjargal B，Hitt M A，Tsui A S，et al. Institutional polycentrism，entrepreneurs' social networks，and new venture growth ［J］. Academy of Management Journal，2013，56（4）.

［44］ Zhao L，Aram J D. Networking and growth of young technology-intensive ventures in China ［J］. Journal of Business Venturing，1995，10（5）.

［45］ Peng M W. Extending research on network strategy in emerging economics ［C］. Strategic Management Society Mini-Conference，The Chinese University of Hong Kong，Hong Kong. 2003.

［46］ Havnes P A，Senneseth K. A panel study of firm growth among SMEs in networks ［J］. Small Business Economics，2001，16（4）.

［47］ Cooper A C，Gimeno-Gascon F J，Woo C Y. Initial human and financial capital as predictors of new venture performance ［J］. Journal of Business Venturing，1994，9（5）.

［48］ 杨震宁，李东红，范黎波. 身陷"盘丝洞"：社会网络关系嵌入过度影响了创业过程吗？［J］. 管理世界，2013（12）.

［49］ 陈熹，范雅楠，云乐鑫. 创业网络，环境不确定性与创业企业成长关系研究［J］. 科学学与科学技术管理，2015，36（9）.

［50］ 杨俊，云乐鑫. 创业网络对商业模式内容创新影响及作用机制的实证研究［M］. 北京：经济科学出版社，2015.

［51］ Peng M W. Institutional transitions and strategic choices ［J］. Academy of Management Review，2003，28（2）.

［52］ Bitektine A. Toward a theory of social judgments of organizations：The case of legitimacy，reputation，and status ［J］. Academy of Management Review，2011，36（1）.

［53］ Meyer J W，Rowan B. Institutionalized organizations：Formal structure as myth and ceremony ［J］. American Journal of Sociology，1977，83（2）.

［54］ Suchman M C. Managing legitimacy：Strategic and institutional approaches ［J］. Academy of Management Review，1995，20（3）.

［55］ Meyer W，Scott R. Centralization and the legitimacy problems of local government ［A］. Organizational Environments：Ritual and Rationality ［C］. Beverly Hills，CA：Sage，1983.

［56］ 周雪光. 组织社会学十讲 ［M］. 北京：社会科学文献出版社，2003.

［57］ Scott W R. Institutional change and healthcare organizations：From professional dominance to managed care ［M］. Chicago：University of Chicago Press，2000.

［58］ Delmar F，Shane S. Legitimating first：Organizing activities and the survival of new ventures ［J］. Journal of Business Venturing，2004，19（3）.

［59］ 杜运周，张玉利. 互动导向与新企业绩效：组织合法性中介作用 ［J］. 管理科学，2012，25（4）.

［60］ 彭伟，顾汉杰，符正平. 联盟网络、组织合法性与新创企业成长关系研究 ［J］. 管理学报，2013，10（12）.

［61］曾楚宏，朱仁宏，李孔岳. 基于战略视角的组织合法性研究［J］. 外国经济与管理，2008，30（2）.

［62］Baum J A C，Oliver C. Institutional linkages and organizational mortality［J］. Administrative Science Quarterly，1991，36（2）.

［63］Zimmerman M A，Zeitz G J. Beyond survival：Achieving new venture growth by building legitimacy［J］. Academy of Management Review，2002，27（3）.

［64］曾楚宏，朱仁宏，李孔岳. 新创企业成长的组织合法性获取机制［J］. 财经科学，2009（8）.

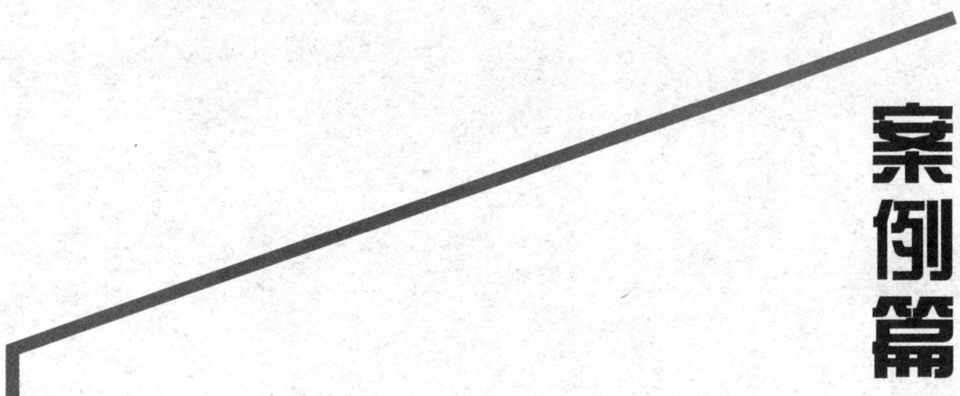

案例篇

案例 1

刘国钧：中国近代纺织业的创业巨子*

引　言

刘国钧，生于 1887 年 4 月 2 日，江苏省靖江生祠堂镇人，自幼家贫，备尝艰辛。1930 年集资创办常州大成纺织印染公司，艰苦创业。8 年间，使大成由 1 个厂发展到 4 个厂，纱锭由 1 万枚发展到 8 万枚，资金由 50 万元发展到 400 万元。马寅初曾感慨地说，“像大成这样的企业，8 年增长 8 倍的速度，在民族工业中，实在是一个罕见的奇迹”。这些光荣数据的背后，是一个贫困出身的顽皮少年最终成为救国救民的民族实业家的励志故事。然而一贫如洗甚至一无所有的少年，是靠着怎样的个人品质在动荡的特殊年代开创自己一生所向的事业？如何在繁华的江南之地立足并最终成长为一代纺织巨子呢？

一、生于没落

刘国钧曾祖父刘功良，开设小药铺兼行医；祖父刘品荣在生祠堂镇经营土布庄；父亲刘黼堂原以塾师糊口，却因痴迷科举，在刘国钧 7 岁时，屡试不中疯癫成疾，不仅不能操持家务，还得专门有人伺候。生活的重担全压到刘国钧母亲丁氏头上，为了生存，她白天替人帮佣，晚上纺纱织布。好在丁氏为人和善诚恳，邻里关系不错，人家出于同情，总能给予一定接济。而彼时的刘国钧在困顿与纠结的情境下长大，过早体味到世态炎凉。

俗话说，穷人的孩子早当家。九岁那年，他跟母亲学会了扎纸轿纸车，他扎的纸轿纸车以篾为骨，以纸为衣，再涂上各种色彩，外观鲜艳而鬼魅，拿到街上叫卖，往往走到半路就被买走。10 岁那年，他学会了贩卖水果与白酒，以较低的价格到商户批发，然后以较高的价格沿街叫卖，最后居然获利不少，能够补贴家用。从那以后，刘国钧懂得了其中的生意经。

13 岁那年，刘国钧被母亲送至华云良私塾读书。中秋节那天，华云良的

---

* 本案例由彭伟、于小进根据公开资料整理，版权归原作者所有，并对原作者的贡献表示感谢。案例仅供研讨，并无意暗示或说明某种管理行为是否有效。

儿子华宝宝在家偷出两个月饼，分给刘国钧一块。第二天，华云良发现月饼短少，认定是刘国钧偷的，硬是将他骂出了学堂，结束了他 8 个月的读书生涯。华云良最后一句话刘国钧记得很清楚："人穷不可志短！"后来，刘国钧靠自己扎纸轿纸车，挣了 800 文钱补交了学费，偿还了月饼之资，也洗刷了偷饼之辱。那时，华云良已经知道了真相，想请刘国钧继续入塾读书，刘国钧说"我不想读书了"。

14 岁那年，处于发病期的父亲刘黼堂悄悄地溜到大街上。刘国钧找到他时，一圈人正围着父亲，父亲的裤子被人拉下，露出了光腚，围观的人有的向父亲扔菜叶，有的在拉扯推搡父亲，更多的人看着父亲的窘样浪笑不止。刘国钧一股愤怒的热血直冲脑门，他抡起一根木棍想要冲上去，给那些羞辱父亲的人来点颜色。然而，他最终放下木棍，拨开人群，以一种超乎他年龄的淡定表情，整理好父亲的衣衫，从容地将父亲领回家。那一刻，有人看到这个孩子身上有一种令人敬畏的东西。

14 岁的刘国钧匆匆结束了自己的少年生涯，直接步入了半生不熟的成年。他告别了学堂，告别了孩子气，正式走上了社会。家庭经济状况逼着他必须尽快长大，承担一个男人的责任。然而 14 岁的刘国钧个头矮小、面黄肌瘦，他先后求人推荐去镇上的布庄、盐站、油饼房做学徒，但都被拒绝。后来，他谋得第一份职业，那就是做道士，跟随师父高志培为亡灵拜神、祭祖或贺寿等。然而，高志培自己也穷困潦倒，刘国钧在他这里食不果腹，虽然掌握了一定的拳脚之术与道家气功，但不得不辞职另谋生计。在家待久了刘国钧便有了负罪感，他央求母亲找"有路子"的柳秀方帮忙安排打工，柳秀方素以爽直而闻名祠堂，考虑到刘国钧的家境便把他介绍到"姚公盛"酱油铺做学徒，在这里，刘国钧每天天不亮就起床，卸门、扫地、倒尿壶、打水……每天从"鸡叫做到鬼叫"，稍稍干活不利索，就会遭受领班的教训，尤其在冬天赤脚踩酱菜，刘国钧手脚长满冻疮，皲裂处一浸到盐水，便是撕心裂肺的疼。这种如"人间炼狱"的折磨使得刘国钧坚定了逃离"姚公盛"的念头，他将自己的衣物分期分批地朝外面转移，终于在一次难得的外出机会中逃回家中。

二、闯荡江南

1901 年春天，刘国钧借了 10 元银洋，跟随柳秀方背井离乡，闯荡江南。来到武进县埠头镇（现为煌里镇）后，却在柳永丰京货店碰壁，柳秀方要去湖州办事，将刘国钧暂时独留在埠头。此时的刘国钧在镇上游荡了几天，终于在一个祠堂的廊檐处打理了一块地方留作避风雨的"港湾"，巧的是在祠堂旁边有一个烧饼铺。于是，刘国钧以一块银洋作抵押，每天领 50 个烧饼在大街小巷叫卖，如此，每天可以挣到 10 个铜钱。在卖烧饼期间，他认识了一生的挚友——陆友仁和蒋盘发。陆友仁为刘国钧提供了住处，在陆家刘国钧天不亮就起床，抡起扫帚将陆家庭院打扫得干干净净。然后双手提着水桶，去河边拎水，将水缸盛得满满的。再去伙房帮助伙计烧火煮饭，简单吃过早餐后才去烧饼店取烧饼出去叫卖。一个多月后，烧饼店店主家出了事故，关了铺子，刘国钧陷入暂时的困境。这时，蒋盘发将刘国钧引入卖布的门道，蒋盘发是赵恒昌杂货店的管事，他的理想是要做自己的事业，为改变命运而创业。从此，刘国钧白天或在码头背货，或在染坊帮佣，或在茶馆当跑堂，晚上则去蒋盘发的店里跟他学习打算盘，量布剪布。刘国钧心灵手巧，两个月时间就几乎掌握了站柜台的全部要领。在埠头镇，刘国钧已经度过了 3 个月，并挣到了 6 元多银洋和站柜台的本事。

此后，柳秀方将刘国钧带到奔牛镇，并落脚在刘吉升布号。刘国钧身材矮小但精灵、勤快，主动帮刘吉升老板娘劈柴烧火、担水；傍晚，又主动帮着店铺打烊，收遮阳篷，打扫铺前，在街面泼上凉水，为乘凉做好准备。这一切深深打动了刘老板夫妇的心，执意要刘国钧留下当学徒。刘国钧每天五更便起，卸下门板，打扫卫生，挑水劈柴，淘米煮饭，整理货铺。白天搬运货物，招待顾客，随时听命刘吉升的吩咐。晚上通常睡得很晚，盘货记账，今日事今日毕。刘国钧在这家布店进入角色很快，他运用在蒋盘发那里学到的做生意的基本功，利用“让利半寸法”，也就是顾客剪布时，与顾客声明多放半寸，其实他在量布时，将布固定在木板上，两头拉紧，布匹本身就拉长了许多，多放半寸其实让利有限，但顾客觉得赚了便宜，一时间刘吉升布号顾客盈门。在淡季，他便主动请缨，挑着货郎担子走村串街，将店中积压的货物下乡销售，去除店存积压。

天有不测风云。刘国钧在刘吉升布号过了一年多的舒心日子，不料刘吉升因做投机生意而破产。刘吉升夫妇把他推荐给本镇元泰京货店做过堂学徒，使得他得以继续立足江南。刘国钧学徒满师后，便留在元泰京货店当进销货物的跑街伙计。刘国钧在元泰京货店一干就是 7 年。他勤奋好学，头脑灵活，善于揣摩顾客心理，进的货对路，店里的生意兴旺。也正是在这 7 年时间，刘国钧学会了经商，学会了做生意。由于他经常到常州各地进货，熟门熟路，与批发商关系良好。已经完全有能力独自经营一家店铺，所欠缺就是开店的本钱。为了筹集开店的资本，他想到了承接“辫须豆”业务。辛亥革命爆发之前，男人都留长辫。辫梢用一种丝线编结的带子绕系。这种带子本轻利重，家庭妇女最适合编织。刘国钧即买了很多丝线送回靖江由其母和妻子编结，编好后送至奔牛贩卖。婆媳日夜编织，仅一年时间就为刘国钧赚了 200 多元。在光绪皇帝和慈禧太后相继驾崩的时候，别人议论着政治斗争，而刘国钧只关心自己的生意，他意识到，皇帝与皇后驾崩是国丧，要举国哀悼，而国丧必不可少的是白布，就连辫须也应该是白的，白布与白须将大量需求。他第一时间去常州城里采购了大量的白丝线，让母亲和妻子连夜编制白辫须。正如刘国钧所料，三天后，官府贴出告示，慈禧太后与光绪皇帝驾崩，举国哀悼，所有大门门楣一律悬挂白布白花，凡须辫一律改为白色。在其他商家手忙脚乱地筹集白辫须时，刘国钧的白辫须已大量上市，快速占领各大商铺；同时，在蒋盘发的提携下，刘国钧结交了常州西流里几十家专营土布、洋布的老板们。蒋盘发又从中为他担保，刘国钧开始做赊批的放账生意。放账可以论月论季，俗称“端阳看，中秋算，过年还一半”；牵前搭后，有欠有还，经常不息。这样，小本钱可以做大生意。经过几年的努力，1909 年正月，刘国钧与同乡华渭川合资在奔牛镇姚家弄口租赁铺面，开办了和丰京广洋货店，并附设土染布匹。由于刘国钧进货门路熟，做事肯动脑筋，他的店铺品种多，销路对，生意越做越大，不仅买下了合伙人手中的股份，还另开了一家京货铺，取名“同丰”。

1911 年辛亥革命爆发，战争的阴霾在奔牛漂浮。奔牛镇谣言四起，人心惶惶。许多店铺怕遭兵灾纷纷收歇，京货铺也关了 5 家。供给少需求多，正是经营的好机会。胆大心细的刘国钧在预留好退路之后，毅然决定店铺正常营业，这让刘国钧盈利颇丰。在奔牛镇刘国钧获得了人生的第一桶金，让他摆脱了贫穷的生活。然而，麻烦很快就找上门了。奔牛镇的人都知道刘国钧是靖江的外来户，说得难听点就是“暴发户”。财帛动人心，在常州毫无根基的刘国钧，发了财犹如三岁儿童抱着个金砖招摇过市。多少人眼红，多少人嫉妒，多少人索取，多少人诋毁。与财富一起来临的除了生活的改变之外，还有无尽的麻烦。面对地方势力的敲诈勒索，刘国钧虽一再委曲求全，但一波未平，一波又起，纠缠不清。加之此时局势渐好，原先歇业的京货店铺相继恢复经营，刘国钧一家独大的局面被打破。商号经营已经告别了暴利时代，回归于平常格局，如今的小额利润已经满足不了刘国钧的胃口了。刘国钧想离开奔牛。然而，不在奔牛混，那去哪儿呢？不开京货店，那做什么？这都是刘国钧需要考虑的问题。

一次，他雇了一条船去常州进货，在新坊桥码头上岸，忽见一群学生举着标语在码头上呼口号、发传单：“还我青岛，还我河山；抵制日货，扬我国威；坚决反对‘二十一条’！”刘国钧心中一阵颤动，自从目睹了学生游行之后，他开始关注时事。他在《民立报》上看到，全国各地抵制日货呼声很高，可是越抵制，日货越是泛滥。南通大生纱厂的张謇在报上一针见血地指出：

“制且未成，抵于何用？”可见没有国货的崛起，日货是抵制不住的。

张謇的话一下子触动了刘国钧办工业的梦想，他让妻子拿来算盘，对本店的日本布匹价格进行成本测算，当时国内棉花每担仅 22～24 元，一匹平布 12 磅重，用 10 斤足够，10 斤棉花 2 元 4 角，而一匹平布的价格 4 两 5 钱银子，合 6 元 2 角多，剔除所有成本，纯利应该达到 100%，而新款布匹达到 300% 以上，如此可观的利润哪里是开京货店可以比拟的。办工业，不仅有道义上的强烈支撑——实业救国，而且有利益上的巨大诱惑——本小利大。他决定搬离奔牛镇，到常州城去闯天下。

三、初露锋芒

刘国钧赶到常州东郊梅陇，拜访了他的好友晋裕布厂老板蒋盘发，蒋盘发盛情相待，陪他参观织布厂，并悄声告诉他：“晋裕布厂投资 150 元，现已积累资本达 4.5 万元，经营 4 年，获利 30 倍之多。”高额的利润，吸引了刘国钧。他到上海、无锡等地参观布厂，并特别注意与管理人员、技术人员交往，向他们请教。经过参观、交往，他对办布厂的把握越来越大。与此同时，刘国钧通过广泛结交在常州办厂的资本家与当地士绅，欲为创办企业寻求资金援助。刘国钧决心已下，就向蒋盘发正式提出合资办厂的倡议。蒋盘发与刘国钧、陆友仁等人集资 9 万元，于 1915 年创立大纶纺织公司，在常州开设大纶机器织布厂。1916 年 3 月正式开业，共有织机 300 台，员工 600 余人。由蒋盘发任经理，刘国钧任协理。这是常州地区第一家机器织布厂。

身为协理的刘国钧，掌握着生产管理大权。但他毕竟还没有经验，为了取得指挥生产的实权，坚持在实践中刻苦学习，他说：“要吃龙肉自下海。”他请了技术员讲解用电力带动大英铁机织布工序，请各道工序的司务讲述操作要领。他还专程到上海锦昌铁工厂请人解释手拉织机改成脚踏织机的原理。渐渐地，他成了机器织布生产的行家。

大纶机器织布厂的首推产品是刘国钧选定的市场上热销的阔幅斜纹布。为使斜纹布顺利达产，刘国钧整天埋在车间里，与技术人员一起攻坚克难。对于这个陌生的行业，刘国钧感到自己的认知度太差了，需要恶补的知识与技术太多了。但是，他是一个自尊心与意志力极强的人，每遇到一个难题，必全力以赴地将之拿下，决不让难题成为死题。两个月过去了，刘国钧生产的阔幅斜纹布新鲜出样，样品与市场上的英国“算盘牌”斜纹布非常接近，但是试产之后的布样，与外商的产品比较疵点多、稀密路、歇梭多，严重影响了销路。刘国钧面临巨大的压力，他敏锐地意识到问题应该出在浆纱上。为了解决浆纱这个难题，刘国钧决定去上海怡和纱厂求助浆纱技术，但这些外商工厂十分保守，根本不允许刘国钧进去学习，而且这些工厂都有统一的号衣，不穿号衣不能进。刘国钧广结门路，通过茶馆老板结识了怡和纱厂里的一位工人阿根，刘国钧坦率地把自己的想法告诉他，要借他的号衣用。阿根同刘国钧谈得很投机，便答应下来。第二天，刘国钧就穿上号衣，代替那个工人进厂上班。他一边同别的工人一样操作，一边偷学浆纱技术，一双眼睛一刻都没有停过。没过几天，这个勤劳好学的工人就引起了英国职员的注意。两个英国职员叫住刘国钧，一查问，发现他不是本厂工人，便要把他抓走。幸亏周围的中国工人帮忙，刘国钧才趁乱翻墙逃走。然而那个借号衣给刘国钧的工人，却被英国商人打得遍体鳞伤。刘国钧主动承担了阿根的全部医药费用和工薪，并安排了他全家的生活费用。刘国钧待人厚道，赢得了怡和纱厂华籍员工们的信任。一个月后，阿根伤愈，在礼拜天，他约了另一位技术高的工友阿炳，专程从上海来到常州大纶布厂，主动向刘国钧提出，利用休假日帮助其解决浆纱技术。爱国之心，人皆有之，大纶布厂在这两位工友的尽心帮助下，生产的白色料纹质量超过了怡和纱厂，成了市场上的抢手货。

1917 年，大纶布厂不仅弥补了上年亏损，还盈余 2 万多元。但工厂的盈利并没有让股东们欢欣鼓舞，相反，内部争斗硝烟四起。以李仁辅为首的股东觊觎刘国钧的权力与贡献，在年度股东大会上挟私以问罪刘国钧，并且处处与之作对。1918 年刘国钧决定离开大纶，辞去协理之职。事后，刘国钧对友人说："我在大纶布厂学到一套办布厂的本领，本金知数收回，学费一文未花，是我生平最便宜的交易。"

他离开大纶后，用在大纶转让的股金 6 000 元在新坊桥东下塘投资兴办了广益布厂，因资金有限，广益布厂所用织机全部为木机。但自 1914 年以来，由于第一次世界大战爆发，欧洲各国航运断绝，纺织品无法运至中国，从而使国内纺织品十分紧缺。1918 年，北京政府农商部总长张謇提请全国国会议决，各省区土布及其他棉织品一律免税 3 年。这是土布行业潜在难逢的发展机遇。刘国钧的广益布厂成功摆脱危机，生产蒸蒸日上。到了年底，广益厂净赚 3 000 块，第二年净赚 10 000 元。刘国钧恢复了创业激情，在 1919 年，投资兴办了广益二厂。引进 36 台国外先进的铁机，并将原有的木机全部改为铁机，布机拥有量达到 260 台。

由于销量增势迅猛，产品供不应求，刘国钧别出心裁地去市郊的湖塘镇寻求代工。湖塘镇是江南最负盛名的纺织古镇之一，早在明清时期就有"家家纺车响，户户织机忙"的盛况，刘国钧将棉花棉纱发给湖塘的大小纺织厂代工，生产半成品的条漂、条斜布，经广益布厂检验合格后再进行印染。在这个过程中，刘国钧聘请当地品德好、业务精、工作认真的姚廷桢负责，严把质量关。这种资源整合的方式大大提高了生产效能，不仅带动了千家万户，而且使广益布厂的销量迅速增长了数倍。如此一来，广益布厂的纺布规模轻松超越了大纶，成为常州数一数二的产布大户。

同年，北京爆发反帝反封建的五四运动，随之兴起的抵制日货运动又风起云涌。而在潮流的另一端，日本正通过买空卖空的办法，贬低纱价，抬高布价，以打击华商，扰乱中国市场。一时间，全国各地的纱厂纷纷倒闭。在常州，率先倒闭的是常州纱厂。陪伴常州纱厂一起殉葬的是贷款给他们的两大银行，商业银行与富华银行。紧跟其后的是蒋盘发的大纶纱厂。1922 年，日本在中国市场的恶作剧已经到了穷凶极恶、丧心病狂的地步，市场上一度出现棉比纱贵的怪现象。大纶纱厂由于刘国钧的离职，生产质量不佳加上整个行业的不景气，不生产是亏，生产得越多，亏得越多，账面出现连续的巨额亏损。6 月，不胜其亏的大纶纱厂不得不停产修整。各大钱庄老板在这时也纷纷抽紧银根，一致停止向蒋盘发发贷款，至此，大纶纱厂倒闭，主要债权人上海保大、久大洋行接下大纶，大纶纱厂更名为大纶久记纱厂，由顾吉生主持。

在这风声鹤唳的严峻形势下，刘国钧却长袖善贾，大发其财。他在棉纱价格跌到水底的时候，大量引进，囤积棉纱，从而稳赚一笔。1922 年，他因势利导地在常州东门外创办了一家印染厂——广益三厂，及时推出色织布，又在市价大幅上扬时大赚一笔，赢得暴利。刘国钧深谙市场之道，总是以其独特的、精准的眼光顺应市场，从而稳操胜券。至此，刘国钧的产业已经实现了织染一体化，在常州纺织界独占鳌头。

四、王者大成

刘国钧在常州初露锋芒。但他并不满足，他的梦想是打造一个纱、织、染三位一体的现代化公司，去与外商竞争，尤其是与日商竞争。要实现这一目标，必须大力推进技术革新与资本扩张。1924 年 7 月，刘国钧与上海锦昌铁工厂的陈鉴清、华洋布厂的严光第在上海港登上了日本“北番丸”轮船，直驶向日本长崎。

日本的纺织企业一个个开门迎客。他们认为，有客来参观，是不花钱的广告宣传，但每个企业都设立了参观黄线，参观者只能在黄线之外远观生产线，不可越雷池一步。对于具体的生产技艺，日本厂商则守口如瓶。同行的陈鉴清说：“日本人只会卖给中国人机器，不肯卖给中国人技术。”虽然是远观，但精明的刘国钧还是从中发现了端倪。一是日本企业正在进行新一轮的装备更新，全部采用新式自动电动纺织机，生产率大幅提升，而旧式机器如一堆废铁逐步倾销到邻国；二是日本企业在织布时均采用“筒子纱”，省工又省料，效率提高三成，而中国目前还是使用“倒头纱”，费时、费料、费人工，这项技术并不难，但国人就是想不到；三是日本人对质量十分苛求，精益求精，日本人算账十分刻薄，算筋算骨，不容许丝毫浪费，这就是先进的日本管理。

从日本归来，刘国钧感慨良多、忧患良多。他认为日本用新式织布机织布，中国用旧式织布机织布，在市场竞争中当然不能取胜。于是他立即在广益厂推进技术革新和管理创新。首先，在广益厂推行“筒子纱”工艺，一试就灵，效果果然明显，此项工艺以广益为起点，在全国得以推广；其次，通过各种渠道，大力引进日本丰田新式自动电动织机。他率先引进了 30 台当时最先进的织机，后来又增加到 180 台，广益成为常州最先进的现代化布厂，而刘国钧也成为常州织布行业炙手可热的人物。日本借助工业创新，大举推进对华商品倾销，全国土布价格一跌再跌，纺织业再次陷入低谷。可是刘国钧依然财运当头，他全力以赴做强色织业，不惜以巨资从日本引进了整染设备，扩大花色品牌，生产蓝布、元布、漂布等畅销产品，以低价与日本抗衡；同时采取价格策略，将头等品降为二等品的价格出售，二等品降为三等品的价格出售，产品薄利多销，工厂资金流转加快，综合下来，利润非但没有降低，反而小幅上升，从而使广益保持了稳健发展。

1927 年，刘国钧着手将广丰布厂收歇，又将广益布厂让给别人，自己集中精力，集中资金，办好广益染织厂。由于广益染织厂已全部使用自动织机，针对日商，大翻花色品种，提高产品质量。为赋予产品商标深刻的寓意，他绞尽脑汁，日夜苦想，设计出“蝶球牌”和“征东牌”两种商标，“蝶球牌”内涵两层意思：无敌于天下，仇视敌人。“征东牌”商标图案是唐朝名将薛仁贵全副戎装，横刀立马，寓意“征服东洋（日本）”。1928 年，中华国货展览会在南京召开，广益染织厂送展的各种厂布，均获优等奖。此时，广益染织厂仅流动资金就达到 20 万元。刘国钧说：“现今形势下，一般企业是活人开死店，墨守成规，固步自封，所以垮台；而我是死人开活店，棺材劈开来卖，所以存活。”

1930 年春节后的一天，刘国钧偶然与顾吉生同车赴上海。路上，顾吉生谈及大纶久记纱厂因日货大量倾销，纱布销路阻滞，尽皆积压厂中。加之经营不善，年有亏损，资金周转困难，有意出盘。刘国钧却不以为然。他以为“华商所以竞争不过外商，是不懂如何竞争所致”。他与蒋盘发一起，到处游说：“如果不振兴工业，就不能抵制外货。常州有土布业基础，不能不发展纱厂，否则，即使现有土布业亦难以生存。”刘国钧出资 50 万元接盘了大纶久记纱厂，扩大了广益染织厂的经营范围。要与外商的纱厂竞争必须要扩大规模，增强竞争力，很快股东增资扩大到90万元。

1930年2月，刘国钧接盘大纶久记纱厂，正式成立大成股份有限公司。“大成”语出《孟子》“集大成者，金声而玉振也”。刘国钧要做中国纺织工业的集大成者。从大纶到大成，是历史的选择也是命运的选择，刘国钧将以此为基业，为中国纺织业奋斗终生。

大成公司是个全新的机构。公司董事长为吴镜渊，原是大纶久记公司股东，这是一位有着卓越眼光的人，也是在商界有着崇高威望的人。顾问为蒋盘发，自愿为刘国钧奔走呼号、摇旗呐喊，为了自己的大纶，为了现今的大成，他不图利益，只为心中那个未了的情结。协理刘靖基，祖籍靖江，吴镜渊女婿。刘靖基恂恂儒雅，诚实稳重，毕业于苏州工专染化系，1925年任裕靖纱厂经理，后任光裕公司营业副主任，有营销特长和成熟的纱厂管理经验。人事主管刘丕基，刘靖基弟弟，有文采，善思考，专于职工教育与训导，办事认真，做人事工作十分称职。总稽查华笃安，精于建筑，善于管理，坚持原则，恪尽职守。刘国钧还费尽心机挖到纺织专家陆绍云。至此，整个公司管理层人才基本到位。

然而，大成公司百废待兴，要启动运作，须40万大洋。刘国钧想起从未谋面的银行家陈光甫①，在熟人的联系下，刘国钧与陈光甫相交，获得40万元的厂基押款，使得大成公司得以扩大厂房，添置新设备，购买原料，开机生产。他们萍水相逢，通过实业的交往成了莫逆之交。

作为大成公司的经理，刘国钧鼎新革故，抓了3件大事：一是废除包工头制，落实工程师制，凡员工进厂全需由人事部门登记、测验，择优录用。二是精心检修机械，添置附属设备。花费1万元，由日商承包，在厂内开深井，在细纱间安装空调设备，控制车间温湿度，这在当时国内的纱厂是少见的。3个月共用去机修费用20余万元，使产品质量有了保证。三是剔除积弊，降低成本。同时，力争挖掘潜力，减少每件纱的用工量；推行计件工资制，做到多劳多得。在新产品开发上，他根据消费者生活水平，以生产低档产品为主，不断满足广大顾客的需要。大成公司仅有万枚纱锭，但最多时能纺8个品种，并且在最短的时间内拿出样品来，使大成公司不断有新产品面市。

刘国钧为确保更新设备所需的资金，采用了比较高的设备折旧率。当时的纺织企业大都是先确定红利和公积金，再提折旧率。因此，在亏损的年头，就

---

① 陈光甫是江浙财团的代表人物，他对刘国钧的事业发展起到了十分重要的作用。陈光甫声称，他一生最钦佩的有4位实业家，分别是张謇、卢作浮、范旭东和刘国钧。

无折旧资金可言。但是，刘国钧首先考虑保证折旧资金的提取，再考虑红利的分配，有时甚至为更新设备，可以不分红利。大成公司的折旧率高达 7.9%（而当时一般纺织企业的折旧率不足 5%），这就保证了投入再生产的资金需要。

经过总结经验，刘国钧在经营上提出了“三个一点点”的口号：“货色要比别人好一点点，成本要比别人低一点点，价钱要比别人高一点点。”大成公司自开创起，就以此为三大目标。始终坚持质量好、成本低、卖价高的宗旨，从不放松，使得大成公司日益兴旺。

刘国钧非常重视提高大成公司员工的整体素质，多次派出科技人员、工程师至美国学习他们先进的机械、纺织、经营管理的技术和经验，他认为一定要有高于日本的技术管理水平的员工，才能与日本竞争。责成刘丕基负责职工教育，对全员实行文化与技术培训，提高他们的文化水平与产业技能。经陈光甫介绍，他结识了著名教育家黄炎培，参观了中华职业教育社实践基地，深为黄先生的职业教育理念所折服，回厂之后，立即开办厂校，凡新进人员一律进校学习，结业后方可上岗。老职工一律轮流进校学习，确保人人不断学习、不断进步，从而建设成一支高素质的职工队伍。

为激励员工的积极性，增强员工的凝聚力，他十分重视企业的文化建设。他拟订了“忠信笃敬”的厂训，编写了“提倡国货，对外竞争。产品力求精，成本力求轻。挽回利权，富国裕民。凡我职工，勤慎耐劳，振作精神，言忠信，行笃敬，群策群力，一心一德，各负责任”的厂歌，还亲自议定了“遵守厂规，服从领导”“爱护团体，敬业乐群”“精诚亲爱，谦和合作”“锻炼身体，修养品性”“自励励人，立己立人”“从善绝恶，革故更新”“厉行节约，爱护物力”“刻苦耐劳，向前迈进”八句口号。厂训逢会必讲，厂歌人人必唱，口号烧成蓝底白字的搪瓷标牌，悬挂在车间、走廊、餐厅、写字间和公共场所。同时，公司出版《励进月刊》，发行全国。他亲自撰写《停工期间内经理告同仁书》，编辑《格言联璧》，人手一册，以古人警言教育员工。还编写《养生保命》一书，提高员工健身意识。

为使企业管理规范化，他组织从美国学习回来的专家、工程师、管理人员和工务长、总稽查、教育家等，整理了《部分工种工作约则》《部门工作规划》《管理教育》《等级工资方案》等规章制度。

在员工福利方面，刘国钧提出：“我们大成公司就是个社会，工人进了厂，要让他们安心工作，要食于斯，居于斯，生活于斯，老于斯，葬于斯。我们办食堂，建宿舍；开办子弟小学、保健站、小商店、休养所；还要建造功德堂，有贡献的员工死了可以立碑入堂；老年员工死了，开追悼会，购地置办大成公墓；还要办集体婚礼，改革婚嫁陋习；对于员工子弟中的优秀人员，可以由公司直接吸收当练习生。”由于他重视职工的福利和文化思想教育，所以其他纱厂经常发生工潮，而大成纱厂从未发生过工潮。这是刘国钧经营管理的一大成功的经验。

1931 年秋天，刘国钧携朱希武、准女婿查济民、长子刘汉堃等再次东渡日本考察。他认为：“这次赴日考察，最大的启示是：在纺织方面与日商竞争，非其敌手，其中重要原因是大成公司未能发展为纺织染全能企业，故不能与其抗衡。织而不纺，染而不织，一遇交通阻碍，或市场波动，原物料即有中断可能，生产势必停顿。必须建成纺织染全能企业，彼此衔接，一气呵成。这能减轻成本，增加求业，造福社会。”因此，刘国钧毅然决定将自己独资经营、收益十分可观的广益染织厂并入大成公司，扩大大成厂的规模范围，向纺织染一条龙发展。1932 年初，广益染织厂以 50 万元资产作为刘国钧的股额正式并入大成公司，成立大成纺织染股份有限公司。原大成纺织染公司改名为大成一厂，广益染织厂改名为大成二厂。大成二厂陆续添置了染色整理设备，生产量大增，日需坯布 5 000 匹。大成一厂增添纱锭 10 500 枚，线锭 4 800 枚，织机 200 台，增加坯布生产，满足大成二厂的需求。从而使大成公司的产量、质量大有提高。当年，净盈利 45 万元，资本为 100 万元。

刘国钧为进一步与国外厂商竞争，决定在花色品种上制胜。他特地与上海进口商取得协作，及时将外货新颖花色样品供给大成公司，加以研究仿制，使外货在市场上受到遏止。同时，刘国钧细心揣度、研究外货名牌产品在质量上与规格上的特点，予以吸收，改进自己的产品质量。他将大成一厂出口的“双兔牌”绒布与日货“铁路牌”绒布比较，加以改进，最后在质量上超过日产“铁路牌”绒布；将大成二厂出品的“英雄牌”“征东牌”条子漂布与英商怡和纱厂的条子漂布以及“蝶球”牌士林兰与英商士林兰相比较，取其所长，舍其所短，占领市场份额，成为名牌，销路大增。这样，既达到获利的目的，又收到抵制外货倾销的效果。这一年，大成公司增资 80 万元，注册资本达 220 万元。

1934 年，刘国钧携夫人鞠秀英、长子刘汉堃、准女婿查济民，以及得力助手陆绍云、华笃安一行 6 人同赴日本，这是他第三次去日本学习。这次，他刻意规避自己纺织业主的身份，借“批发商”名义参观各大纺织企业。虽然日本人处处提防他们，但处于国际经济危机的特殊时期，日本人也不敢怠慢刘国钧这位“批发商”，所以纷纷向刘国钧一行打开大门。在此，刘国钧看到了日本出品的最先进的丝绒工艺，看到了日本畅销世界的灯芯绒产品，看到了日本纺织的高效率和低成本，看到了日本工人的高技能与高强度。在日本，刘国钧尤其对灯芯绒产品产生了浓厚的兴趣，摸着那软绒绒、光亮亮的布，滑而细腻，富有质感，刘国钧爱不释手，他想，未来纺织品竞争的焦点很可能就是灯芯绒，此次日本之行一定要搞到日本灯芯绒生产的全部工艺。在陆绍云同学田津推荐下，刘国钧一行来到日本生产平绒、灯芯绒的主要生产基地——静冈县滨淞工业试验场。在滨淞，刘国钧“先看后订”，适当地购买了一批灯芯绒，使日本人对自己的身份深信不疑。他白天看，晚上记，不仅自己如此，还对陆绍云等人布置作业，要求他们摸清技术要领，以备实践之用。一个月下来，他们几乎掌握了灯芯绒制作的全部工艺。在日本，刘国钧很“大气”，他花 20 倍的价格请旅店的伙计去厂家购买了一把割绒刀；他通过田津的关系，找到日本割绒工高原，高薪聘请他去中国大成公司帮忙；他收买了一位批发部的伙计，请他定期向大成公司邮寄日本的最新纺织样品。同时，他还花 2 000 元买了一台原价 5 万元的破旧的烧绒机，花 3 000 元买了一台原价 6 万元的旧八色印花机，花 1 万余元买下二手的自动换梭机等。此外，他还订购了一批最新的丰田织染机器。

回国后，刘国钧立马投入到丝绒产品的试制与生产，经过工程技术人员和工人的刻苦努力，平绒和灯芯绒终于试制成功。至抗战前夕，生产了几千匹，全部包装成盒，投放市场，不仅开创了我国生产平绒、灯芯绒的先例，而且大成公司也从中获取了丰厚利润。为弥补印花的空缺，使大成公司更上一层楼，办成“自纺、自织、自印”的全新企业。刘国钧亲自将那台从日本淘回的破旧的八色印花机修复生产。这台旧机器，先请上海技师刘绅第来厂攻关，但折腾了很长时间，没戏了，反而说这台机器是日本垃圾，是一堆废铁。刘国钧不服气，又请德国技师攻关，结果也是无功而返。刘国钧依旧不服气，他又请上海的两名技工上，依然无效。最后他自己赤膊上阵。刘国钧是一个“机械控”，没事就喜欢折腾机械，人们常看到他一个人穿着工装，满脸油污地在车间里拆装机器。他与厂里的机械师等人亲自安装、修复、校验八色印花机，7 个月后，这台巨无霸印花机终于产出了第一批色彩鲜艳的八色印花布，迅速抢占国内市场。他见印花有利可图，又从日本购进新式六色印花车一部，并成立花样设计室，自刻印花滚筒。

那位被收买的日本批发部的伙计十分勤快，一有新布上市，就寄一尺给刘国钧。刘国钧则依样布，加紧试制，马上投入生产。等到日本的布匹运到上海时，发现市场上早已有了同类产品，而且早就占领了市场制高点。这让日商十分恼火，于是，刘国钧与大成公司被诸多日商列为在华强劲的对手。至此，刘国钧已成功打造了一个国内罕见的纺、织、染全能型企业。

刘国钧是有野心的。在亲手缔造了全能型企业之后，由于坯布需求量日增以及开辟内地广阔市场的经营战略需求，他提出“征西计划”。刘国钧经黄炎培先生介绍，去见四川民生轮船公司总经理卢作孚，旨在寻求合作意向。一路从成都辗转至重庆，在民生公司高管陪同下参观了卢作孚创办于 1927 年的三峡染织厂，这是四川、重庆一带唯一的染织厂，厂的规模不大，设备简陋，只有员工 200 人。刘国钧认为川渝无纺工，大成有可为。当机立断在重庆猫儿石买下一百亩地。随后，刘国钧一行顺流而下在武汉登陆，湖北省财政厅厅长贾果栢接待了刘国钧一行，两人聊到武汉市最大的震寰纱厂因纺织业凋零，已经停产两年，贾果栢表现出让刘国钧接盘的意愿，刘国钧意识到汉口是“九省通衢”，交通发达，商圈广大，人口众多，工价低廉，湖北又是棉花的主要产区，发展纺织具有得天独厚的条件。1936 年 7 月，大成公司与武汉震寰纱厂正式合营，大成占股 6 成，震寰占股 4 成，震寰纱厂正式改名为大成四厂，由刘丕基任厂长。陆绍云任总工。工人一半来自武汉本土，一半由总厂派遣，由总厂工人对本土工人进行传帮带，训练他们的操作技能。武汉大成四厂毕竟已停工 3 年，设备陈旧，管理松弛，人事腐败。为使四厂尽早出效益，刘国钧不得不坐镇汉口，亲自指挥，一者更新装备，二者培训职工，三者整肃厂纪，四者拓展市场。他对大成四厂的管理方针是：经济上宽容，人事上严格，恩威并重，刚柔并济。开工数月，大成四厂很快步入正轨，当年盈利 10 万元。湖北布匹市场上，到处都是大成蓝、“蝶球”斜纹布。

大成四厂的建立意味着大成的版图越来越完整。大成三厂也在刘国钧的心中酝酿。他要购置世界一流的纺纱、织布设备，建成中国第一流的纺织厂。三厂就是大成企业集团的高端工厂，是未来与日本纺织企业竞争的精锐部队。但是刘国钧的这一构想遭到众多股东的反对。一些股东认为，大成要坚持“小步快走”的方略，不要片面地扩张规模，求大求全。一些股东很现实，他们要求刘国钧“少投资，多分红”，不要拿现实利益去冒险。面对众人的反对，刘国钧针锋相对地说，大成大成，不思创新，大业难成；因循守旧，大业难成；固步自封，大业难成；小胜即满，大业难成。刘国钧的提案在董事会上强行通过，随后他任命陆绍云为大成三厂厂长，向瑞士订购了国际上最先进的“利妥”纱锭 3.2 万枚，购置自动织机 1 008 台。三厂的目标是：机器一流、产品一流、管理一流，与日本产品一争高下。

当时，在国内大部分纺织厂倒闭、改组的颓败状况下，唯独刘国钧的企业欣欣向荣。1930—1937 年，他的企业由一个厂发展到 4 个厂；10 000 枚纱锭发展到 78 863 枚纱锭；200 台织机发展到 2 707 台织机；印染设备从零发展到日产 5 000 匹色布的全套漂染设备；注册资金从 50 万元发展到 400 万元，8 年翻了 8 倍。这时的刘国钧已在全国纺织业声誉鹊起，许多经济学家对其刮目相看，纷纷著文研究探讨他的成功之道，著名经济学家马寅初赞誉他为“罕见的奇迹”。

五、逆境求生

1937年，刘国钧50周岁。50周岁前，他意气风发，精力充沛，人生得意，事业辉煌，大成的发展已经到达巅峰状态。而在这一年，刘国钧畅想的纺织梦惨遭重创。

1937年7月7日，日本军方挑起了卢沟桥事变，发动了全面的侵华战争。8月13日，淞沪会战爆发，全国人民奋起抗战，京沪沿线遭到日机轰炸，常州火车站一片断垣残壁。刘国钧看到这场战争将是持久的，京沪沿线将会沦陷，急着准备内迁。他指示大成一厂速将库存原棉生产完毕，成品尽快出售，换取现金，机器容后拆迁。大成二厂也按刘国钧的应变计划，回收现金，以保实力。组织人员日夜拆卸大成三厂的瑞士“利妥”纺纱机，分两批装箱，通过卢作孚的民生轮船公司运至武昌大成四厂，而后全部运往重庆以保存纺织机器的精华。战火日益逼近常州。11月18日，日机有目标地对大成一厂投掷18枚炸弹，大成二厂是日机重点轰炸目标，致使工厂损失惨重。刘国钧面对大成一厂被炸，大成二厂全毁，大成三厂已成空房的局面，目睹半生呕心沥血所创的事业，竟然毁于一旦，他心如刀割。他忍着悲痛，作出应变部署。大成公司的全部员工分三处疏散处置，伺机再图复工生产。

11月27日午后，日军占领戚墅堰。刘国钧这时才决定携带眷属和账册，乘民生轮船溯江而上，转道汉口。到了汉口，刘国钧把眷属妥善安排在租界暂住，自己就忙于武昌大成四厂的扩建工作。先将在常州厚生机器厂订购的250台织机安装开工生产，又将运来的18万匹坯布，从速转手，换取现金。同时，把从常州撤来武汉的员工安排进厂工作。并调拨纺机支助冷御秋在湖南创办的江苏难民纺织厂。由于上海存有大成公司的巨额资财，需要刘国钧亲自前去处理。他独自从汉口到衡阳，再过曲江至湘州，在汕头乘轮船，辗转万里，到达上海。迎候他的是吴镜渊和刘靖基翁婿两人，三人经过商榷，决定在公共租界开办纺织厂。机器设备是现成的；流动资金用常州运来的布匹，变换现金；一部分从常州撤来的员工已待命多时；厂房租赁中华书局印刷厂印钞旧工场。为适应上海孤岛的生存环境，工厂向公共租界当局注册登记，资本150万元，为掩人耳目，挂英商的牌子，聘请英商买办、印度人安诺任经理，英商马歇尔任董事长。厂名定为“安达纱厂”。由刘国钧任总经理，刘靖基任经理，朱如堂、蒋尉仙、谢钟豪等担任董事，刘靖基掌管全厂业务，袁敬庄任厂长。1938

年 8 月 1 日，安达纱厂着手规划设计、添建和改建厂房。9 月 20 日，陆续安装纱锭 10 800 枚，开工生产。每月生产飞虎牌棉纱约千件，远销南洋群岛和粤、闽、川、黔诸省及长江一带。然而，安达纱厂的根基在上海，刘国钧孤身一人在这里，以刘靖基为首的高层与刘国钧见解不和，他感觉自己在被动接受上海形势的发展，并且慢慢疏离权力中心，自己的原本稳固的根基如同剥开的百合一样，正一瓣一瓣地掉落。

随着日军疯狂侵占我国大片领土，武汉十分危急，大成四厂闹拆伙正不可开交。1938 年 8 月 27 日，刘国钧飞赴香港大中国饭店参加董事会，震寰方董事以武汉四厂搬迁后前途未卜为由，要求拆分，结束合营。刘国钧拿出大成四厂的经营报告书给他们看，四厂不到两年净赚 360 万元，然而这些股东看到红利的份额，更加要求立马拆伙以获得自己拿到手的财富。8 月 30 日，合营了 23 个月的大成四厂宣告解散。常州大成毁于炮火，上海安达矛盾重重，大成四厂分道扬镳，刘国钧旗下已经没有了自己实际控制的产业了，拼了半辈子的事业，难道就这样付之东流吗？身处香港的刘国钧电报刘丕基：大成四厂的设备加紧启运重庆。

刘国钧抵达重庆之时，东南半壁江山已陷于敌手，他的心中既充斥着无尽的悲哀，又激荡着压抑的奋进——无论处境如何困难，他始终怀揣着复兴大成的信念，这是他活下去唯一的勇气和理由。刘国钧是个闲不住的人，在水市巷居住了半个月后，周身不适，因此，他立即组织人马，在朝天门金沙岗买了一块地，建了一幢两层楼房，挂牌设立“大成公司驻渝办事处”，将运来的布匹、棉纱出售变现，伺机重振事业。

随着大成四厂的人员、设备陆续到达重庆，刘国钧想启用当初在猫儿石买下的地块、兴建厂房，发展生产，取名“复大公司”，意味复兴大成，但是在战乱时期，大规模的基础建设十分不易，刘国钧找了多家建筑公司，均因物资短缺而搁置。此时，国民党当局经济部对迁来重庆的工厂，朝夕催促开工。刘国钧非常着急，踌躇之际，恰巧卢作孚派人前来商谈民生公司与大成公司和武汉隆昌染厂三家合营开办“大明染织厂”一事，刘国钧非常高兴，三方一拍即合。当年年底，卢作孚、刘国钧、倪麒时三人负责筹建工作，工厂利用重庆北碚文星湾的原三峡染织厂旧址。由卢作孚任董事长，刘国钧任经理，查济民任厂长。刘国钧、查济民翁婿两人配合默契，全权负责大明染织厂的生产经营。

刘国钧又将激情投入到大明公司的经营发展中。他淘汰了原三峡厂的陈旧设备，全部换上大成的先进设备，工厂的骨干都是大成一、二、三、四厂撤来的技术精英，管理则应用大成公司的标准管理法。他们抓住提高产品质量这一重要环节，“大明蓝”在四川市场十分畅销。其他产品，知海昌蓝布、阴丹布、元昌布、鸟花料，均受到消费者的好评，年销售量达 67 200 匹。翌年(1939 年)，盈利达 35 万元。

大明公司步入正轨，染料厂成功达产，刘国钧将主要工作交给刘丕基、查济民等人，自己则腾出身子一心谋求复兴大成之路。刘国钧所做的第一件事就是归还贷款，在抗战时期，企业纷纷倒闭，人员四处逃难，信用便是个传奇。早在抗战前夕，刘国钧以大成一厂为抵押，向上海储蓄银行陈光甫借贷 250 万元，用于引进设备、扩大生产。抗战之后，一厂毁于日本轰炸，抵押品失去了价值，250 万元贷款便成为一笔死账。当时此类情况甚多，一般银行采取的是归本无息（只求本金，免去利息）、本金折扣（利息不谈，本金还打折）的办法。回收多少算多少。但大多企业当事人要么无力归还，要么无心归还，导致银行方颗粒无收。上海储蓄银行的资金回收政策是“舍息求本”，退后一步也可以“本金打折”，然而刘国钧坚持履行合同，本息一分不少地归还。陈光甫闻讯，专程赶到重庆面谢刘国钧：“国钧老弟，你可是帮了我大忙了，我行因贷款无法回收，资金链差不多要断了，老弟真是雪中送炭啊！今后，贵公司的所有贷款放足头寸（额度)，享受本行特惠待遇。”刘国钧要的就是这一效果，复兴大成，没有陈光甫的支持肯定不行。刘国钧深深反思大成自创办以来的种种得失，觉得自己最大的失误是没有完全由自己掌控的销售系统，从而在营销上受制于人，他觉得重建大成，必须建设一流的销售系统。

1944 年，日军节节败退，华夏大地终于露出了胜利的曙光。在重庆，刘国钧密切关注着时势，时刻把国家的命运和大成的命运连接在一起。在黄炎培、潘仰尧等友人的提议下，他悉心著作了《扩充纱锭的计划刍议》，发表在 1944 年 7 月 7 日《西南实业周刊》，随后中华职业教育社的《国讯》和《中国纺织年鉴》等知名杂志也相继转载，该刍议设想在抗战胜利以后的 15 年内，全国纺织工业发展至 1 500 万枚纱锭，并对筹集资本、织机制造、人才培训、原料供应、工厂布局和管理等等，都一一作了全面规划和设想。对于大成公司，他计划 15 年内发展至 50 万枚纱锭，并向毛、麻纺织品发展。刘国钧气势宏伟的设想，在工商界、经济界引起强烈反响，读者无不交口称赞。

1945 年，日本宣布无条件投降。在逃亡的 8 年里，刘国钧冒着枪林弹雨，跋涉千山万水，纵横远洋深海，不断寻求拯救大成、复兴大成之路，筚路蓝缕，艰苦卓绝。在这艰难的岁月里，他力挽狂澜，使大成公司毁而不灭，数度沉浮。在抗战期间，大成公司除 1938 年亏损 1.22 万元之外，1939 年盈利 49.33 万元，1940 年盈利 44.48 万元，1941 年盈利 208.36 万元，1942 年盈利达到 281.8 万元，1943 年盈利攀升到 343.83 万元，1944 年盈利为 292.71 万元。1945 年，大成公司的纯资产达到 2 375.14 万元。在国破家亡的抗日战争中，大成的逆势发展简直是中国工业史上的奇迹。

六、昙花一现

抗日战争胜利后，大成公司决定重建工厂，迅速恢复规模化生产。为了重振昔日雄风，刘国钧决定调整注册资本为 1 500 万元，大成一厂、三厂为纺织厂，大成二厂为印染厂。实现宏伟目标，需要足够的资金。在资金紧张时，他将储存于上海商业银行的黄金全都抛售了出去，但仍然杯水车薪。中国银行还在向他“抛媚眼”，宋子文派代表与刘国钧接洽，示意可以为刘国钧提供资金支持，但刘国钧不敢要宋子文的钱，又不好当面回绝，于是拿陈光甫作挡箭牌，对外宣告已经与上海商业储蓄银行落实了 800 万元额度的贷款。此时的陈光甫是经济界的头面人物，身兼国府委员，主管全国外汇平准委员会工作，一手掌权，一手掌财。为了“圆谎”，刘国钧加紧找到陈光甫等人，向他们赠送无偿赠送股份 130 万元。陈光甫等人欣然接受，并给予其 800 万贷款。为了应对地方复杂环境，刘国钧同样采取赠送干股的办法，聘请国民党江苏监察使程沧波为董事，陈光甫、程沧波等人不仅是经济支柱，也是政治靠山，他们挂职于大成，入股于大成，使公司利益与他们捆绑在一起。一者，陈光甫等人为了自身利益，自然会为公司牟利；二者，当大成或刘国钧本人遭遇政治陷害时，陈光甫等人便是靠山。

1946 年是中国纺织业恢复繁荣的一年。战争刚停，国外纺织厂尚未恢复，无人竞争，战后人们迫切需要衣着，纺织产品供不应求，利润丰厚，达到 30%以上。大成一厂生产 20 支六鹤牌棉纱 2 万件，生产 12 磅蝶球牌棉布 20 万匹，全年产值达 350 亿元。大成二厂的丝绒车间、老阿尼林车间也局部开工，每天可产各种色布 800 匹。1947 年，大成二厂建了新厂房，把原有织机全部调至大成三厂，专营棉布印染，产量从日产 800 匹，逐步增至 3 000 匹。产品除畅销华南地区外，还销往印度、荷兰。

但好景不长，国民党为了维护其独裁统治，一边加紧进攻解放区，一边加紧在国统区掠夺社会财富。大成公司面临重重困难，原材料采购艰难，美棉供应时断时续，器材难以补充，货币贬值，成本增高，销售困难。企业日陷困境，奄奄一息。刘国钧见此情形，向当局提出为政府代纺代织，以维持生产。1948 年国民党政府军事上辽沈和平津战役相继失败，淮海战役即将开始，经济全面崩溃，国民党政权在大陆即将瓦解，蒋经国为挽救残局，于 8 月 19 日以整理财政并加强管制为名大肆摧残民族工商业，将一些著名企业家关押敲诈，国民党政府败局已定，工商界人士惶惶不可终日，很多人离沪去港，大成董事会劝刘国钧去香港避避风头。与此同时接到中共地下党组织给刘国钧写的信，讲清整个形势和共产党的“发展生产、繁荣经济、公私兼顾、劳资两利”的新民主主义经济政策，要他保护好工厂，搞好生产迎接解放，不能停工。同时，刘国钧又接到国民党的警告信。他处于矛盾之中，考虑再三，决定三十六计走为上计。他决定将10万匹棉布运往广州，售款转汇香港。应付宋子文逼他搬迁工厂，送去1 000匹布和50根金条，作缓兵之计；原打算把常州的大明纺织厂、意诚布厂、大成三厂搬到香港、九龙和新加坡，现决定不再搬迁，坚持原地生产。刘国钧在离开大陆之前，对大成厂的高层职员作交代：“大成公司所有在上海、常州两地的现金、存款、元件、物资、机器一律不动，各人按各人负责的范围，尽力坚守企业的责任，把各种东西点清造册，一律公开，勿隐藏任何东西，共产党渡江过来，见我们有这种表现，决不为难我们，各位可以安心。假如真的不行，各位可以到香港、台湾去，那里有我的企业，饭总有的吃，决不会亏待你们。”他与员工临别时老泪纵横，依依不舍。1949年春节后，刘国钧携家眷由沪赴港。

尾声

1978年3月8日。病床上的刘国钧气息微弱，晨6时，这位一生为中国纺织业操劳的老人永远闭上了眼睛。一辈子，92个春秋，从没落贫儿到富甲江南，刘国钧先生的一生可谓尝尽人间疾苦，也斩获世间之誉。

刘国钧先生奋斗一生的创业史是留给后世的宝贵财富，我们可以从中看出很多创业的门道，在纷争年代，如何去积累资源，如何去组建团队，又是如何去辨识和开发机会，刘国钧先生都给我们做了最好的诠释。那么在现代社会的情境下，我们该怎么样去开展创业活动？从刘国钧身上，我们看到了什么样的企业家品质和情怀？在面临创业失败后，我们应该如何去做？是屈服失败还是奋起再战？都应该是我们思考的问题。

参考文献

[1] 葛吉霞. 1929—1933年世界经济危机下民国“大成奇迹”研究［J］. 兰州学刊，2011（7）.

[2] 李文瑞. 刘国钧文集［M］. 南京：南京师范大学出版社，2001.

[3] 李筱纲. 织梦江南·刘国钧传［M］. 南京：江苏文艺出版社，2016.

[4] 施宪章. 民族工商业界的一面旗帜——刘国钧挚爱祖国、艰苦创业的一生（上）［J］. 钟山风雨，2002（2）.

[5] 施宪章. 民族工商业界的一面旗帜——刘国钧挚爱祖国、艰苦创业的一生（下）[J]. 钟山风雨，2002（3）.

[6] 史全生. 论刘国钧的经营理念 [J]. 扬州大学学报（人文社会科学版），2012，16（5）.

[7] 史全生. 刘国钧 [M]. 北京：中华书局，1986.

[8] 王莉. 民族工业骄子刘国钧 [J]. 黑龙江史志，2014（15）.

[9] 鱼禾. “一生学费钱八百，半年事业万人功”——中国纺织工业巨子刘国钧 [J]. 企业导报，2004（1）.

[10] 朱希武. 大成纺染公司与刘国钧 [M]. 北京：文史资料出版社，1962.

附录

刘国钧的家训及格言

能受天磨真铁汉，
不遭人忌是庸才。

——这是父亲刘黼堂在刘国钧 18 岁那年春节前为他写的联句。刘国钧说：“这副对子对我有很大的启发，坚定了我的意志。”

义者不饮盗泉之水，
廉者不得无道之金。

——这是父亲刘黼堂写给刘国钧的座右铭。

横财不富命穷人。

——这是父亲刘黼堂在给刘国钧讲历史故事时，说的一句警言。

和以为贵，同而不流。

——刘国钧说：“我经营了两爿店以后，把家眷也从靖江接到奔牛。当年的大除夕，父亲在家门口写了这幅春联，贴在门上。把‘和丰’‘同丰’的‘和’‘同’两字嵌在里面，又警戒我处世之道，真是含义深长。”

靠人都是假，跌倒自己爬。

——刘国钧说：“我体会到：要吃，就要自己赚钱，自己做出来吃。这样在思想上就逐步产生赚钱、做生意的念头。后来体会到一切要靠自己的努力。”

会技术又会管理的是头等人才；
会管理不会技术的是二等人才；
只会技术不会管理的是三等人才。
——刘国钧特别注重结交办工业会技术、会管理的同业，和他们交往的体会。

不耐烦者，做不成一件事。
天下无难事，只怕有心人。
心之所至，无坚不入；
意之所至，无远弗届。
日日行不怕千万里，
常常做不怕千万事。
——刘国钧在攻克八色印花车故障时，提出的口号。

有我不多，无我不少。
——刘国钧说："我在大成虽然是担任总经理职务，我不担任实际工作，各方面的工作我都问，但是在各方面又不专门负责。"

事事有人负责。
人人对事负责。
——刘国钧对厂内的人都作出了分工安排，各方面都有专人负责。

忠信笃敬
——这是刘国钧为大成公司题的《厂训》。孔子曰："言忠信，行笃敬，虽蛮貊之邦，行矣。"意思是，言语忠诚老实，行为忠厚严肃，纵然到了别的部族、国家，也行得通。

日月倘随天地在，
勤俭终疗子孙贫。
——这是刘国钧的座右铭。其中，他将"勤俭"改去"耕读"两字，给流传千百年的对联，赋予深刻含义。

忌我安知非赏识，
欺人到底不丈夫。
——这是刘国钧的座右铭。

凡事让三分，天宽地阔；
心田留一点，子种孙耕。
——刘国钧劝导一位同事时所说。

武进大成纺织染兼营，
提倡国货，对外竞争，
出品力求精，成本力求轻，
挽回利权，福国裕民，
凡我职工，勤慎耐劳，
振作精神，言忠信，
行笃敬，群策群力，
一心一德，努力各负责任，
前进，集其大成。
——这是刘国钧为大成公司拟定的《厂歌》歌词。

要吃龙肉自下海，
世上没有学不会的手艺。
——这是刘国钧在1917年担任大纶机器织布厂协理时提出的座右铭。

死店活人开，棺材劈开卖；
活店死人开，大家进棺材。
——这是刘国钧创办广益染织厂时的经营之道。

刘国钧有一部独特的人生记录，有别于一般的民族资本家，没有遗产，没有靠山，靠的是自我奋斗，在创业中全力以赴，雷厉风行，进行有益的改革，他有一句口头禅："我别无嗜好，只爱办工厂！"

刘国钧虽是常州首富，却不贪图享受，而崇尚俭朴；他以不住小洋房、不坐小汽车、不讨小老婆的"三不"约束自己。他时常教育小辈不要忘本，日子好过了，也要勤俭朴素。

不论是顺境还是逆境，刘国钧始终与中国共产党肝胆相照，坚信毛泽东主席，坚信："人老心不老，永远跟党跑。"

案例2

李一男：技术天才的创业人生*

引　言

如果说要评选出一个最传奇的IT创业奇才，那么非李一男莫属。提到李一男，很多年轻人会觉得有点陌生。但听完他的经历，大多数人都不会再忘记这个名字。

李一男出生于1970年，他的人生经历将“天才”“传奇”两词表现得淋漓尽致。年仅15岁就进入华中科技大学少年班成为“神童”，23岁硕士毕业后就职华为，27岁就成为最年轻的副总裁。而立之年，事业如日中天的他自立门户，成立港湾网络，短短几年就有“小华为”之称。2006年回归华为。2008年，38岁的李一男再次出走华为，加入百度，成为百度最年轻的CTO，并领导了百度下一代搜索引擎的开发。不到两年，他又加盟无限讯奇任CEO，同年又辞去无限讯奇CEO一职，以合伙人的身份加盟金沙江创投。之后沉寂7年，再次出山创立牛电科技，却因涉嫌黑幕交易锒铛入狱，他的事业轨迹却犹如抛物线高开低走，一直难以复制在通信领域的光辉岁月。他的人生是如何一步一步走向今天的？他又是如何应对事业中的起起伏伏？

一、传奇天才，扬名华为

李一男，湖南人，1970年出生。这个戴着近视眼镜的男孩成长于华中科技大学少年班，一个多少被认为有些少年天才意味的地方。“我读大学时学的是物理，1998年代表学校去参加最后一届CUSPEA中美物理研究生考试，当时我信心满满，结果连最低录取分数线都差了好几十分，让我自信心特受打击。”之后李一男毅然转读了工科研究生。

1992年，研究生二年级在读的李一男开始在华为实习，毕业后便正式入职华为，从此开始了其令人叹为观止的职场升迁之路。见过他的人爱用“斯

---

* 本案例由彭伟、郑庆龄根据公开资料整理，版权归原作者所有，并对原作者的贡献表示感谢。案例仅供研讨，并无意暗示或说明某种管理行为是否有效。

斯文文”“瘦弱书生”等词语来形容他，一位华为市场部前员工曾形容李一男“单薄文弱，他在腰上挂个手机我都替他累！”但他在华为短短几年的表现却是将“青年才俊”这个经常出现在电影中的形象演绎为现实。

当时还只是实习生的李一男就被委任主持研发一个技术项目，为了这个项目，任正非还力排众议掏钱购买一套价值20万美元的外国设备。当时，还处于在创业阶段的华为财力并不雄厚，这笔投资并不是一个小数字，但任正非依旧认可了李一男的项目。但由于市场突转直下，该项目意外搁浅，设备作废，打了水漂。出人意料地，任正非并没有责备还在惴惴不安中的李一男，说年轻人搞技术开发碰壁是常有之事，最重要的是能够吸取教训重新再来，这种大度也让李一男一段时间都心存感激。

士为知己者死。1993年6月，硕士毕业的李一男义无反顾地走进了华为。任正非坚持根据业务能力不拘一格提拔人才，23岁的李一男开始成为华为一颗耀眼新星：两天时间里，李一男升任华为工程师；两个星期后，因解决一项技术难题，被破格聘为高级工程师；半年后，因工作出色出任华为最重要的中央研究部副总经理；两年后，李一男因贡献突出，被提拔为华为中央研究部总裁以及华为总工程师；4年后，27岁的李一男成为华为最年轻的副总裁，主管研发。据说当时李一男可以称得上位高权重，实际地位仅次于“左非右芳”。（“非”是指华为总裁任正非，“芳”是指华为董事长孙亚芳）这一期间，李一男崭露了对未来技术趋势的惊人洞察力，华为内部员工也惊叹：“李一男的一举一动都会影响华为的发展方向。”

从实习生到副总裁，这段路李一男花了不到4年时间，其中包括一年的实习期。这在有的人看来终其一生都未必能够完成的梦想，却轻松被其收入囊中。这种火箭式的攀升完全依仗其个人才能。李一男身上有一股湖南人的“闯劲”，这让已过不惑之年但仍然坚持创业的任正非颇为欣赏，“惺惺相惜”“父子情深”“师生关系”……李一男在华为内部如鱼得水、青云直上之际，外界用上述词语来形容任正非和李一男的亲密关系。并且一度有人猜测，李一男会是任正非的接班人。

二、而立之年，自立门户

1998年，踌躇满志的李一男突然被调离中央研究部，转而负责市场部底下的产品部。对于这次调动，一直顺风顺水的李一男怎么也不能接受。而在“严父”任正非看来，这只是一次很正常的调动，他希望这位年轻人能够从研发中走出来，走向市场，也希望通过这次磨砺使李一男更加成熟，将来担当起更加重要的岗位。任正非认为“烧不死的鸟是凤凰”，每个人都需要经过艰苦的磨炼才能成长为真正的人才。但是，这种父亲般的良苦用心不仅没有得到李一男的理解，反而在他的心中产生了相反的作用。他开始感觉到在华为虽然自己已经成果辉煌、风光无限，但命运还是没有掌握在自己的手里。在他这个“齐天大圣”的背后，始终还有一个无法逾越的“如来”。甚至，他开始认为自己已经遇到了职业发展的“瓶颈期”。虽然，华为内部盛传自己将成为任正非的接班人，但自己却从来没有得到过任正非的任何承诺。

2000 年，华为推崇“员工持股制”，以激发员工的能动性来推动企业不断成长。当年全球电信遭遇寒流，国内运营商缩减投资，同时，CDMA 的失算和小灵通的痛失良机都让总裁任正非开始思考：怎样才能让公司在成长中规避风险并时刻保持战斗力呢？企业员工持股虽然可以起到激励的作用，但是造成企业股权机构复杂。于是公司进行了几次股份制改革来理清产权关系，而内部创业的政策正式在这种环境下诞生。内部创业，具体而言就是华为的员工出去建立自己的公司，专门代理华为的产品。

在 2000 年华为内部创业的刺激下，李一男正式提出辞呈，任正非接受了他的请辞，还为其在五洲宾馆举办了一场隆重的欢送会，期望李一男成为华为内部创业的典范。在这次大会上，李一男宣读了创业的个人声明：“华为目前在数据通信领域是一个相对的薄弱点，同时也是一个潜在的机会点……我本人也很有兴趣在这方面发展。”他还说道，“当我把这个想法向任总和孙总表露后得到了两位老总的理解，他们充分地尊重我的个人选择，尤其感激的是任总以宽大的胸襟明确地支持我不成熟的内部创业想法并给予了鼓励，当时感到的是一股暖流涌进了心中，我才真切地感到是任总博大的心胸和抱负才成就了华为今天的成绩。作为华为公司的高级干部，我将本着职业工作的道理在未来的时间内保守公司秘密，维护公司声誉，我愿意和公司签署相关保密协议以及禁业限制协议。我所申请成立的内部创业公司也将遵守华为公司关于代理商的各项管理规定，遵守有关的商业准则诚实经营。”任正非也在大会上发了言：“（我）对他的创业计划非常推崇，因为我相信他。2000 年下半年，华为出于发展战略的需要，鼓励内部员工走出华为，开公司、当老板、做代理，以满足和帮助有这方面志愿的人实现个人意愿。为此华为出台了《关于内部创业的管理规定》，规定凡是在公司工作满两年以上的员工，都可以申请离职创业，成为华为的代理商。公司为创业员工提供优惠扶持政策，除了给予相当于员工持股票价值 70%的华为设备以外，还有半年的保护扶持期，员工在半年之内创业失败，可以回来重新安排工作。”任正非把华为鼓励内部创业的目的概括为：一是给一部分老员工以自由选择创业做老板的机会；二是采取分化的模式，在华为周边形成一个合作群体，共同协作，一起做大华为的事业。

2000 年，李一男带着华为股权结算和分红的 1 000 多万元，带着原华为研发总工办江建平、原华为企业网渠道总经理陈凛及一些研发人员，踏上了深圳飞往北京的航班，创办港湾网络公司。港湾网络将华为公司网络设备分销商的帽子戴在头上，开始了自己的创业之旅。这样切入对港湾而言有着巨大的好处：一方面可以在较短的时间内摸清楚市场营销规律和打通各种社会关系，另一方面由于进入门槛比较低，也能获得一笔不菲的原始积累。

不过，有华为接班人之称的李一男从来不会愿意在代理商市场驻足。李一男的目标并不是简单的变得富有。他要拥有足够的权力来驾驭一家高科技公司，并且让它成为行业中的主角。2001 年，一些华为的技术研发人员陆续地投奔港湾；6 月港湾拥有了第一台自主品牌的交换机；8 月 31 日，天使投资华平和上市公司上海实业旗下龙科分别投资 1 600 万和 300 万美元，港湾的第一轮融资完成；11 月，港湾在国内第一家推出机架式以太网骨干交换机。2001 年，港湾网络通过销售华为设备和自己的产品获得了约 2 亿元的收入。

所有的一切由地道的“华为帮”一手操作。除李一男之外，公司开发体系与销售体系核心团队也基本上以华为员工为主，当然也包括其他如数通总代和外企人员。从管理模式、研发体系，甚至企业文化，港湾都有明显的华为风格，当时被业内称为“小华为”。虽然港湾给员工的待遇并不是很高，但给员工的期权股票十分慷慨。一旦公司上市，很多的千万富翁将诞生，这对员工的吸引力相当大。

自 2001 年港湾陆续推出自己的产品时，一系列的动作使得华为作出了反应，2002 年华为就收回了港湾的代理权，并且很快加大了在数据市场的力度。

网络通信设备业完全是个“烧钱”的行业，要不断研发推出新产品，要快速生产，要有足够的人员去开拓新的市场并占领，还有巨大的售后服务要做，一切都需要钱。

2002 年 5 月 14 日，港湾网络有限公司完成 4 200 万美元的第二轮融资，华平投资有限公司和龙科创投分别投资 3 700 万和 500 万美元，此外，这两家投资者还为港湾提供了 3 500 万美元的银行贷款担保，这等于港湾此轮实际融资达到了 7 700 万美元。第二轮的成功融资有力地推动了港湾网络在新一代职能光以太网领域中的技术创新和产品开发。

2002 年，李一男邀请彭松（此前身份是华为公司国内市场主管副总裁）主管运营商市场，路新（原华为技术数据通信部总经理）主管企业网市场，同时出击运营商与行业市场。2002 年 11 月，网络设备厂商们的竞争焦点仍在千兆产品上，因为那已经领先客户的需求了。但港湾网络那时一举收购了欧巴德公司，将唐鹏飞、朱双霞等技术背景相深厚的人才揽入怀中，在国内率先推出基于10G平台的核心路由器，从而拥有了万兆产品。这是港湾网络的第二次技术超越。当时包括华为在内的国内网络设备厂商，以及部分国外厂商都仓促应战，跟进推出万兆产品。2002年，港湾的销售额为4.5亿；2003年，港湾的销售额攀在了12亿元的高岗上。

2003年12月29日，港湾网络和深圳钧天科技正式合并，港湾网络拿下了深圳钧天在MSTP光网络领域的全部技术和专利。当时，钧天的产品已经取得了信息产业部入网证并在各大运营商中开始应用。其产品涵盖了从STM-1、STM-4、STM-16到STM-64的所有级别，为城域传送网提供完整、稳定的新一代MSTP解决方案。同一天，港湾网络还获得了德国投资与开发公司（DEG)、荷兰金融发展公司（FMO）的2 000万美元的投资。港湾网络拥有了光网络，这对华为而言，是最要命的。因为光网络是华为的一项重要收入来源。

2003年底，港湾网络员工已超过2 000余人。港湾网络全系列产品已经广泛服务于国内各大运营商海外部分运营商，政府电子政务网，教育城域网，高校园区网，中基教校校通，金融广域、局域、办公网，电力调度网等；以太网交换机装机国内总量也已超过100万端口，其领先的技术、稳定的运行赢得了业界的广泛认同，港湾网络已经成为国内宽带网络设备主流供应商之一。

对于华为而言，港湾联手钧天是对华为的极大威胁。面对过去三年间港湾在DSLAM和路由器领域的成绩，华为的策略就是迅速地把市场价格打压下去，光通讯业务对华为来说是决不可侵犯的。2004年起，华为开始了对港湾的全面打压，成立了著名的“打港办”。这个机构有两个原则：一是让港湾的营业额赚不到钱；二是绝对不让港湾上市。打港办知悉港湾的每个举动，几乎能够挖走它想挖的任何人，港湾感觉就像“生活在玻璃屋里”。

2004年，港湾网络两次登陆纳斯达克失败，一次在静默期收到公司做假账投诉，一次还没有开始。第一次上市未成，让很多港湾员工产生了巨大的心理反弹：他们之所以投身这家初创公司，很重要的一个目的便是借助公司上市实现个人价值，但当这个梦想看似遥不可及时便怨声四起。而当港湾刚把财务问题解决妥当，关于其侵犯华为知识产权的律师函又不约而至。到2004年10月，港湾已经放弃了上市的努力。

上市梦想无法实现，西门子收购港湾资产成了港湾唯一的机会。早在2004年，西门子就曾试图与港湾结缘，收购光通信业务。由于产品关联性，在收购港湾的光通信业务后，未来西门子整体收购港湾也并非没有可能。但当时对上市信心满满的港湾高层们拒绝了这一橄榄枝。2005年12月23日，平安夜的前一日，港湾终于与西门子签订了收购协议，西门子以 1.1 亿美元（约合 8.8 亿元人民币）的价格，将前者包括三个系列宽带高端产品的全部技术、专利及 100 余名技术人员在内的核心资产揽入怀中——这部分资产所带来的利润占到港湾网络总体的近 60%。实际上，这份协议并没有正式生效，因为他遭遇了来自外界的强力阻击，这股力量来自华为，来自任正非。华为也是西门子重要的合作伙伴，而且合作关系比港湾还要更加深入和紧密：西门子在欧洲市场上大量 OEM 华为的数据通信产品；双方还共同成立了一家专门做 TD-SCDMA 研发的鼎桥通信。在未来的竞争中，双方相互仰仗之处颇多。但是，从 2005 年下半年以来，西门子明显感觉到华为的合作热情一天天降温，响应速度也明显慢了下来。上任时间不长的西门子通信集团 CEO 托马斯·甘斯文特情急之下找到了华为总裁任正非进行沟通。在经过了一次严肃的会谈之后，甘斯文特决定放弃收购港湾的资产，道理很简单：与港湾相比，西门子与华为的合作能够带来更多的利益，西门子不愿意因小失大。

三、好马回头，再入华为

2006 年 5 月 10 日，任正非和他的常务副总裁费敏亲自去杭州，与港湾高层“三巨头”李一男、彭松和黄耀旭会晤。一见面，他就诚恳地表示：“我代表华为与你们是第二次握手了。首先这次我是受董事长委托而来的，是真诚欢迎你们回来的。如果我们都是真诚地对待这次握手，未来是能合作起来做大一点的事的。不要看眼前，不要背负太多沉重的过去，要看未来、看发展。”任正非甚至还诚恳地表达了歉意，“这两年对你们的竞争力度是大了一些，对你们的打击重了一些，这几年在这种情况下，为了我们自己活下去，不竞争也无路可走，这就对不起你们了，为此表达歉意，希望你们谅解。诚如华为董事长孙亚芳所言：我们双方现在要一起翻过这沉重的一页，不再纠缠历史，用宽广的胸怀和积极的姿态一起面对未来。”

在华为对港湾的收购协议里，任正非要求李一男回华为工作 2 年。因此，在经过了几个月的“沉默”之后，9 月 11 日李一男再度回到华为，继续出任首席科学家兼副总裁。虽然仍身居高位，实际上，当时李一男的权力已经被完全架空。从当时结果上看，任正非跟他很难再回到一开始亲密信任的关系，而在华为的日子，李一男不再如鱼得水。港湾的失利让李一男从神坛跌落，在许多华为人看来，李一男是一个“反骨仔”（叛徒）。

重回华为之后，李一男一改此前年轻气盛的习性，对所有人都表变得异常恭敬，为人也极为低调。李一男一度被任正非“流放”到美国，统管华为在那里的两个研究所。2007 年 12 月末，华为公司发出内部公告，任命李一男为华为终端公司副总裁。

四、再别华为，身份转型

忍受不住煎熬的李一男在两年之后，再一次决定离开华为。对于李一男的再次离去，华为方面没有作任何评价。“其实从李一男回归的那一天起，就注定他迟早还要离开华为。”华为内一高管指出，李一男 2006 年 9 月回归华为的主要原因是履行华为收购港湾资产协议的结果，对李一男本人有一个“封闭期”。

此番李一男的离职，并没有选择去电信行业的设备商或者运营商谋职，无意与华为再有利益冲突，也是对华为多年培育的一种感恩。这一次他选择了逐渐崭露锋芒的百度，而他加盟百度也意味着他将职业经理人作为今后的重要选择。与初入华为一样，在这里，李一男凭靠自身能力获得了李彦宏的赏识，并担任了百度 CTO 一职。李彦宏毫不掩饰对他的赏识：“全世界能做百度 CTO 的人不超过三人，李一男就是其中一位”，并对他委以重任，李一男刚一上任，即被赋予统筹领导新一代搜索技术“阿拉丁”计划的重任，随后又领导“框计算”和百度全新的搜索营销平台“凤巢”系统的开发。

而从与华为一役中，李一男也成熟不少。对于李一男在百度期间的工作，一位资深通信界媒体人士讲了一个故事，说在百度期间李一男似乎变得成熟很多。“一次，百度内部出现了一个工作失误。全体员工收到了李一男的邮件，他将所有过错揽到了自己身上，措辞诚挚，给人印象深刻。”看来，那时李一男已淡去不少少年得志情怀。这种风度赢得公司上下对其尊重，李一男在百度期间的一位同事曾表示，李一男极具个人魅力，大家对他印象都不错。

2010 年元旦刚过，李一男便向李彦宏提交了辞呈。当时李彦宏站起身，两眼笔直地盯着比他小 2 岁的李一男。尽管李彦宏极力挽留，但李一男去意已决。2010 年 1 月 18 日下午，百度正式宣布“首席技术官李一男先生因个人原因，提出辞职。经公司批准，从即日起李一男不再担任首席技术官的职务。公司感谢他在职期间为百度做出的贡献，并祝愿他的未来更加美好。”

2010 年 1 月，李一男跳槽到无线讯奇①任 CEO。这时的李一男身上的棱角

---

① 无限讯奇的最大机构投资者是华为，李一男入职无限讯奇得到了任正非的认可，而且无限讯奇内部也有许多前华为人。无限讯奇负责开发和建设中国移动 12 580 业务。公开资料显示，无限讯奇 2009 年开始盈利，2010 年收入为 4.47 亿元，净利润 7 010 万元。

虽然已经被磨得稍微圆滑些，但骨子里，他还是当年那个渴望闯出一片天，在公司里能拥有主导权的少年。之前，得益于深厚的通信业背景及在百度主导无线和新技术领域的经历，无限讯奇对李一男寄予厚望。

李一男任无限讯奇 CEO 的时候，无限讯奇每天用户的使用量增加了一倍，公司来自千万商户的收入已经超过了中国移动给的支撑费，成为主要的收入来源。2011 年 7 月 1 日举行的一次董事会上，李一男提出，因市场环境不好，要降低今年的收入预期，这令投资者颇为不满。中国移动内部人士描述，作为一家依附于中国移动生存企业的 CEO，李一男并不能大展身手，他多次大谈无限讯奇要摆脱对中国移动的依赖，这无疑得罪不少人。由于无线讯奇长期受制于中国移动，且作为一个技术男，从一个环境相对单纯的互联网公司，进入到一个关系复杂的运营商体系下的运营公司，李一男要施展抱负并不容易。虽然名为 CEO，李一男在其中能作为的地方并不多。与李一男因经济问题被相关部门带走调查的传言几乎同时，无限讯奇董事长田涛因移动腐败案被传协助调查。由于卷入了移动腐败案，无限讯奇的上市前景不容乐观。

一年半后，他再度离开。2011 年 7 月 21 日晚间，李一男在新浪微博上表示："收到了很多朋友的问候，深表感谢。我将于近期辞去无限讯奇 CEO 的职务。" 2011 年 8 月，李一男以合伙人的身份加入到金沙江创投，专注于早期无线通信和互联网、软件等领域的投资。他十分珍惜这次机会。虽然这时的李一男离华为神话已经有段时间，其所拥有的经验还是可以作为吸引好项目的资本。遗憾的是，与最初进入华为所创造的辉煌相比，他在投资圈并没有引起太大的关注。

金沙江创投董事总经理伍伸俊表示："我们非常荣幸能邀请李一男先生加入金沙江创投团队。他与我们现有团队有着突出的共性和默契：多年的行业和运营经验、与优秀企业家强有力的互动和与企业同舟共济的坚定信念。金沙江创投的平台效应将通过李一男的加盟辐射到更多励志创业和创新的企业家。我们期待着与李一男携手共进，在中国成就世界领先的高科技企业，创造新的财富。"

李一男回应："我对金沙江创投团队及其专注投资早期科技创业企业的理念有着深切的认同感，更钦佩他们长期一贯的坚持。基于此，我选择加入金沙江创投。我有幸和金沙江创投的各位同仁携手，希望借此能支持、帮助更多的企业家，与他们同甘苦，共成长。"

在金沙江创投期间，李一男还有一段鲜为人知的投资经历。2013 年，李一男参股的北京数字天域科技有限公司曾借壳杭州"新世纪"（2015 年 3 月更名为联络互动）在中小板上市。按当时的股价，李一男掌握的股票价值高达

9.6 亿元，而他最初购入数字天域原始股权的成本仅 300 万元。这一段投资人生涯令李一男十分感慨，“在这期间我接触到许许多多的项目和许许多多的创业者，大凡都是年轻人，他们那种追梦，敢想敢拼，不解决问题誓不罢休的劲头，深深地让我感动”。李一男加入金沙江之后，就逐渐淡出了人们的视野，没有人知道他在金沙江怎么样，也没有人知道他在做些什么。

五、沉寂多年，再度出山

李一男终究是不甘安分的。2015 年 3 月，他突然宣告回归创业，创立了牛电科技。这一次，李一男怀揣着更大的野心，声称在国内要掀起锂电革命。再次创业，李一男选择的电动自行车也让很多互联网人看不明白。人们没有办法想象，这个并不出众的出行工具该如何与这位老互联网人发生化学反应。

为了这次创业，李一男才再次更新搁置了 3 年的微博。其之前的微博停留在 2012 年的 11 月 11 日。2015 年 3 月 2 日，距离李一男上一次更新微博已经过去 3 年，他出乎意料地说了这样一段话：“5 千米之内的汽车出行占到城市汽车出行接近 60%的比例。更环保、经济、自由的交通出行方式应该得到更多的倡导。没有污染的自行车、电动两轮车的出行理应得到更多的提倡和道路权利的尊重。”李一男曾表示，从 2014 年开始，我就在想做一款不一样的电动踏板车/电动自行车。这样回答正如他前几次的职业选择，令人惊讶，却又符合他一贯以来特立独行的风格。

这种创业的想法让其与胡依林一拍即合。在投资人黄明明的引荐下，李一男与胡依林面谈了一个电动车项目，这个项目当时只是一个雏形，创业的团队既缺乏资源也缺乏商业策略，甚至连 CEO 也没有。而李一男却毅然加入，并倾尽所有，除了资金，他还带来了供应链上的资源及一个 CEO——他自己。李一男甚至曾经在公开场合表示这将是“最后一次创业”。

小牛电动车发布之前，李一男便已经拿到了 5 000 万美元融资。目前，牛电科技共完成 A 轮共计 8 000 万美元的融资，投资方包括 GGV、IDG、红杉资本、梅花天使、明势资本、创新工场、真格基金等。牛电科技称是国内智能硬件领域总融资额度最高的互联网创业公司。

2015 年 4 月 28 日，在 GMIC 移动互联网大会上，李一男介绍，之所以为公司取名为“牛电科技”，志在欲打造出一款最牛的电动车。产品会考虑智能化，并在为用户的出行体验上努力做到极致。为此，牛电科技拒绝简单的代工模式，自建工厂，自主研发、设计各个环节。李一男还特别介绍了创业团队，通过官方微博公布了 6 位联合创始人的照片及职务。牛电科技联合创始人及主要员工来自 Honda、frog design、华为、小米、乐视、艾默生生、万向科技等国内外顶尖科技公司，目前团队规模已达到 70 人左右。其中设计公司团队曾为宝马、本田、苹果等国际品牌服务。软件开发团队拥有强大的车载软件、电池管理技术等高精度技术开发能力，对互联网技术支持拥有丰富的经验。市场营销与销售团队来自小米、乐视等新兴互联网公司，对新媒体营销、电子商务有丰富的经验。电动车市场是一个拥有 2 亿台保有量，每年新增 3 500 万台的巨大市场。会上，李一男透露自己做电动车的方式，将有别于现有传统电动车厂商。足够混搭足够跨界的研发团队只是一方面，产品方面将是行业内从未有过的开发标准，设计和用户体验主导，尽可能大胆地运用最新的技术和最好的材料。

牛电科技从一开始就采用了完全互联网的社会化营销方式，小牛电动的销售全部在线上，线下网点是作为售后支持。如果说传统电动车线下扩展的是销售网点，小牛扩展的是服务网点。从李一男个人经历、创始团队、早期融资、产品发布前的媒体猜测与造势，再到发布会上的演讲、试驾、评测，然后是众筹平台的用户参与和刷新纪录，牛电科技可以说从诞生之日起就一直在制造热点，不断吸引媒体和目标用户的眼球。而与之相比，传统电动踏板车企业还在力推报纸、电视和线下门店广告，找娱乐明星代言，不仅耗资成本巨大，而且把目标用户群体依旧当作单向传播“受众”。可以想象，牛电的一系列互联网营销动作，对传统电动踏板车企业的经营方式冲击才刚刚开始。

几乎所有人都记得 2015 年 6 月 1 日那天，沉寂已久的李一男在舞台上动情演讲的场景。为了这次有复出意义的亮相仪式，他每天都在准备演讲稿，走路吃饭的时候也在背词打手势。

对于第一款亮相的产品也煞费苦心。小牛 N1 并没有选择张扬的设计风格，而是走的稳重路线。这也是李一男的主张，目的是让产品能被更多人接受。发布会当天，北京推出首款产品小牛智能电动踏板车 N1，官方称销量已经超过 5 万辆，销售业绩达 2 亿元。李一男在会上还提到，小牛在全国 O2O 网点将规划到 3 000 家。

2015 年 6 月 15 日，“小牛电动智能锂电电动踏板车”登陆京东众筹，5 分钟内筹资额破 500 万，迅速达成项目目标，13 分钟筹资额顺利破千万，最后在京东众筹上创造了 7 200 万元的神话，成为京东史上最大的众筹项目。

后来，第一批小牛 N1 因质量问题召回、让买家抱怨的发货周期……作为一家明星创业公司，小牛电动享受了光芒四射的福利，但也背负着外界的高预期和低容忍度。小牛的现身也像一枚炸弹，击中了传统电动车玩家们。后者在 6 月份的反击动作齐心协力，此起彼伏，这被外界视为“斗牛”。不过在投资人看来，这些并不足以撼动小牛的堡垒。小牛最有杀伤力的武器是灵魂人物李一男。从供应链的整合、团队搭建到融资，“李一男”三个字有沉甸甸的分量。

尾声

从2015年6月1日发布会结束后，李一男就没有以小牛创始人的身份出现在公众视线里。早期的官方说法是，李一男因病在调养身体。2015年11月一次小牛发布会前夕，有报道称李一男被证监会带走调查，“或与其在华为任职期间涉及内幕交易有关”。该消息被小牛相关人士予以否认。但传闻终被证实。2016年3月16日，小牛电动发布官方声明，称“经牛电科技了解，目前李一男先生因以往私人案件，正在积极配合司法部门调查与诉讼。李一男先生能够以适当的方式参与公司重大事项的决策和运营，目前牛电科技一切运转正常。”

根据检方材料，李一男于金沙江创投任职期间，即2014年4月，通过其妹夫和母亲的股票交易账户，满仓武汉华中数控股份有限公司，成交额达到1 148万余元，实际获利508万元。其妹同期购买华中数控，成交金额499万余元，实际获利236万余元。而最高法关于内幕交易司法解释显示，证券交易成交额在250万元以上的就属“情节特别严重”，根据刑法解释，此种情况将被处五年以上十年以下有期徒刑，并处违法所得一倍以上五倍以下罚金。据检方资料显示，李一男之所以能够精准地选股，是因为其在华中数控并购重组的内幕信息敏感期内与华中数控总裁李晓涛多次联系、接触。李一男与李晓涛关系也极为亲近，他们是大学校友，两人都曾在华为公司共事。

李一男在小牛电动发布时，曾形容自己40多年走过的路“上上下下、起起伏伏”“有时候觉得我像坐了一个过山车，一路颠簸向前”。李一男入狱后，牛电科技将怎样成长呢？

参考文献

[1] 蔡恩泽. 李一男：一身“反骨”事华为 [J]. 中国外资，2008（11）.

[2] 蔡恩泽. 李一男：飘忽不定的IT奇才 [J]. 人才开发，2010（4）.

[3]《电动自行车》编辑部. 牛电科技获3 000万美元A+轮投资凤凰祥瑞领投 [J]. 电动自行车，2016（4）.

[4] 冀勇庆. 华为港湾泯恩仇 [J]. 企业家信息，2006（8）.

[5] 景素奇. 天才李一男的悲哀宿命 [J]. 中外管理，2016（5）.

[6] 李玲玲. 李一男：跳来跳去的传奇天才 [N]. 钱江晚报，2011-08-01.

[7] 李姗姗. 港湾回归华为　任正非能否再次驾驭李一男 [J]. It 时代周刊, 2006 (12).

[8] 林惠春. 当强势管理者遇上野心天才——“华为并购港湾”留给我们的思考 [J]. 中国商论, 2006 (9).

[9] 马吉英. 李一男：创客人生 [J]. 中国品牌, 2015 (11).

[10] 马吉英. 李一男：颠簸的创客 [J]. 中国企业家, 2015 (19).

[11] 史亚娟. 众筹创纪录　小牛电动是如何做到的? [J]. 成功营销, 2015 (8).

[12] 王思琪, 李娜. 李一男：神话的破灭 [N]. 第一财经日报, 2016-3-25.

[13] 王潘. 任正非李彦宏都欣赏的他为何戛然而止 [N]. 腾讯科技, 2016-3-16.

[14] 吴敏. 西门子并购港湾网络　华为决不会坐视不管 [J]. It 时代周刊, 2005 (18).

[15] 吴需. “一代将星”李一男陨落, 也许是任正非改变了他 [J]. 商业人物, 2017-2-7.

[16] 肖岳. 李一男：从技术天才到被告人 [J]. 法人, 2016 (4).

[17] 薛楠. 悲情李一男 [J]. 竞争力, 2008 (11).

[18] 杨涛. 这只是李一男的又一次转身 [J]. IT 时代周刊, 2010 (5).

[19] 曾军. 港湾网络案例分析 [D]. 西南财经大学, 2009.

[20] 周雪昳. 独家对话李一男：一位被光环笼罩的创业者 [N]. 新浪科技, 2015-4-9.

附录

港湾网络总裁李一男发给员工的内部邮件

各位同事：

大家好！在董事会授权下，港湾网络有限公司与华为技术有限公司签订备忘录，将向华为出售主要业务。相关的研发、市场、供应链和支持部门人员将跟随这些业务并入华为。整合的过程预计到 7 月底结束。

自公司从 2000 年 11 月底成立，历经了 5 年多艰辛的历程；业务从无到有；公司人员从成立时的几十人发展到今天的 1 000 多人；公司品牌从默默无闻到今天已成为通信行业的主流品牌之一；公司在多个产品领域先后创造多项国内、业内第一；这一切都凝聚着奋战在研发、市场和所有支持部门的各位员工所付出的无尽的努力和心血，我深以能够和你们共事为荣。

诚如各位同事所知，公司在发展中遇到很多困难和挫折，由于管理层，尤其是我本人在知识和能力方面的欠缺，导致在公司战略的制定和内部的管理上都存在很多不足，错失了企业发展的机遇，辜负了大家对我的期望，对此也感到深深的自责。在通信领域这个竞争十分激烈的行业，我们公司面临着尤其大的压力和挑战，公司必须要根据情况适时进行调整，以最大限度地履行对公司客户、员工和股东等各方的责任。

公司将妥善处理对客户的责任，续存公司将保留售后服务队伍和相当数量的存货以满足客户扩容、背板背件的支持，并保留部分技术力量，负责网上问题的处理。华为公司也将外包相当部分的售后安装工作给续存公司，使得其在未来相当长的时间（产品生命周期）有足够的能力来履行对于客户的责任。

华为技术有限公司是中国首屈一指的企业。华为表示，整合之后，愿意真诚地给大家提供充分的职业发展空间和激励计划。具体整合工作将由公司任命的整合工作小组负责，相关的方案和细节在经董事会批准后将尽快传达给各位同事。

最后，我谨代表公司和管理层对各位同事表示最真挚的感谢，感谢广大员工在过去的 2 000 多个日日夜夜为公司所做的一切，也感谢大家所给予公司和我本人毫无保留的理解和信任！

李一男

资料来源：http://www.ccidnet.com/2006/0607/573831.shtml

案例3

乔琬珊：社会创业领域的“半边天”*

引　言

在过去的10年中，Shokay已经发展成为了国内最为成功的社会企业之一。Shokay由台湾女孩乔琬珊于2006年创办，是世界上首家以牦牛绒为主题的时尚纺织品企业，也是社会企业中为数不多的能成功实现盈利的企业之一，成了众多新兴社会企业学习与模仿的对象。Shokay通过从藏区牧民手中直接收购牦牛绒进行产品加工出售，所生产的产品主要涉及服装、配饰及家居用品等领域。作为首次将牦牛绒作为原料进行产品加工的企业，在发展过程中面临着重重困难，乔琬珊带领团队逐渐摸索出了一条同时创造经济价值和社会价值的社会企业经营之道，努力实现扩张并逐年提高收入增长率。

乔琬珊为什么会选择创业？她如何发现创业机会来开展创业活动？在这过程中如何克服难题并实现企业成长？企业具有怎样的核心竞争力，在未来发展中又会面临怎样的困难呢？

一、成长于创业世家

乔琬珊，祖籍台湾，1983年出生于美国，7岁时回到台湾生活，从小生活在一个创业世家。她的外公萧火绵是台湾著名的企业家，曾担任三福集团的董事长，三福集团投资的产业涵盖电厂、食品、畜牧、金融与地产出租等多个行业，规模非常庞大。她的父亲乔培伟和母亲萧惠瑛早年留学于美国，曾在美国多家机构任职，后回到台湾创办了嘉惠集团，目前嘉惠集团已经发展成为全台湾最大的远程教育综合服务机构之一，成为了业界翘楚。

因为受到家庭的耳濡目染，乔琬珊在很小的时候就立下了美好的志愿：希望长大后也能成为像外公和父母一样成功的创业家。也因为家族的影响，她从小就开始接触慈善活动，她一直认为自己很幸运，从小就能享受优质的资源、

* 本案例由彭伟、唐康丹根据公开资料整理，版权归原作者所有，并对原作者的贡献表示感谢。案例仅供研讨，并无意暗示或说明某种管理行为是否有效。

接受良好的教育，所以理所当然应该去帮助更多的人。

她后来所致力于打造的牦牛绒产业链也与她的家人有着紧密的联系。乔琬珊的外公曾从事大众物资的买卖，而牦牛绒的买卖和这类买卖基本上是一回事；她的外婆非常喜欢做手工编织，让她对手工编织产生了一定的兴趣；她的父母主要从事 IT 行业，也让她对电商有了更深入的认识，同时也便于利用父母的电商团队对自己的日后创业活动进行一定的帮助。

当然，父辈带给她的不只是对于创业的认识，更多的是一份社会责任。她的外公当年在物资匮乏时没有选择涨价来赚取更多利润，她的父母也是看到了整个社会对 IT 的强烈需求，于是毅然决然地投身于 IT 行业来帮助人们提升技术能力。她从小就见证了父辈创业的艰辛，也深知创业必然是异常辛苦的过程，而支持创业活动最重要的元素之一就是内心的社会责任感。

二、求学于美国

乔琬珊于 2001 年前往美国宾夕法尼亚大学就读金融管理专业。一次偶然，她与一位牧师进行了一次长达 5 小时的深层次交流，发现自己的人生经历与其非常相似，从此对基督教产生了一种特别的兴趣，并如愿成了一名虔诚的基督教徒，也从此走上了一条与众不同的蒙福之路。她所学的专业与经济管理相关，大学毕业时，她的大多数同学都选择了去华尔街实习，她却独辟蹊径，前往了贫困的南美地带，在那里她深深地感受到了贫富差距的严重性，也开始思索如何将自身所有的资源及所学的知识技能最大化地用于解决这一类问题，又应当以何种形式进行运用？

2005 年，乔琬珊成了哈佛大学肯尼迪管理学院学习公共管理与国际发展专业的一名研究生。这是个与扶贫密切相关的专业，在这期间，她曾参与联合国在纽约和泰国的计划开发工作，在泰国完成了信息和通信技术方案的研究，在纽约完成了企业可持续发展的项目，并发表了一篇战略扶贫角度的论文“政府是否相信信息通信技术可以帮助减轻贫困?”身为世界资源研究所的研究工作者，乔琬珊在柬埔寨的农村地区研究了国际网络，并撰写了案例分析报告“柬埔寨农村地区互联网联机及其在教育、远程医疗、电子化政府和电子商务中的运用”。此外，她还曾担任秘鲁首都利马小额信贷机构的顾问。

当时在哈佛的校园里“社会企业”的理念很风行，乔琬珊也了解到社会企业与传统的商业企业存在一定的差异性，也不同于一般的社会服务，社会企业主要通过商业化手段赚取利润以贡献社会，所得盈余主要用于扶助弱势群体、促进地区发展或继续用于社会企业自身的投资，相对于追求盈利最大化的商业企业而言更重视实现社会价值。也是在哈佛的学习期间，乔琬珊第一次接触到了印度学者尤努斯所创办的格莱珉银行，这是一个典型且非常成功的社会企业，它的主要业务是为穷人提供小额贷款，是一种比较成熟的扶贫金融模式。2006 年，格莱珉银行和其创始人尤努斯一起获得了诺贝尔和平奖，这更让乔琬珊对于用商业模式解决社会问题的企业经营模式产生了极大的兴趣。

在哈佛求学期间，乔琬珊一直希望能用一种商业模式非常系统地、长远地对社会产生影响力。她当时也看到过很多的社会企业案例，主要在印度、东南亚、非洲、南美洲等，但却从来没有看到过在香港、台湾及中国内地的任何社会企业案例。她了解到国内很多贫困地区拥有着丰富资源，但很多资源未以市场性的、可持续性的方式与市场接轨，她非常渴望去改善这种状况，也更加坚定了在国内创办一家社会企业的念头。由于她本科所学专业与经济管理相关，所以她认为一定要系统性地找出一个问题的根源所在，而在贫困农村所发生的事情，在数据上基本是看不到的，所以必须亲自去当地考察才能真正了解真实情况。2006 年，在哈佛学习的最后一个学期，她决定前往中国西部进行深入考察，希望从中找到创业机会。

她选择了云南作为切入口，因为国际上的很多组织、国内的很多组织都以昆明为窗口进入深山，她也决定跟着这些组织去查看、去学习、去了解。当时进山以后，她看到很多牧民家庭非常贫困，因为是游牧民族，一般由老人带着小孩在山上放牛、养羊，年轻人则一般在海拔两千米处种田或在城市里打工。她也发现他们拥有非常丰富的资源，其中之一就是牦牛，每户人家平均有 30~40 头牦牛。她对这种浑身纯黑或雪白、四肢短而粗健的牦牛颇感好奇，也从专家口中了解到，“牦牛被称作‘高原之舟’，它耐饥耐寒，善走陡坡险路、雪山沼泽。牦牛浑身是宝，牦牛毛绒的分子结构呈波浪形相嵌，柔软、光滑且不刺激皮肤，其粗毛可以做帐篷和绳子，细毛可以做衣服和毯子，牛奶可以做酥油和奶酪等。”这让她对牦牛产生了极大的兴趣，通过查阅相关资料，乔琬珊了解到，中国已有 3 000 年以上的牦牛驯养史，是世界上牦牛最多的国家，全世界大约有 80% 的牦牛都在中国青藏高原及毗邻的 6 个省区。在联合国的一份报告中也提到了牦牛绒的纤维可比羊绒，这让乔琬珊对于市场上为什么没有牦牛绒产品感到疑惑不已。

她决定深入了解牦牛绒市场，通过研究发现，中国的纺织品行业并不是最创新的一个行业，一般供应商都知道客户对他们的设计品牌要求的大多是羊毛或羊绒，所以每一年去推荐的也基本都是与羊毛或羊绒相关的产品，从来没有想过要去向他们推荐牛绒的东西。而欧美的设计师从来就没有看过也没有摸过牦牛，更不会想到要用牦牛绒这样的一个元素来做设计。所以导致牦牛绒的市场采购和生产一直未成形，虽然每家牧民的牦牛数量很多，但是因为在偏远地区，与外界市场没有很好的接轨，虽然牦牛“一身是宝”，但却很少有人真正认识到牦牛绒的宝贵价值，也导致了当地牧民的生活收入一直较低。

于是乔琬珊迅速采取行动，寻访了国内的纺织出口企业，发现订单中确实没有牦牛绒产品。通过仔细调查后得知，与早已成为奢侈品的羊绒相比，牦牛绒纤维较短，难以编织，同时牦牛绒的本色为棕褐色，而不是像羊绒那样的白色，不易染色。

为了解决这个问题，乔琬珊开始去了解、去学习，她找到了青海省畜牧局，去了解怎样去梳理、怎样去采集到最好的牦牛绒。她也将整个过程比作侦查，外界有很多线索，然后需要追寻着这些线索一点一点去寻找，她认为这也是创业的一个本质，从无到有，没有固定的答案，只有碎片化的一些信息，而创业者就是将这些碎片化的信息变成一个完整的故事。

三、困难重重的创业初期

考察结束后，乔琬珊感慨道：“不论我们写多少调研书，做多少份社会企业可行性报告，都不如自己真真实实做一次体验更加深刻。”因为前期深入中国西部进行了长达 6 周的考察记录，她很快就写出了一份关于牦牛的创业计划书，并赢得了 2006 年哈佛大学年度创业大赛社会公益组的冠军和商业计划奖金 1.5 万美元。2006 年从哈佛大学毕业后，乔琬珊拿着这笔奖金作为创业的启动资金，正式开始了自己的牦牛创业之旅。

她了解到在当地每一年都会有牦牛绒收购，然后堆积起来，当有人需要时就进行出售，但是并没有一个成熟的市场机制。当她看见黑黑粗粗的牦牛绒时，心里也曾非常怀疑牦牛绒是否真的能被加工成漂亮的纺织品。后来她去往很多工厂咨询，询问他们是否有加工牦牛绒的经验，很多工厂都不愿意去加工牦牛绒，因为一旦加工了牦牛绒，再进行羊绒的加工时就需要做很多的清理工作，非常麻烦。但因为自身没有工厂，他们就必须去让工厂相信牦牛绒有着很好的市场前景，说服他们进行加工。

她最终也找到了合适的工厂开始进行牦牛绒产品的试加工，终于在 2006 年 10 月，第一批牦牛绒产品诞生了，一直到将工厂所生产出的牦牛绒产品真正拿到手，乔琬珊才真切地感受到书籍资料中所说的“可比羊绒的柔软、细腻手感”，这让她十分欣喜，也相信对于一直都是追求创新变化的纺织时尚界而言，优质的牦牛绒产品必将得到他们的青睐，于是她决定真正地把书面性的商业计划书变成现实中真实可见的产品生产加工。

2006 年 11 月，社会企业“Shokay”正式注册成立，其取名源自藏语中“牦牛绒”之音，寓意着乔琬珊对牦牛绒产业链开发高度的决心和专注度。乔琬珊重点关注牦牛绒产业链的开发，同时希望通过品牌的发展改善西部非发达地区人民的生活水平。当时社会企业的概念在中国还未得到广泛的传播，Shokay 可以算是中国第一家同时具有清晰公益目标和商业理念的社会企业。Shokay 之所以选择牦牛绒作为主要的材料是因为希望通过直接从青海省的藏族牧民手中收购牦牛绒原料来帮助他们维持可持续的生活状态。乔琬珊也提出了“我们不是简单地做一件牦牛绒产品，我们所要构建的是整个产业链，以及对每个环节的优化”的企业目标，并致力于打造“既具有异域风情又具有社会责任”的奢侈风尚。

在 2006 创业初期，乔琬珊活跃于青海各个县区，挨家挨户上门宣传自己打造牦牛绒产业链的理念，乔琬珊跑遍了所有牦牛养殖场和牧民村落，由于村落分散广泛，交通又十分不便，当地牧民的受教育程度也相对较低，她在这个过程中没少吃苦，但她从未想过要放弃，也通过自身努力逐渐取得了当地牧民们的信任，越来越多的牧民与她建立了合作关系，并愿意长期为她提供高品质的牦牛绒。乔琬珊也一心致力于帮助牧民获得长期、稳定的生活收入来源，并同时保护他们传统的生活方式不必被迫受到改变。

乔琬珊在充分考察后，将初期采购区定位在了青海省海南藏族自治州的黑马乡，乔琬珊带领团队挨家挨户地走访，一边传播自己的企业思想，一边教导当地居民学会如何辨识、梳理牦牛身上的优质细绒，打破了牦牛绒在市场上原本只能以低价出售的限制，由于 Shokay 对当地居民所生产的牦牛绒进行直接收购，降低了中间的损耗，在很大程度上提高了藏民的直接收入，大约在他们的原有收入上提高了 20%～30%。Shokay 也计划每收购 1 千克的牦牛绒，将会拿出 5 元当作当地牧民的社区发展基金。

2007 年夏天对于 Shokay 而言是一个突破的季节，Shokay 在青海设立了专门收购牦牛绒的基地，并为每位牧民都建立了属于自己的收购卡以便于追踪每年牦牛绒的产量变化，同时也为当地牧民的生产生活情况提供信息源。以后的每年夏天乔琬珊都会带领 Shokay 的团队成员前往牧民家中进行采访，她希望通过这样的收购方式增加当地牦牛养殖的经济价值并为当地的牧民提供更多的工作机会，也让当地牧民对自己所独有的本土文化产生了深刻的认同感和自豪感。

一头牦牛每年只产 100 克左右的牦牛绒，而 Shokay 每年需要收购的量大约有几十吨，可想而知其中工作量的繁重。乔琬珊根据这些年牦牛绒产业链的变化也在不断地采取行动来改善牦牛绒采购状况，以往 Shokay 团队往往需要派人去藏区常驻，现在则积极地与当地的藏族年轻人发展合作关系。乔琬珊也了解到，其实大多数藏族的年轻人都愿意回到家乡工作，希望通过自己的行动为家乡的发展贡献一部分力量。Shokay 就刚好为他们提供了这样的机会，乔琬珊带领团队成员教给他们技术并为他们提供工具，在进行良好的前期沟通后，藏族年轻人在收购完牦牛绒之后就可以直接出售给 Shokay 团队，省去了很多的中间环节，在解决部分年轻人就业问题的同时也带动了当地的经济发展。

Shokay 团队在 2007 年逐渐解决了采购原材料的问题，但在接下来的产品生产中 Shokay 又面临着新的问题。团队成员大多未深入接触过纺织品行业，对于纺织品行业的了解非常有限。同年，乔琬珊带领团队成员一起去搜集大量的资料并进行分析，以寻找出合适的纺织方法。同时也积极前往各地寻求合适的生产加工方案，他们先是去往了河北石家庄寻找专门梳洗毛绒的加工厂，后又到苏州、内蒙古等地想办法将洗净的牦牛绒纺织成纱和布。

2007 夏天对于 Shokay 而言也是一个艰难的季节，Shokay 原本只打算生产牦牛绒纱线，再出售给消费者自行加工设计，但经过半年多的经营后，Shokay 团队发现由于没有纺织界及时尚界的背景，导致 Shokay 在纱线的销售上十分困难，即使对编织品爱好者而言，没有现成的编织图案，也很难勾起他们购买纱线的欲望。Shokay 团队也意识到喜欢 DIY 的人毕竟还是较为小众化，如果将纱布加工成成形的产品应该会吸引更多的人购买。乔琬珊也强调说，“除了理念和品牌，Shokay 一无所有，如果单纯卖原料，没有任何优势，必须与加工厂合作才能得到发展”。于是 Shokay 团队开始尝试生产加工服饰、儿童玩具及成人配件等各种手工编织品，并通过了美国的一个展销会去考察了市场的接受度。

乔琬珊强调说，生产加工牦牛绒产品的过程看起来顺风顺水，但其实这中间困难重重，其中最大的困难就是观念上的不理解，因为牦牛绒对整个市场来说是从零开始的，无论是加工商还是消费者对于牦牛绒产品都没有任何认识，需要 Shokay 团队花费大量的时间和精力去教育和培养。在刚开始时，加工厂的操作师傅都是根据自身的经验和感觉去生产加工，但是由于不同的师傅有着不一样的经验，因此牦牛绒产品的质量很难进行把控，导致一批又一批成品被一次又一次返回再加工。Shokay 团队为了改善这个问题，努力寻求用更为科学有效的方法去进行批量生产，但是在这个过程中很少有厂家能够坚持下来，导致生产加工的难度非常大。同时面临的另一个问题是在中国很难与当地的生产厂家打交道，中国厂家都擅长批量生产，因此工厂会有较高的最低数量要求，如给产品进行染色，如果是意大利的一个磨坊，5 千克就起做，但在中国的工厂却需要 50 千克。乔琬珊带领 Shokay 团队一直努力让她的合作者相信，他们正在开拓一个潜力巨大的市场，即使现在的订货量较少，但牦牛绒在未来是拥有巨大潜力的。非常庆幸的是，Shokay 团队凭借自身的努力和坚持在产业链中寻找到了一大批愿意给予支持和合作的伙伴。

但在很多人的印象中仍然对牦牛绒存在偏见，认为牦牛的毛是肮脏粗糙且颜色黯淡的，而牦牛绒制品在大多数人心中似乎也只有设计陈旧的牛绒衫。相对而言，羊绒衫虽然在款式设计上也一直存在问题，但是当提及羊绒时，大众的第一感觉就是昂贵且舒适，因此牦牛绒也急需找出一条属于自己的时尚道路。

于是，乔琬珊请自己的导师帮忙推荐了有意于此的时尚设计师，现任 Shokay 的创意总监兼设计师 Keena Flether 就是在这样的背景下加入 Shokay 团队中的。有了加工技术和设计师后，Shokay 开始使用自己的牦牛绒纱线生产加工手工编织品，包括围巾、饰品和女装成衣。2008 年，乔琬珊获得了欧洲 Business in Development 的商业大赛头奖及“EchoingGreen 院士”的称号。同年 4 月，Shokay 在上海田子坊开设了第一家零售店。Keena 和她的设计团队，至今已经为 Shokay 设计了 400 余款产品，其中多款产品频频登上时尚刊物。对于乔琬珊而言，她所组建的团队大多是志同道合之人，她也指出这是社会企业成功的要素之一。

四、稳健的创业成长

牦牛每年采毛一次，每头牦牛每年只能被梳理出约 100 克的上等牛绒，是和山羊绒品质相似的高级纺织原料，是不折不扣的高原珍宝，这也决定了牦牛绒产品只能作为奢侈品的生产销售路线。

Shokay 直接从中国西部、喜马拉雅山地区的牧民手中收购牦牛绒，经过清洗、漂白、染色等工序将其加工成牦牛绒线，再由上海崇明岛的织娘编成毛衫、围巾、毯子等服装饰品或家居用品。在与藏民的近距离接触中乔琬珊发现，虽然藏族女性掌握了手工纺织的技巧，但是效率并不高，为了帮助更多的藏族牧民家庭提高收入，Shokay 团队也教会了藏区更多的女性学会了使用踏板手纺车，在提高牦牛绒线产量的同时也让更多的藏民家庭获益。同时 Shokay 也一直坚持手工纺织的特色生产加工方式，参与工作的绝大多数纺织者都是在家照顾孩子或是从事农业方面的事务，纺织工作能给他们带去额外的收入，同时因为工作时间的弹性化，能够保证他们兼顾家庭和工作，使他们的生活更为平衡。另外编织是一个群体活动，可以培养参与者的社区归属感。对于乔琬珊和她的团队来说，她们原本可以在牦牛绒被捻成纱线后直接送往厂家进行机器加工，这样可以更加廉价且迅速地将产品生产加工出来，但作为一家社会企业，Shokay 选择了派出一名专职的生产经理在崇明岛组织当地的下岗女工和农妇学习编织，据说每月可以为她们增加奖金 1 000 元的收入。

乔琬珊也一直致力于打开牦牛绒在时尚界的能见度，近年来进一步开发牦牛绒与棉及竹纤维等材质的混纺技术，让原本只能在冬季产品中活跃的牦牛绒也跃上了夏季及秋冬季的时尚舞台，同时加强了与全球知名厂商及设计师的合作，对牦牛绒进行了更大力度的市场推广以增强外界对这个全新材质的认识度和接受度。2009 年乔琬珊因为 Shokay 所创造的这种“直接从西藏采购牦牛绒，经过加工后把成品销往国际市场的新型商业模式”，获得了“卡地亚灵思涌动女性创业家奖”。

目前，Shokay 的产品线已经覆盖了成人服饰、儿童服饰和家居装饰等多个类别，纺织品出口到日本、美国及欧洲各国，在全球拥有 130 多家门店。乔琬珊也正计划将合作的牧民增加到 1 万户，让藏民除了提供牦牛绒之外，也能制作一些具有当地民俗特色的手工艺品。

Shokay 所做的一系列努力都使得自身产品的质量更为优良且独具特色，细心观察 Shokay 的每一件产品，可以发现一个特别之处，就是在每件产品的标签上都附有纺织者的姓名，在 Shokay 网站上可以查看他们的故事，乔琬珊希望通过这种无声的交流让更多人看见 Shokay 所传达的温暖语言。每一针一线都体现出了人文关怀，也让 Shokay 展示了自身供应链的透明和可追溯性，保证了每一件产品都是为消费者手工编制而成的。Shokay 始终坚持手工编织这种具有自身特色的加工方式，一方面为藏区牧民和崇明岛的农妇提供了更多的工作机会，另一方面也是 Shokay 的主要卖点之一，为其赢得了海内外的高端服装和服饰市场。

Shokay 的每一件产品都在讲述一个温暖的故事，怀着社会责任感为市场带去创新优雅的纺织品，并积极提高藏族地区牧民及崇明岛织娘的生活状态。在关注商业发展的同时，Shokay 利用青海本地的固有资源进行可持续的发展并且保护他们的传统生活方式不必被迫改变。将可持续的理念融入产品，保持经济、社会与环境的和谐发展，Shokay 已经形成了清晰的可持续时尚与社会企业责任的品牌理念。

乔琬珊也指出，如果 Shokay 仅仅是一个纯粹的时尚品牌，那么只需要设计产品，再将其交给工厂加工，然后进行销售就可以了，就不需要组建自己的手工编织团队，完全可以将加工工作外包。但是 Shokay 希望能和更多的牧民和织娘一起合作，提高他们的收入以改善他们的生活，所以 Shokay 一直坚持从源头做起，这也是社会企业和传统商业企业模式之间的差别所在。

乔琬珊及她的团队也在不断地摸索着不同的市场、不同的产品类型以及整个供应链如何可持续地发展和扩大。对牦牛绒产业进行变革，通过市场推广让更多的人关注牦牛绒，这也是Shokay作为社会企业的根基所在。乔琬珊称Shokay是世界上第一家具有社会责任意识的纺织品牌，他们基本没有投入大把的资金用来进行广告宣传，逐渐扩张的知名度主要是依靠乔琬珊和她的团队积极投身于各类社会活动中慢慢积累起来的。Shokay所标榜的是优质和具有人文关怀的品牌内涵，传递的是一份“要为他人生活带去温暖”的主旨。

在牦牛绒产品的生产过程中，有人建议她把最后一个加工步骤放在意大利，但乔琬珊坚持要做Made in China的产品，不会违背最初的理想，即发展中国西部贫苦地区的经济。同时乔琬珊也有一个宏大的愿景，就是打造属于中国的奢侈品品牌，她希望以后大众在提到中国的奢侈品品牌时，都能想到Shokay。

Shokay的产品均价在500元左右，并不是太高，但是对于一般的消费者而言，要接受起来还是有些困难。Shokay的发展也远远不止一家纺织品公司那么简单，而是迅速变身为了一家时尚公司。乔琬珊在Shokay的设计和销售两个环节中也均注入了时尚奢侈品的概念和元素，与以往大多数社会企业仅仅生产销售简单廉价的“道德产品”产生了非常鲜明的对比。

Shokay将主要的购买人群定义为“环保市民”，即那些20~40岁，处于中高收入阶层的年轻人，这些年轻人通常都接受过良好的教育和文化熏陶，具有全球化的背景。他们关心环境保护与可持续发展问题，对于产品的原料和加工工艺非常在意。在Shokay的经营中也发现，对于Shokay产品支持度最高的恰恰就是有着良好环保理念和购买能力的35岁以上的女性消费者，其中大多数都会成为老顾客，Shokay的营业额也逐年递增。2012年5月3日，《财富》（中文版）公布了2012年“中国40位40岁以下的商界精英”榜单，当时30岁的Shokay公司创始人兼CEO乔琬珊榜上有名，排名第21。

在Shokay的官方网站上，所列出的全球贩售商店超过100多家，其中日本和德国是Shokay销售最好的地区。日本的时尚杂志非常喜欢介绍Shokay的产品，国外的渠道主要是通过网络和展会寻找到合适的代理商，也有一部分顾客直接从网上购买。国内的经销商多数通过媒体报道找到Shokay进行合作，但Shokay团队更倾向于与偏重设计和公益的店铺进行合作。

在北京，由洪晃投资旨在鼓励年轻设计师的薄荷糯米葱在开业之初就引入了Shokay的产品，它看中的并不是Shokay有多少公益背景，在那里设计才是最重要的主题。而这也是乔琬珊所看重的，在Shokay的客户中，不乏好莱坞女星 Constance Zimmer 和 CBS 著名主播 Maggie Rodriguez 等人。

让 Shokay 的品牌更好地被市场所接受和认可，不仅仅需要依靠自身努力，还需要更多的优秀设计师用牦牛绒作为原料来进行产品的设计和制造，才能让 Shokay 产品更好地进入市场。对于乔琬珊来说，她所想做的就是将 Shokay 的牦牛绒制品作为原料供应给更多的设计师，就像 Lycra（莱卡，杜邦旗下的面料品牌）或 Vibram（威邦，意大利著名橡胶生产商，其专门为鞋底设计的橡胶获得了世界众多制鞋厂商的认可）一样。2013 年乔琬珊又获得了上海市青年高端人才一等奖的荣誉。

尾声

目前 Shokay 的纺织品也已经出口到了中国台湾和香港、日本、美国及欧洲各地区等，在全球拥有了 130 多家门店，其特色产品包括帽子、围巾、手套、披肩及一些礼品等等。

乔琬珊喜欢用英国社会企业联盟所作出的简单定义来阐述 Shokay，“运用商业手段，实现社会目的”。社会企业不同于传统的商业企业亦不是一般的社会服务，很多人都对社会企业有一定的兴趣，但是很少有人真正有经营社会企业的经验。乔琬珊认为社会企业就是通过商业模式来解决某一类社会问题，Shokay 的主要思路就是让牦牛绒产品获得更多的市场，做有社会意识的品牌，追求可持续发展。

她不仅希望从贫困地区内部进行整改，更希望能够将西部贫困地区、城市边缘的新农村和高度发达的都市乃至国际市场以产业链的方式衔接起来，实现资源分享及优势互补。真正地在实践中实现社会企业对中国西部贫困地区的开发，并有效地将城市能量向新农村辐射，甚至通过 Shokay 的品牌发展带动整个产业链向前运转，进而对非发达地区的居民生活做出改善。

乔琬珊也一直认为不仅仅是因为有爱心才做善事，不仅仅因为爱心才做公益做慈善做社会企业，而觉得这是每个人的责任。也并非每个人都要成为社会企业家，但是每个人都应当在自己的工作范围内用自身的社会责任感正面影响他人。她说：“我们每个人在这个社会上都扮演着一个很重要的角色。要问自己‘今天明天大后天下个月，为什么要做你在做的事情，而你在做的事情，又有什么办法去正面影响这个社会’。”

进入第二个 10 年，乔琬珊对 Shokay 品牌有了新的期许。

她说过去 10 年 Shokay 团队专注于发展牦牛绒产品，希望通过牦牛绒打造一个平台，邀请各类设计师参与到 Shokay 产品的设计中，任由他们天马行空地发挥自己的创意，再通过他们的创意来寻找每一季的产品开发灵感。传统的工艺加上现代的创新，然后融合一些更为贴切的设计，通过设计师将已有的故事具象化，进而使得 Shokay 产品走进更多人的生活，成为可持续的时尚。

创始人乔琬珊更是将自己带领 Shokay 团队所做的事情比喻成打造一条现代丝绸之路。沿着这条路打开的不仅仅是单纯的产品买卖，更多的是不同文化元素的交流，她也希望通过这种最真实最美丽的方式让牦牛绒产品能走进更多的家庭。

2016 年，在上海的一个高端养老社区，Shokay 邀请了艺术设计师和老人们一同参与了一次编织体验活动。有一部分老人眼睛看不清，手脚也不是那么灵活，Shokay 团队就请艺术家教他们手工编织，并一起完成了一系列的艺术作品。乔琬珊强调 Shokay 团队所想传达的理念就是：很多人觉得当人年纪大了就没有价值了，Shokay 团队想表达的是他们仍然是很有生命力的一群人，可以激发他们去回忆、去想象、去尽情地创作，通过他们的努力也能成就一件艺术品。同样，可能大多数人看不到牦牛的价值，把它给遗忘了，但是只要有心利用它的价值，就能成功地实现变废为宝。

那么如何才能使得 Shokay 创造更多的价值，真正地实现扩大化呢，它的成长潜力是什么，又该如何让手工艺品实现规模化呢？

参考文献

[1] 刘阳. SHOKAY：具有社会意识的纺织品牌 [J]. WTO 经济导刊，2013 (11).

[2] 朱汐. Shokay：社会企业也时尚 [J]. 中国企业家，2012 (1).

[3] 王振家. 乔琬珊：做一个社会企业家 [J]. 光彩，2012 (4).

[4] 郑悦. 社会创业成败的玄机 [J]. IT 经理世界，2012 (22).

[5] 胡旋. 洋妞们是这样创业的 [J]. 职业，2009 (28).

[6] 张丽丽. 一个哈佛学子的“非常”选择——专访中国内地首家社会企业 Shokay 开创者乔琬珊姊妹 [J]. 天风，2012 (10).

[7] 周鹤. 论服装手工艺在当代的传承 [D]. 苏州大学，2015.

附录

附录 1　社会企业

英国贸工部在 2002 年对社会企业所做出的官方定义：社会企业是具有某些社会目标的企业，其盈利会被再投放到业务本身或所在社区，而不是为了股东和所有者赚取最大的利润。欧洲社会企业研究网络（EMES）认为社会企业是非营利性的私人组织，提供直接使社区受益者相关的商品和服务，主要依赖集体动力，高度重视自主权，并承担与其活动相关的经济风险。社会企业与一般商业企业相比，至少具有两大特性：一是企业特性，即社会企业与一般企业一样，能够可持续地生产并提供服务，承担相应的经济风险等。这种特性使得社会企业与一般企业一样能够在市场中经营运作、拥有竞争力并获取利润。二是社会特性，即社会企业与非营利性组织一样，具有让共同体受益的社会目的。以上两大特征也被称为双重底线，即社会企业同时兼具“社会目标”和“经济目标”，同时由两种力量所驱动。

附录2 牦 牛 绒

牦牛（yak）被称为“高原之舟”，是生长于中国青藏高原及其毗邻地区高寒草原的特有牛种，西藏语称为yag。中国已有3 000年以上的牦牛驯养史，现有牦牛1 200多万头，分布于青海、西藏、四川、甘肃等地，占世界总头数的85%以上，其余则分布于蒙古、俄罗斯和中亚地区。牦牛是世界上生活在海拔最高处的哺乳动物。

牦牛每年采毛一次，成年牦牛年产毛量为1.17~2.62千克；幼龄牛为1.30~1.35千克，其中粗毛和绒毛各占一半。牦牛绒（yak hair）很细，直径小于20微米，长度为3.4~4.5厘米，有不规则弯曲，鳞片呈环状紧密抱合，光泽柔和，弹性强，手感滑糯。牦牛绒比普通羊毛更加保暖柔软，近年来已被应用于服装生产领域。常见的产品有：牦牛绒纱、牦牛绒线、牦牛绒衫、牦牛绒裤、牦牛绒面料和牦牛绒大衣等。随着加工工艺和技术的提高，牦牛绒必将被广泛认可，并成为继羊绒之后的又一种高档纺织原料。

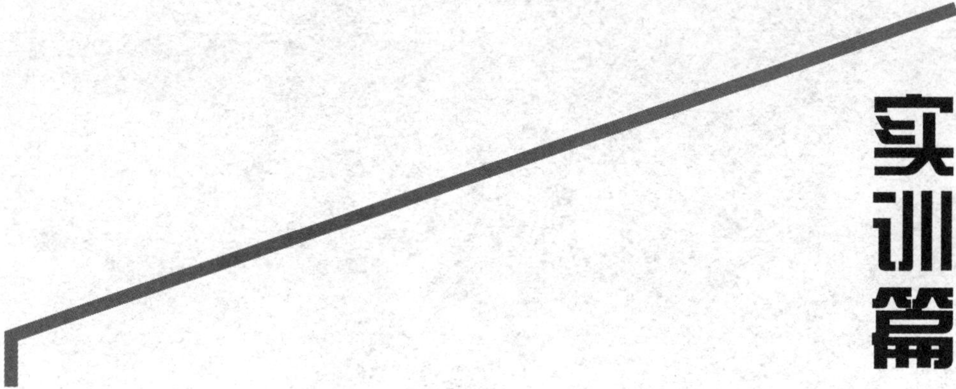

实训篇

实训 1

采访创业者

[实训任务]

由 4~5 位同学组成一个团队，每个团队选择一位成功的创业者，对其创业历程进行访谈，在此基础上完成一份访谈报告。

该任务的具体说明如下：

(1) 创业者可以是团队成员的亲朋好友，但更鼓励团队成员通过亲朋好友、老师的适当帮助与推荐，去采访一位曾经不认识的创业者来完成访谈任务。

(2) 考虑到一次采访结束后，在整理访谈记录时可能还会有些不太清楚的问题。因此，鼓励团队成员对创业者开展 2 次及 2 次以上的采访，通过系列采访来完成内容更加丰富的访谈报告。

(3) 考虑到创业者通常很忙，建议合理安排访谈时间。如果计划开展 2 次访谈，建议第 1 次访谈时长 1.5 小时左右，第 2 次访谈时长 45 分钟左右。

(4) 访谈内容要求紧扣本书理论篇第一章提到的创业三要素模型。在访谈实施前，先制定一个访谈提纲。访谈提纲可以从以下问题项去设计：① 是什么让您想到去创业的？② 在创业前，是否受到某位亲朋好友的影响？如果有，那其中谁对您的影响最深呢？③ 创业前，您的工作实践经历情况是怎样的？④ 您是怎么发现创业商机的？⑤ 您是独立创业还是与他人合作创业？如果与他人合作创业，那你们之间有没有发生过冲突？又是如何解决这些冲突的？⑥ 您在创业过程中遇到过什么困难？哪次困难是让您印象最深刻的？又是如何克服这些困难的？⑦ 在您的创业过程中，哪些资源最重要？人力资源还是财务资源？抑或是人际关系？⑧ 您在创业的过程中是否错失过机遇？如果是，那么让您再来一次，您会做些什么准备？⑨ 您认为一个创业者最重要的素质是什么？⑩ 对于大学生创业，您会给一些什么建议？

[实训目的]

通过采访创业者，可以帮助学生了解创业者在发现创业机会、解决创业团队冲突、克服创业资源瓶颈等方面的具体实践，体会创业者在具体的实践活动背后的决策过程，从而对由创业三要素模型（创业者/创业团队、创业机会、创业资源）具有更加全面、深入的理解。

[实训技巧]

1. 访谈前应准备的事项

（1）熟悉访谈内容，做好计划和安排。

（2）了解被访谈者的背景，提前熟悉访谈内容和访谈对象的背景资料。

（3）提前约定访谈时间、地点。

（4）携带访谈工具（访谈问题清单、纸、笔、录音笔和手表等）。

（5）准备适宜访谈的着装，并了解着装的注意事项。

2. 访谈时应注意的事项

（1）提前到达访谈地点，先自我介绍，注意礼貌。

（2）说明此次访谈的目的，简明扼要，但要表达清楚。如果采用录音笔录音，先简要说明用途，确保不会涉及泄露访谈对象个人隐私和资料。如果采用人员记录的话，合理安排记录人员和访谈员的角色。

（3）如果有访谈附带的一些资料，有必要在访谈对象看过访谈资料作答的情况下，应留予时间给访谈对象思考。

（4）注意访谈中控制被访谈者的话题，尽量避免自己词不达意，用通俗易懂的表达方式提问题。

（5）尽量注意自己的语速、语调，吐字清晰，礼貌问问题，尽量避免使用访谈对象感觉敏感和反感的词语或者话题。

（6）注意把握自己的访谈内容，注意话题之间的转换，适当调控话题游离，把被访谈者拉入正题。

（7）在访谈过程中，注意恰当把握时间。要注意自己看时间的举止与频率，尽量避免因时间仓促结束给双方带来的焦虑。

（8）注意访谈结束话语运用，采用不同的结束方式，如总结式、反思式等，并且礼貌致谢。

（9）注意访谈记录的整理。

3. 访谈结束后的注意事项

（1）根据当天的访谈记录整理资料，有需要的话可以准备后续访谈资料。

（2）如果在资料整理过程中遇到了模糊不清的言语记录，有必要的话，可以通过电话、面谈等形式咨询访谈对象，确定记录是否无误。

（3）访谈结束后，可以将访谈总结的信息回馈于访谈对象。让访谈对象看总结是否得当。

（4）如果属于阶段性的资料收集，在访谈之外，有需要的话，可以回访。

4. 访谈技巧

（1）建立良好关系。努力使双方积极地参与活动，如有必要，不要随意打断受访者的谈话，访谈中尽量避免使用裁决式的口吻。

（2）恰当提问。提问时要直截了当、简明扼要，尽量不使用专业术语或者模棱两可的词汇，尽量避免令人难堪的问题。

（3）积极倾听。在进行访谈时适当使用肢体语言，比如正视访谈对象，适当的眼神接触，点头等可以鼓励访谈对象交流。积极地对被访谈者所表述的内容作出回应，如“嗯”“是吗?”“就这样，继续”等。倾听时还要注意使用重复和总结的策略，必要时候将受访者的话重复一遍，表示没听错，总结起来，一方面可以起到理清思路的作用，另一方面还可以检查自己是否抓住了受访者所要表达的意思。

（4）适当追问。对于某些问题，来访者答问含糊不清，访谈者可以继续追问，清楚得到想要了解的内容。对于某些问题，如果有继续了解的价值，也可以适当追问。

（5）仔细观察。访谈要得到全面的资料，需注意、留心受访者说话时的肢体语言和表情变化，善于观察。

（6）做好访谈记录。要迅速做好笔录，抓住关键词。并要细听，理清思路，将谈话回答内容和自己的心得分开。尽量做到客观记录，保持第一手的资料。

实训2

创业心理测试

[实训任务]

测试一：您适合创业吗?

请依次对以下22道问题回答“是”或“否”。

1. 你父母有过创业的经历吗?
2. 在学校时你学习好吗?
3. 在学校时，你是否喜欢参加群体活动，如俱乐部的活动或集体运动项目?
4. 少年时代，你是否更愿意一个人待着?
5. 你在学校时是否有过自己做生意的经历?
6. 你小时候是否很倔强?
7. 少年时代，你是否很谨慎?
8. 小时候你是否很勇敢而且富于冒险精神?
9. 你很在乎别人的意见吗?
10. 改变固定的日常生活模式是否是开创自己生意的一个动机?
11. 也许你是很喜欢工作，但是你是否愿意晚上也工作?
12. 你是否愿意随工作要求而延长工作时间，可以为完成一项工作而只睡一会儿，甚至根本不睡?
13. 在你成功完成一项工作之后，你是否会马上开始另一项工作?
14. 你是否愿意用你的积蓄开创自己的生意?
15. 你是否愿意向别人借东西?
16. 如果你一个创业计划失败了，你是否会立即开始另一个创业计划?
17. 如果你的生意失败了，你是否会立即开始找一个有固定工资的工作?
18. 你是否认为做一个企业家很有风险?
19. 你是否有自己长期和短期的目标?

20. 你是否认为自己能够以非常职业的态度对待经手的现金？
21. 你是否很容易烦躁？
22. 你是否很乐观？

测试二　创业修炼指数测试

1. 你在哪一种条件下，会决定创业：
a. 等有了一定工作经验以后
b. 等有了一定经济实力以后
c. 等找到天使或 VC 投资以后
d. 现在就创业，尽管自己口袋里没有几个钱
e. 一边工作一边琢磨，等想法成熟了就创业
2. 你认为创业成功最关键的是：
a. 资金实力　b. 创意、想法　c. 优秀团队
d. 政府资源和社会关系　e. 专利技术
3. 以下哪项是创业公司生存的必要因素？
a. 高度的灵活性　b. 严格的成本控制　c. 可复制性
d. 可扩展性　e. 健康的现金流
4. 开始创业后你立刻做的第一件事情是：
a. 找钱、找 VC　b. 撰写商业计划书　c. 物色创业伙伴
d. 着手研发产品　e. 选择办公地点
5. 创业公司应该：
a. 低调埋头苦干　b. 努力到处自我宣传
c. 看情况顺其自然　d. 借别人的势进行联合推广
6. 招聘员工时最重要的是：
a. 学历高低　b. 朋友推荐　c. 成本高低
d. 工作经验
7. 产品进入市场的最佳策略是：
a. 价格低廉　b. 广告投入　c. 口碑营销
d. 品质过硬
8. 和投资人交流最有效的方式是：
a. 出色的现场 PPT 演示　b. 详细的商业计划书和财务预测
c. 样品当场测试　d. 有朋友的介绍和引荐
e. 通过财务顾问的代理
9. 选择投资人的关键因素是：

a. 对方是一个知名投资机构
b. 投资方和团队不设对赌条款
c. 谁估值高就拿谁的钱
d. 谁出钱快就拿谁的钱
e. 只要能融到钱，谁都一样

10. 你认为以下哪一项是 VC 投资决策中最重要的因素？
a. 商业模式　　b. 定位　　c. 团队
d. 现金流　　e. 销售合约

11. 从哪句话里可以知道 VC 其实对你的公司并没有实际兴趣：
a. “我们有兴趣，但是最近太忙，做不了此项目”
b. “你们的项目还偏早一些，我们还要观察一段时间”
c. “你们如果找到领投的 VC，我们可以考虑跟投一些”
d. “我们这个行业不熟悉，不敢投”
e. 上面任何一句话

12. 创业团队拥有 51%的股份就绝对控制了公司吗？
a. 正确　　b. 错误

13. 创业公司的 CEO，首要的工作责任是：
a. 制定公司的远景规划　　b. 销售、销售、销售
c. 人性化的管理　　d. 领导研发团队
e. 获得投资

14. 凝聚创业团队的最好办法是：
a. 期权　　b. 公司文化　　c. CEO 的魅力
d. 工资和福利　　e. 团队的激情

15. 创业公司的财务预测中最重要的是：
a. 销售增长　　b. 毛利率　　c. 成本分析
d. 资产负债表

16. 创业公司的日常运营中，以下哪项工作是最重要的：
a. 会议记录的及时存档　　b. 业绩指标的合理安排和及时跟踪
c. 团队的经常性培训　　d. 奖惩制度
e. 管理流程的 ISO9000 认证

17. 创业公司的日常运营中，最棘手的问题是：
a. 人的管理　　b. 销售增长　　c. 研发的速度
d. 资金到位情况　　e. 扩张力度

18. 创业公司产品市场推广效果的衡量标准是：

a. 广告投入量和覆盖面　b. 营销推广的精准程度
c. 产品出色的品质保证　d. 广告投入和产出比例
e. 产品价格的打折力度　f. 品牌的市场渗透率

19. 防止竞争的最有效手段是：
a. 专利　b. 产品包装　c. 质量检查
d. 不断研发新产品　e. 比竞争对手更快地占领市场

20. 创业公司的第一个大客户竟然是个土财主，你会：
a. 一视同仁地对他提供你公司的标准服务
b. 指导他如何来积极配合你的工作
c. 修理他，给他些颜色看看是为了他的提高
d. 提供全面服务+免费成长辅导

21. 你认为创业公司中的最大风险是：
a. 市场的变化　b. 融资的成败
c. 产品研发的速度　d. CEO 的个人能力和素质
e. 决策机制的合理性

22. 当创业公司账上的现金低于三个月的时候，应该采取哪项措施：
a. 立刻启动股权融资
b. 通知现有公司股东追加投资
c. 立刻大幅削减运营成本，包括裁员
d. 打电话给银行请求贷款
e. 把自己的存折和密码交给公司会计

23. 创始人之间发生矛盾时，你会：
a. 坚持原则，据理力争　b. 决定离开，另起炉灶
c. 委曲求全，弃异求同　d. 引入新人，控制局势

24. 投资创业公司的理想退出方式是：
a. 上市　b. 被收购　c. 团队回购
d. 高额分红　e. 以上都是

测试三　情景模拟测试

1. 有一天，你接到了三个邀请，但恰好都是周末同一天的下午，你会参加：
a. 中国首富在某报告厅讲他成功的辉煌经历，听了让人热血沸腾
b. 一个知名老板讲述几起几落的失败故事，不讲辉煌专讲失败的经历
c. 十多年未见的一群同学聚会，不能错过

2. 你付出了很多才华智慧和心血，为公司谈成了一笔又一笔生意。但很多同事对你非常嫉妒，背后经常说你的坏话，并造谣说你拿了回扣等等，对此，你会：

a. 一有机会就跟人解释

b. 有些沮丧

c. 一笑了之

d. 枪打出头鸟，以后少卖力，跟大家一样

3. 你平时喜欢吃东北菜。一次，一个客户招待你，酒店特色是你以前从没吃过的贵州风味，但该酒店东北菜也有。客户让每人点一个菜，你会：

a. 点平时最喜欢的东北菜

b. 点一个没吃过的贵州特色菜

c. 请服务员随便推荐一个菜

d. 犹犹豫豫，不愿自己点菜，最后让对方代劳了，点什么吃什么不挑剔。

4. 写字楼里坐在你对面的一个同事，平时工作上很多方面需要他的配合。他很有才华，但是他不拘小节、性格孤僻不合群儿；单位组织集体活动他也经常不参加。这次单位组织集体游玩活动，你是组织者之一。到了旅游景点，大家有说有笑，三五成群地走，唯独他一个人溜边儿、没人搭理。看到这个情况，你会：

a. 既然是出来玩儿，怎么高兴怎么玩儿，不用管他。

b. 发动几位同事照顾一下他，带着他一起玩儿

c. 心想：他真让人扫兴，类似的活动他不来更好

5. 公司下班了，你正在加班。突然一个客户来到办公室又踢又嚷，情绪十分激动。而此时，客户服务经理已经下班不在，公司领导也在外开会一天没来。公司里只有十几个跟自己一样加班的同事。客户一直在前台那里嚷嚷，你会：

a. 你拿起桌上的电话报警，让警察或者保安出面处理

b. 公司分工很明确，不是自己部门的事不必多管

c. 代表公司出面临时接待，周旋、处理、安抚对方

[实训目的]

测试一设计了多道问题来测评个体是否适合创业，有助于认清自己的特质；测试二设计了多道有关创业实践知识的问题来测评个体是否有足够的知识准备来应对创业活动的诸多决策；测试三通过情景模拟来判断个体是否具备创业型人才的特征。

[实训解读]

测试一的计分法如下：

1. 是：加 1 分；否：减 1 分。

2. 是：加 4 分；否：减 4 分。

3. 是：加 1 分；否：减 1 分。

4. 是：加 1 分；否：减 1 分。

5. 是：加 2 分；否：减 2 分。

6. 是：加 1 分；否：减 1 分。童年时的倔强似乎可以理解为按照自己的方式行事的坚定决心，这是成功企业家的典型特征。

7. 是：减 4 分；否：加 4 分。谨慎可能意味着不愿冒险。这对于在新兴领域开创事业可能是个绊脚石。不过，如果你希望成为一个经销商，这一点不会有什么影响，因为多数情况下供货商已经考虑到各种风险。

8. 是：加 4 分。

9. 是：减 1 分；否：加 1 分。企业家们往往不在乎别人的意见而坚持开创不同的道路。

10. 是：加 2 分；否：减 2 分。对日常单调生活的厌倦往往可以坚定一个人开创自己事业的决心。

11. 是：加 2 分；否：减 6 分。

12. 是：加 4 分。

13. 是：加 2 分；否：减 2 分。企业家一般都是特别喜爱工作的人。他们会毫不拖延地进行一项接一项的计划。

14. 是：加 2 分；否：减 2 分。成功的企业家都会愿意用积蓄资助一项计划。

15. 是：加 2 分；否：减 2 分。

16. 是：加 4 分；否：减 4 分。

17. 是：减 1 分；否：加 1 分。

18. 是：减 2 分；否：加 2 分。

19. 是：加 1 分；否：减 1 分。许多企业家都把记下自己的目标作为一种习惯。

20. 是：加 2 分；否：减 2 分。以正确的态度处理经手的现金对企业的成功至关重要。

21. 是：加 2 分；否：减 2 分。企业家们的个性似乎都是很容易厌倦的。

22. 是：加 2 分；否：减 2 分。乐观的态度有助于推动你在逆境中取得成功。

测试一的评测结果解读如下：

❖ 35 分~44 分——绝对合适。得 35 分以上（含）的人士不自己创业，简直是资源浪费！

❖ 15 分~34 分——非常合适。如果你得分在 15 分以上，那你应是个“老板胚子”了。

❖ 0 分~14 分——很有可能。你的人生其实可以有很多选择，包括选择自己创业还是就做个高级白领。你的智商和情商发展均衡，这意味着你在很多选择中可进可退，可攻可守。

❖ -1 分~-15 分——也许有可能。如果你非要走创业之途，应该说也有属于自己的机会，但首先要克服很多困难，包括环境，也包括你自身的思维方式与性格制约。

❖ -16~-43 分——不合适。不要浪费自己的时间、精力和金钱。

测试二的计分方法如下：

每答对一题得一分，正确答案如下：

1. d 2. c 3. e 4. d 5. b 6. d 7. d 8. c 9. e 10. c 11. e 12. b 13. b 14. b 15. a 16. b 17. a 18. d 19. e 20. d 21. d 22. c 23. c 24. e

测试二的测评结果解读如下：

❖ 1~8 分：还不具备创业的基本知识，不要贸然创业哦。

❖ 9~16 分：游走在创业的梦想和现实之间，继续打磨打磨吧。

❖ 17~24 分：已经做好了创业的基本准备，大胆往前走喽！

测试三的测评结果解读如下：

第 1 道题：

选择 a：有创业的强烈激情，但缺乏理性，要创业的话失败可能性大。成功者辉煌的成功故事，充斥着媒体随处可见，不是难得的资料；而且一个人在成功的时候，他所讲述的成功传奇，有作秀的成分，不能给创业者带来真正的启示。

选择 b：有创业想法，也不乏理性，适合创业。大多数人都喜欢看成功的故事，以激励自己；但一个人成功了，背后还有九百九十九个失败者。要想创业，没有人不想成功，但如果一开始不多想想失败，将来多半失败。失败者的故事很少受关注，也很少有人愿意讲出来；但恰恰失败者的总结往往最珍贵。

选择 c：对创业的兴趣和激情并不强烈。讲演会对你事业有所启示，错过了就很难再有；而同学聚会则今天不去明天还可以，同学永远是同学，不会因为你没去就断绝同学关系了。如果你选择参加同学聚会，说明你对同学的情谊超过对创业的兴趣，因此不适合创业。

第 2 道题：

选择 a、b、d：都不适合创业。

选择 c：你的性格是创业型人才应有的性格。有些事，不是靠解释就能澄清的，唯有让时间去作证。自己认为正确的路，就要坚定地走下去，冷嘲热讽不能动摇你，挫折失败让你更坚强。

第 3 道题：

选择 a：你很保守，不乐于创新，不适合创业，喜欢按部就班。适合在大公司里稳步地做事。

选择 b：你是个乐观、做事果断、不太拘小节的人，容易跨出创业的第一步。

选择 c：你缺乏自己的主见，习惯于顺从别人的意见，是个很好的下属。有执行力，没有决策力。

选择 d：做事一丝不苟、慎重。但你的谨慎往往是因为过分考虑对方立场所致。对自己的想法没有自信，常顺从别人的意见，易受人影响，不适合创业。

第 4 道题：

选择 a：属于单打独斗型的人，独立作战可以，带兵打仗不成。

选择 b：有宽容、细致的心，有带领团队一起作战的领导才能，属情商、智商高的类型，创业型人才所必备的品格之一。

选择 c：属于偏激、眼里不容沙子、对人要求极苛刻、不宽容的人，不适合做将帅之才。

第 5 道题：

选择 a：处理事情以硬碰硬，过于冲动，面对创业过程中可能出现的各种棘手的事容易采取过激的方法来处理。

选择 b：属于明哲保身的人，是个好员工，但不是个能创业的人。

选择 c：做事果断且不失去理性，心理素质较高，能担负起一切责任和压力，这是创业型人才所必需的品质。

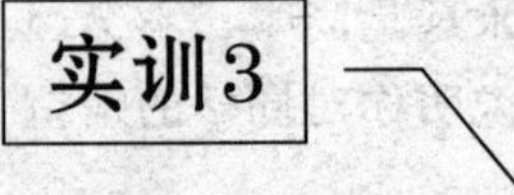

商业模式画布*

[实训任务]

商业模式从如下4个视角描述了企业如何创造价值、传递价值、获取价值的基本原理。

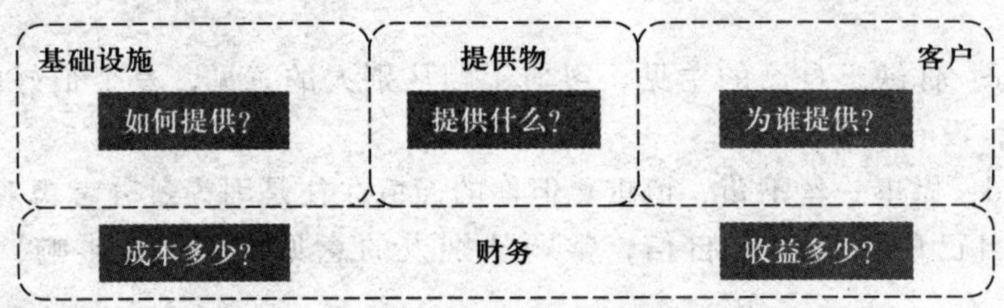

图1　商业模式的内涵

商业模式画布图是指一种能够帮助创业者催生创意、降低猜测、确保他们找对目标用户、合理解决问题的工具。基于图1所示的4个视角，图2所示的9个商业模式构造块（客户细分、价值主张、渠道通路、客户关系、收入来源、核心资源、关键业务、重要伙伴、成本结构）组成了构建商业模式便捷工具的基础，该工具被称为商业模式画布。该工具类似于画家的画布，每个构造块对应画布上的一个空格，通过向这些空格里填充相应的内容，就可以描绘商业模式或设计新的商业模式。

商业模型画布图中涉及的9个构造块的含义如下：

（1）客户细分：用来描绘一个企业想要接触和服务的不同人群或组织。具体回答："我们正在为谁创造价值?""谁是我们最重要的客户?"

（2）价值主张：用来描绘为特定客户细分创造价值的系列产品和服务。具体回答："我们该向客户传递什么样的价值?""我们正在帮助我们的客户解

* 本节部分内容参考：亚历山大·奥斯特瓦德，伊夫·皮尼厄. 商业模式新生代［M］. 北京：机械工业出版社，2016。

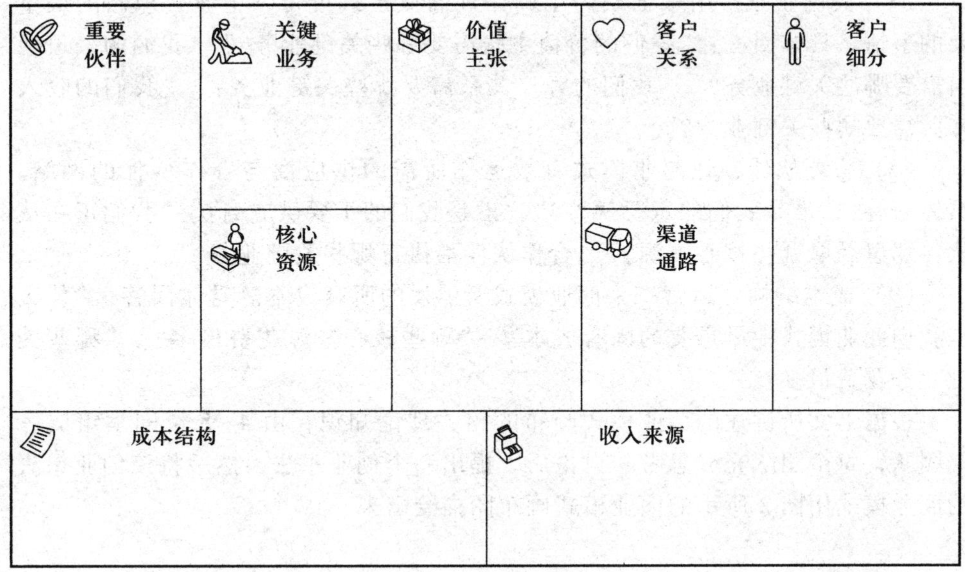

图 2 商业模式画布图

决哪一类难题?”“我们正在满足哪些客户需求?”“我们正在提供给客户细分群体哪些系列的产品和服务?”

（3）渠道通道：用来描绘公司是如何沟通接触其客户细分而传递其价值主张的。具体回答：“通过哪些渠道可以接触我们的客户细分群体?”“我们如何接触他们?”“我们的渠道如何整合?”“哪些渠道最有效?”“哪些渠道成本效益最好?”“如何把我们的渠道与客户的例行程序进行整合?”

（4）客户关系：用来描绘公司与特定客户细分群体建立的关系类型。具体回答：“我们每个客户细分群体希望与我们建立和保持何种关系?”“哪些关系我们已经建立了?”“这些关系成本如何?”“如何把它们与商业模式的其余部分进行整合?”

（5）收入来源：用来描绘公司从每个客户群体中获取的现金收入（需要从创收中扣除成本）。具体回答：“什么样的价值能让客户愿意付费?”“他们现在付费买什么?”“他们是如何支付费用的?”“他们更愿意如何支付费用?”

“每个收入来源占总收入的比例是多少?”

（6）核心资源：用来描绘让商业模式有效运转所必需的最重要的因素。具体回答：“我们的价值主张需要什么样的核心资源?”“我们的渠道通路需要什么样的核心资源?”“我们的客户关系需要什么样的核心资源?”“我们的收入来源需要什么样的核心资源?”

（7）关键业务：用来描绘为了确保其商业模式可行，企业必须做的最重要的事情。具体回答："我们的价值主张需要哪些关键业务？""我们的渠道通道需要哪些关键业务？""我们的客户关系需要哪些关键业务？""我们的收入来源需要哪些关键业务？"

（8）重要伙伴：让商业模式有效运作所需的供应商与合作伙伴的网络。具体回答："谁是我们的重要伙伴？""谁是我们的重要供应商？""我们正在从伙伴那里获取哪些核心资源？""合作伙伴都执行哪些关键业务？"

（9）成本结构：运营一个商业模式所引发的所有成本。具体回答："什么是我们商业模式中最重要的固有成本？""哪些核心资源花费最多？""哪些关键业务花费最多？"

根据上文所讲述的商业模式画布的相关理论知识，由 4～5 位同学组成一个团队，每个团队充分思考、讨论后，提出一个创业想法，然后将该创业想法的商业模式用图 2 所示的商业模式画布图描绘出来。

[实训目的]

通过做商业模式画布这个活动，可以帮助学生明白仅仅提一个创业想法并不难，但真正要落实这个创业想法可能并不容易。商业模式画布可以将粗线条的创业想法不断细化，帮助创业者形成清晰的商业模式。清晰的商业模式又有助于创业者更好地陈述自己的创业想法。

商业模式画布有助于将完整的创业想法分解成一个个未经测试的猜想。在每一个方格内，创业者都不停地叩问自己——我所坚持的信念能否实现？这些是我想服务的目标用户吗？这确实是他们想要的产品吗？产品渠道对不对？价格定得合不合理？商业模式画布将会系统地组织上述猜想，使之方便研究和检验。

[实训示例]

在做商业模式画布时，按照如下顺序可以取得更好的效果：首先要了解目标用户群（客户细分），再确定他们的需求（价值定位），想好如何接触到他们（渠道），怎么盈利（收益流），凭借什么筹码实现盈利（核心资源），能向你伸出援手的人（合伙人），以及根据综合成本定价。

以唯品会的商业模式画布举例说明。唯品会信息科技有限公司（VIPS）成立于 2008 年 8 月，总部设在广州，旗下网站于同年 12 月 8 日上线，主营业务为互联网在线销售品牌折扣商品，涵盖名品服饰鞋包、美妆、母婴、居家等各大品类。2012 年 3 月 23 日，唯品会在美国纽约证券交易所（NYSE）上市。截至 2017 年 3 月 31 日，唯品会已连续 18 个季度实现盈利。目前唯品会已成为中国第三大电商。唯品会在美国零售行业杂志《Stores》联合德勤发布的《2017 全球 250 强零售商排行榜》中，蝉联“全球增速最快的顶尖零售商”。唯品会在中国开创了“名牌折扣+限时抢购+正品保障”的创新电商模式，并持续深化为“精选品牌+深度折扣+限时抢购”的正品特卖模式，这一模式被形象地誉为“线上奥特莱斯”。唯品会的商业模式画布如图 3 所示。

<table>
<tr><td rowspan="2">合作伙伴
◆ 强大的供应商网络
◆ 联合太平洋保险，推出了正品担保服务</td><td>关键业务
◆ 奢侈品电子交易
◆ 自建仓库
◆ 售后服务</td><td rowspan="2" colspan="2">价值主张
“消费者满意”是唯品会最大的追求目标，因此唯品会坚持以安全诚信的交易环境和服务平台，为会员提供优质、高效、愉悦的售卖服务，以提升客户满意度为己任，为消费者提供畅快、安全、放心、便捷的消费流程体验和服务</td><td>客户关系
◆ 购物体验
◆ 无条件退货
◆ CSC呼叫系统</td><td rowspan="2">客户细分
◆ 奢侈品消费者
◆ 高档消费者
◆ 二三线品牌偏好者</td></tr>
<tr><td>核心资源
◆ 折扣商品
◆ 服务规划
◆ 仓库网络</td><td>分销渠道
◆ 电子交易平台
◆ 仓储物流</td></tr>
<tr><td colspan="3">成本结构
◆ 进货费用
◆ 物流费用
◆ 库存管理</td><td colspan="3">收益来源
通过线上电子交易，直接获取销售与进货之间的毛利润</td></tr>
</table>

图 3 唯品会的商业模式画布

实训4

创业计划书的撰写

[实训任务]

创业计划书是创业者叩响投资者大门的“敲门砖”，是创业者计划创立的业务的书面摘要，一份优秀的创业计划书往往会使创业者达到事半功倍的效果。

完整的创业计划书通常按以下提纲来撰写：

（1）项目摘要：这是全部计划书的核心所在，要涵盖计划书的要点，以求一目了然，使读者能在最短的时间内评审计划并作出判断。

（2）企业介绍：对公司作出介绍，重点介绍公司理念、战略目标等。

（3）行业分析：正确评价所选行业的基本特点、竞争状况以及未来的发展趋势等。

（4）产品介绍：产品的概念、性能及特性；产品的市场竞争力；产品的研发过程；开发新产品的计划和成本分析；产品的市场前景预测；产品的品牌和专利等。

（5）组织结构：投资人非常看重创始人的背景，如果创始团队背景非常亮眼或创始人有异常魅力，都很容易取得投资人的信任和关注。

（6）市场预测：需求预测；竞争厂商概览；目标顾客和目标市场；本企业产品的市场地位。

（7）营销策略：营销队伍和管理；营销渠道的选择；促销计划和广告策略；价格决策。

（8）制造计划：产品制造和技术设备现状；新产品投产计划；技术提升和设备更新的要求；质量控制和质量改进计划。

（9）财务规划：现金流量表、资产负债表、损益表的制备。

（10）风险与风险管理：公司在市场、竞争和技术方面有哪些基本的风险？准备怎样应付这些风险？在现有资本的基础上如何进行扩展？在最好和最坏情形下，五年计划表现如何？

根据上文所讲述的商业计划书的基础知识，由 4~5 位同学组成一个团队，每个团队充分思考、讨论后，提出一个创业想法，然后撰写一份创业计划书，并做一份创业计划 PPT。

[实训目的]

掌握创业计划书的撰写技巧与方法。理解创业计划书的“6C”要素：① Concept（概念）：要卖的是什么？② Customer（顾客）：东西要卖给谁？③ Competitions（竞争者）：东西有没有人卖过？如果有人卖过是在哪里？有没有其他的东西可以取代？跟这些竞争者的关系是直接的还是间接的？④ Capabilities（能力）：要卖的东西自己会不会、懂不懂？如果没有这个能力，至少合伙人要会做，再不然也要有鉴赏的能力，不然最好是不要做。⑤ Capital（资本）：资本在哪里、有多少，自有的部分有多少，可以借贷的部分有多少？⑥ Continuation（永续经营）：当事业做得不错时，将来的计划是什么？

[实训技巧]

除了撰写内容丰富的 Word 版创业计划书之外，创业者（或创业团队）往往还需要制作创业计划书的 PPT，尤其是在路演、找投资等场合时，优质的 PPT 更是必不可少的。好的 PPT 通常不需要太多页，但需要涵盖以下 6 点内容：

（1）Why：为什么要做这个产品？用户的痛点在哪里？用场景式的图片，加上数据和自己的解释。图片是用户具体的场景，数据用来解释有多少用户有这样的痛点，自己的解释就是用自己的话去圆里面的逻辑。

（2）Where：这个痛点有多大的市场？有多少人有这样的问题？需要解决这个问题的人有多少？也是图片加数据和解释的形式来做。

（3）Compare：这一块是竞品分析，讲述已有的两三个竞品，讲他们做得好在哪里，不足在哪里。如果自己来做，可以从哪些地方比他们做得更好。

（4）Solution：解决上面的痛点，产品有什么样的核心功能？采用什么样的方式解决？尝试不一样甚至完全颠覆的方式去解决问题。

（5）Revenue：准备用什么样的模式变现，需要讲 2~3 个点的变现模式。财务预算计划，列出在营收之前需要多少钱，人员成本多少，广告成本多少，营收平衡期限多长。

（6）Team/Partner/Resource：团队成员的背景、能力如何，行业经验多少年，有什么样的优势。合作伙伴在哪里，有没有很强的合作伙伴。做这个产品，有哪些资源可以利用并获得回报。